子どもも保育者も楽しくなる保育

～保育者の「葛藤」の主体的な変容を目指して～

渡辺 桜

序章　本研究の実践の契機 …………………………………………………… 6

本書の全体構成・エッセンス ………………………………………………… 8

第1部　「子どもも保育者も楽しくなる保育」とは

第1章　集団保育の特色と困難性 ……………………………………… 18
1. 集団の育ちの保障と子ども一人ひとりに寄り添うこと ……………… 18
2. 一人担任の難しさ・複数担任の難しさ ………………………………… 20

第2章　前提としての居場所感　～「ノリ」の視点から～ ………… 23
1. 絶対条件である安全保障 ………………………………………………… 23
2. 居場所感を高める身体メッセージ ……………………………………… 23
3. 「ノリ」の循環 …………………………………………………………… 26
   (1) ままごと …………………………………………………………… 27
   (2) 構成 ………………………………………………………………… 28
   (3) 製作 ………………………………………………………………… 29

第3章　子どもも保育者も楽しくなる環境や援助　～遊び保育論より～ … 31
1. 環境～拠点性＋「見る⇄見られる」を可能にする人・物・場の位置～ … 31
2. 援助～遊びの仲間として人・物・場にかかわりながら～ …………… 34
   遊び保育のキーワード対照表 ……………………………………………… 36

第2部　「子どもも保育者も楽しくなる保育」
　　　　＝保育者の「葛藤」が質的に変わる

第1章　これまでの事例検討・保育研究 ……………………………… 40
1. これまでの事例検討 ……………………………………………………… 40
2. 実践上の葛藤・ストレス研究 …………………………………………… 42
   (1) 心理学における教育実践上の葛藤研究の概観 ………………… 43
   (2) 教育社会学における教育実践上の葛藤研究の概観 …………… 45
3. 臨床教育学における保育者の「葛藤」研究の意義 …………………… 47

第2章　保育課題解決につながる関係論としての「葛藤」 ………… 52
1. 本研究における「葛藤」の位置づけ～関係論としての「葛藤」～ … 52
2. 「葛藤」の客観的条件 …………………………………………………… 54
   (1) 「葛藤」の質を向上させるもの ………………………………… 54
   (2) 保育における保育者の「葛藤」の客観的条件に着目することの意義 … 55
   (3) 「葛藤」の客観的条件とは ……………………………………… 55

3．「葛藤」の質的段階 ･･･ 56
　　4．実験的事例における「葛藤」の質的変容【研究1・2】 ････････････････ 59
　　　（1）物的環境の変化にみる「葛藤」【研究1】 ････････････････････････ 62
　　　（2）動作レベルのモデル性の変化にみる「葛藤」【研究2】 ･･････････ 71

第3部 「子どもも保育者も楽しくなる保育」を高め合う保育者集団
〜研究者・園長・主任・リーダーはどうかかわりうるか〜

第1章　保育実践上の「葛藤」の課題解決方略をめぐる方法論的検討 ･･････ 80
　1．本研究の理論的視座 ･･ 80
　2．研究方法の概要 ･･･ 82
　　（1）介入参画法 ･･ 82
　　（2）エスノグラフィー ･･･ 84
　　（3）インタビュー ･･･ 85
　　（4）保育実践に基づく保育者の自己形成を支える「対話」
　　　　―保育者へのインタビュー方法の批判的検討を通して― ･･･････ 86
　　（5）分析方法 ･･ 96

第2章　保育者の「葛藤」の質的段階に応じた主体的変容の可能性【研究3〜6】　99
　1．具体的な研究方法 ･･ 99
　　（1）対象 ･･･ 99
　　（2）データ ･･ 99
　　（3）分析方法 ･･ 100
　　（4）研究方法の検討 ･･･ 101
　2．新任保育者の「葛藤」の主体的変容の可能性【研究3】 ･････････････ 103
　　（1）目的 ･･･ 104
　　（2）方法 ･･･ 104
　　（3）結果と考察 ･･ 106
　3．「葛藤」を感じていない保育者の保育課題解決の可能性【研究4】 ･･ 127
　　（1）目的 ･･･ 127
　　（2）方法 ･･･ 127
　　（3）結果と考察 ･･ 128
　4．無自覚と表層の往復運動段階にある「葛藤」の主体的変容の可能性【研究5】 ･･･ 140
　　（1）目的 ･･･ 140
　　（2）方法 ･･･ 140
　　（3）結果と考察 ･･ 141
　5．表層と可視の往復運動段階にある「葛藤」の主体的変容の可能性【研究6】 ･･･ 146
　　（1）目的 ･･･ 146
　　（2）方法 ･･･ 146

（3）結果と考察 …………………………………………………………… 147

第3章　保育者集団の「葛藤」の主体的変容の可能性【研究7】 …………… 156
　1．プレイングマネージャーとしての研究者の役割 ………………………… 156
　2．研究者がかかわり得る保育者の保育課題 ………………………………… 159
　　（1）これまでの研究における保育者の葛藤 ……………………………… 159
　　（2）集団把握と個への援助の両立に伴う「葛藤」 ……………………… 161
　3．保育者集団の「葛藤」の主体的変容の可能性【研究7】 ……………… 163
　　（1）目的 …………………………………………………………………… 163
　　（2）方法 …………………………………………………………………… 163
　　（3）結果と考察 …………………………………………………………… 165
　4．園・自治体間での保育の質の高め合い …………………………………… 182

引用・参考文献一覧 ……………………………………………………………… 184

初出一覧 …………………………………………………………………………… 189

おわりに …………………………………………………………………………… 190

序章 本研究の実践の契機

　筆者が園内研究講師として保育現場にかかわり感じていることは、現在主流となっている実践事例検討の方法が本当に保育者たちの保育実践上の根本的悩みを解決するものになっているだろうかという疑問である。現在、幼稚園教育要領において、一人ひとりの子どもの人格形成が中心のねらいとして掲げられており、それに応えるべく園内研究では子どもの個（気になる子、障がい児、逸脱児等）の記録に焦点化した事例検討が圧倒的に多い。それは、本書第2部第1章で触れているように、鯨岡（2007）によるエピソード記述がその方法論を示している。しかし、担任保育者が気になっている個や場面に焦点化した記録を提示し、いくら保育者間で検討しても、歴史性やハビトゥス（慣習性）によって生み出される保育実践の状況把握や根本的な課題解決は困難である。その具体例を以下、筆者が以前出逢った実践から述べよう。

　4歳児9月の保育において、男児3名が保育室中央で走り回ったり、寝転がったりしていることを新任の担任保育者は気にしていた。その際の担任保育者から出た悩みは、「その男児たちにどうかかわると自ら遊ぶようになるか」というものだった。つまり、遊びの見つからない男児たちにどのような直接的援助（言葉がけ）をすべきかという内容である。これまでの多くの園での議論の展開は、担任保育者から「その男児たちにどうかかわると自ら遊ぶようになるか」という悩みが出た時点で、対症療法的にその時にその男児たちにどう声をかけるか（〜しようかと誘う、とか、走り回ることを制止する等）といったところに焦点化していき、なぜ男児たちが走り回っていたのかという歴史性やハビトゥスに目を向けることがなくなってしまう。つまり、その議論には、保育課題の根本的解決に対する示唆は望めないのである。今、目の前で成立している保育の状況が"子どもが保育室内を走り回る""子どもが遊び込めず浮遊している"というものであれば、毎日の積み重ねとして、どこで何をしたらよいかわかりにくい環境であったり、どのように人・物・場とかかわると楽しいかがわかるモデルがないということが多々ある。その積み重ねが歴史性であり、ハビトゥス（慣習性）であり、その負の連鎖から脱却するための環境と援助について関係論的に考えていかねばならない。では、この保育者の悩みを関係論的に捉え直した場合、どのような議論になるのだろうか。

　先の保育者の発言を受け、その保育を観察していた他の保育者より、その男児たちが他の遊びを目で追っていたこと、担任保育者がままごとコーナーで楽しそうに大きな動きで粘土をこね、ごちそうを作り始めるとその男児たちはすーっとままごとコーナーに入ってきて、粘土を見つめていた姿が見られたことから、この男児たちが魅力を感じる遊びのモデル性について今後一層担任保育者が工夫したらよいのではないかという話し合いになった。

　これは、【研究7】で継続的にかかわっている園での出来事であり、保育者集団の中に遊び状況を歴史的に関係論的に捉えていくという文化が生成されつつあるため、このような展開になったと考えられる。

　それでは、なぜ先に挙げた心理主義的な事例の取り上げ方、検討方法が主流となっているのだろうか。それは、研究者と保育者それぞれの関心の所在が大きく関係している。まず、研究者の関心として、これまで心理学の立場から子ども理解を深めるために特定の個や遊びに焦点化した記録分析というスタイルが主流だった。しかし、集団保育において遊びは複数が同時に進行するものである。保育者の立場に立てば、この研究者の恣意的な研究では、集団を対象としながら個々の子どもの自己実現を図るという難題を抱えた保育者の現実的問題を解決することは難しい。筆者は保育者として勤務した経験があり、研究者が恣意的にしぼりこんだ個別的問題に対して違和感を覚えていた。なぜなら、ここにはクラス集団を実践対象としている保育者の当事者性に寄り添う視点はないと考えられるからである。だからこそ、本研究では、集団保育に存在する保育実践上の悩みを関係論として捉え直すことに主眼を置き、これを「葛藤」として位置づけたのである。

　次に、保育者の関心として、子どもの発達や課題を把握しようとした場合、当然のことながら最終的には個を追わざるを得ない。また、集団を把握するには、長期的にその歴史性を追い、その保育実践に存在するハビトゥスを自覚化する必要があるが、その方法論が保育現場に定着していないという事実がある。

　これらのことから、本研究では、保育者の実践当事者としての当事者性に寄り添いながら、保育者の「葛藤」を実際の保育実践から明らかにするとともに、集団保育に存在する集団性を人・物・場の関係性から読み解くという方法論を小川（2010）の遊び保育論に依拠して具体化する。この遊び保育論に依拠する根拠は第1部で詳細に述べるが、この論には、遊び保育を保障する環境と人との関係性が理論的に構築されているからである。これは、子ども理解を個（保育者や子ども）と個（子ども）の人間関係にのみ求める従来の心理主義的な解釈とは異なり、環境や保育者の身体性との関係にも着目している点が大きな特徴といえる。

本書の全体構成・エッセンス

「遊び保育論」「葛藤」のエッセンスイメージ / 第1部・第2部第1章

第1部「子どもも保育者も楽しくなる保育」とは

第1章 集団保育の特色と困難性
1. 集団の育ちの保障と子ども一人ひとりに寄り添うこと
2. 一人担任の難しさ・複数担任の難しさ

第2章 前提としての居場所感 ～「ノリ」の視点から～
1. 絶対条件である安全保障
2. 居場所感を高める身体メッセージ
3. 「ノリ」の循環

第3章 子どもも保育者も楽しくなる環境や援助 ～遊び保育論より～
1. 環境～拠点性+「見る⇄見られる」を可能にする人・物・場の位置～
2. 援助～遊びの仲間として人・物・場にかかわりながら～

第2部「子どもも保育者も楽しくなる保育」＝保育者の「葛藤」が質的に変わる

第1章 これまでの事例検討・保育研究
1. これまでの事例検討
2. 実践上の葛藤・ストレス研究
3. 臨床教育学における保育者の「葛藤」研究の意義

具体事例による論証 / 第2部第2章

第2部「子どもも保育者も楽しくなる保育」＝保育者の「葛藤」が質的に変わる

第2章 保育課題解決につながる関係論としての「葛藤」
1. 本研究における「葛藤」の位置づけ～関係論としての「葛藤」～
2. 「葛藤」の客観的条件
3. 「葛藤」の質的段階
4. 実験的事例における「葛藤」の質的変容【研究1・2】

具体実践の分析・省察・仮説生成［研究］ / 第3部

第3部「子どもも保育者も楽しくなる保育」を高め合う保育者集団
～研究者・園長・主任・リーダーはどうかかわりうるか～

第1章 保育実践上の「葛藤」の課題解決方略をめぐる方法論的検討
1. 本研究の理論的視座
2. 研究方法の概要

第2章 保育者の「葛藤」の質的段階に応じた主体的変容の可能性【研究3～6】
1. 具体的な研究方法
2. 新任保育者の「葛藤」の主体的変容の可能性【研究3】
3. 「葛藤」を感じていない保育者の保育課題解決の可能性【研究4】
4. 無自覚と表層の往復運動段階にある「葛藤」の主体的変容の可能性【研究5】
5. 表層と可視の往復運動段階にある「葛藤」の主体的変容の可能性【研究6】

第3章 保育者集団の「葛藤」の主体的変容の可能性【研究7】
1. プレイングマネージャーとしての研究者の役割
2. 研究者がかかわり得る保育者の保育課題
3. 保育者集団の「葛藤」の主体的変容の可能性
4. 園・自治体間での保育の質の高め合い

第1部 「子どもも保育者も楽しくなる保育」とは

第1部・第2部において、「遊び保育論」や「葛藤」についてのエッセンスイメージを示す

◆集団保育における「安全保障」と「一人ひとりに寄り添う」「主体的な遊び」の両立の難しさ
　＝集団保育だからこそ生じる保育者の「葛藤」→第2部
◆「葛藤」の質的向上につながる「子どもも保育者も楽しくなる保育」

（1）子どもが楽しくなる保育
「園が楽しい！クラスが楽しい！先生大好き！！」＝子どもの居場所感を高める「ノリ」
　→お集まりが楽しくなる。周りのようすを察知して動くようになる。
　　＝逸脱・浮遊しなくなる

図1● 「ノリ」の循環

（2）保育者も楽しくなる保育

◆全体状況が見える＝遊びが見える＝子どもが見える
　→「次にこうしてみよう！」がワクワクしながら出てくる。
◆（1）と（2）を集団保育において同時に達成していくために必要な環境と援助
　＝遊び保育論（小川　2010）＝本研究の規範理論

①環境

◆拠点性、「見る⇄見られる」を可能にする人・物・場の位置
　　　つくり見立て（製作）　　フリ見立て（ごっこ）　　場の見立て（構成）
◆これらの基本3拠点に季節限定のものを加えていく発想
　例：正月遊び、リズム、○○屋さん

《　室内　》

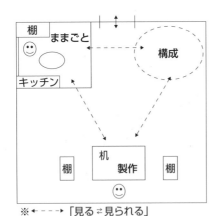

《　戸外　》

循環例：リレー　応答例：ドッチボール
規則性により遊びが継続

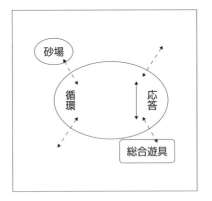

※←- - -→「見る⇄見られる」
図2●室内の環境と戸外の環境

②援助

◆遊びの仲間として人・物・場にかかわりながら全体を見る
◆身体的援助：同調、応答による「ノリ」の生成・共有で楽しい！！
　　　　　あんなふうに遊びたい！モデル性
◆言語による援助：イメージを明確にする言葉がけ、時には「できな〜い！」も大切！！
　　　　　サービス精神旺盛になり過ぎない！！

③保育の見方

　①全体状況を捉える→環境図の必要性
　②援助の優先順位を考える→保育者の身は一つ！対象は子ども集団！！
　③保育者としてかかわる場・遊びへの援助を見出す

第2部 「子どもも保育者も楽しくなる保育」＝保育者の「葛藤」が質的に変わる

（1）これまで保育現場や研究分野でされてきた事例検討は…

◆「気になる子」に焦点化
　→「言葉がけ」による保育者と「気になる子」との関係性の変容に着目
◆ざっくばらんに悩みを話し合うことに注目

⬇　　　一生懸命、事例を書いて、たくさん話し合ったけど…
　　　　明日からの環境と援助、具体的にどうするの？

本当に根本的な保育課題の解決につながるの？？

保育の環境は、人・物・場の関係性により成立している（保育所保育指針より）

人・物・場がつながっていない

どこにどんな「物」があるかがわかる「場」とそれを楽しんで使い、身につける「人」である子どもがつながっている

この人・物・場の関係性に着目した保育実践上の悩みを本研究では「葛藤」とする。

保育実践上の「葛藤」＝人・物・場の関係論として捉える
　→保育課題の具体的解決を目指す

(2)「葛藤」とは

◆完全に解決されるものではなく、質が変容していくもの
◆3段階の往復運動。行きつ戻りつするもの
　例：製作コーナーでできていたモデル性がままごと・構成コーナーではできない！
　　　→製作コーナーでの「葛藤」＝表層と可視の往復運動
　　　→ままごと・構成コーナーでの「葛藤」＝無自覚と表層の往復運動
◆ポジティブなもの！
◆「葛藤」の自覚化＝保育課題や解決方略の自覚化

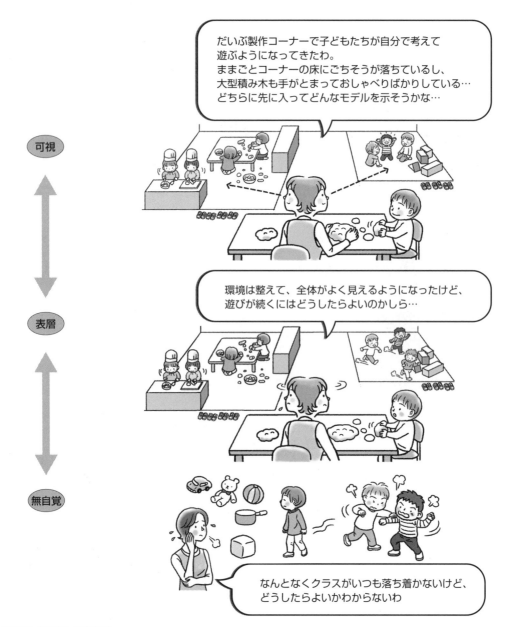

図3●「葛藤」の3段階

（3）「葛藤」の質を向上させるために
①環境を変えてみよう！【研究1】
どこに何があるかわかる＝拠点性を高めることで、子どもが自ら「物」・「場」とかかわる

…しかし、遊びが続かない場合は…？？

②モデル性を示そう！【研究2】
◆「物」や「場」にどうかかわると楽しいかがわかる＝モデル性を示す
◆モデル性＋リズム＝動きのモデル＋オノマトペで、子どもが自ら「物」・「場」とのかかわり方を人から学ぶ

第3部 「子どもも保育者も楽しくなる保育」を高め合う保育者集団
～研究者・園長・主任・リーダーはどうかかわりうるか～

第1～2部のエッセンスイメージを受け、第3部では[研究]として具体データから分析・考察する

（1）研究方法
◆遊び保育論（小川　2010、第1部参照）を基に、保育現場の実践や保育者と研究者の「対話」から「子どもも保育者も楽しくなる保育」を分析・検証
◆ここでいう研究者とは、介入参画法（今津　2011）による研究者＝介入的実践者
　保育者と共に、実践を見て、悩み、語り合う存在＝プレイングマネージャー

（2）研究結果の概要
【研究3～6】より

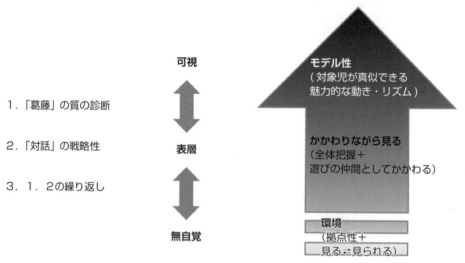

図4●「葛藤」を関係論として捉え、保育者が自身の保育課題と向き合うための具体的方策

【研究7】保育者集団の「葛藤」の主体的変容の可能性
　　　　　～保育者集団と研究者の継続的なかかわりを通して～

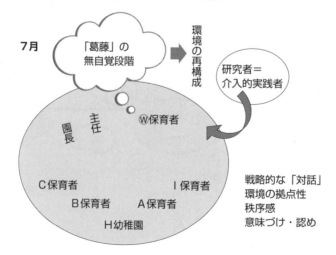

◆W保育者の保育
・拠点性・見る⇄見られるの弱さ＝
　保育室内に多数の拠点が存在。中央に製作コーナーがあった。
・物が散らかることへの抵抗感があり、こまめに秩序を整える姿
・環境の再構成　→
　3つのコーナーの**拠点性**を高め、中央を空け、**見る⇄見られる**を可能に
◆研究者より
・環境の**拠点性**や**見る⇄見られる**ことの重要性について解説
・**秩序感**に対する意識を認め、大切さを意味づける

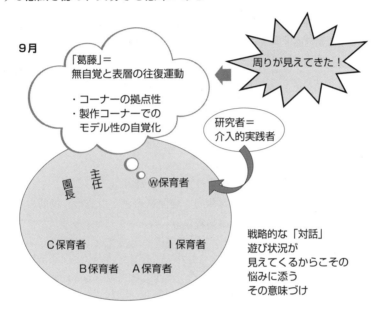

◆W保育者より
・環境の**拠点性・見る⇄見られる**を整えることによって
　→「周りが見えてきた！」＝全体把握や援助の優先順位選定を可能に
　→周りが見えるからこそ援助の優先順位に迷う言葉
・製作コーナーで物とかかわる姿を子どもたちにどう見せていくとよいか
　＝モデル性を考えるように…
◆研究者より
・環境を再構成し、周りが見えるからこそ迷う・悩むことのすばらしさを認める

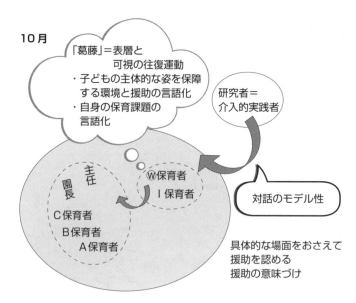

これまでの研究者と保育者集団との「対話」をモデルに
↓
◆W保育者やI保育者より
・自身の保育について、**モデル性**をどう高めようかという語り
・他の保育者に対し、できているところを具体的な場面をおさえて認め、援助の意味づけを行う
↓　　　これらの過程より…

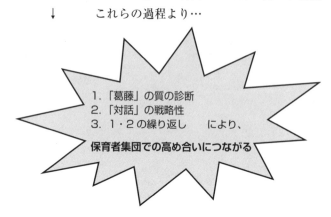

引用・参考文献

鯨岡峻・鯨岡和子　2007　保育のためのエピソード記述入門　ミネルヴァ書房
厚生労働省　2017　保育所保育指針　第1章総則
小川博久　2010　遊び保育論　萌文書林
渡辺桜　2014　集団保育において保育課題解決に有効な園内研究のあり方―従来の保育記録と保育者の「葛藤」概念の検討をとおして―　教育方法学研究　日本教育方法学会紀要　39　37-47.

第 1 部

「子どもも保育者も楽しくなる保育」とは

「子どもも保育者も楽しくなる保育」を追究するためには、集団保育の特色とその難しさを知る必要がある。その集団保育の難しさについては、保育者であれば、誰もが痛感したことがあるだろう。1歳児は1歳児の、5歳児は5歳児の集団の育ちを保障しながらも、個別的に配慮を要する子どもと丁寧にかかわりたい。しかし、なかなか思うようにできないといったことである。そこに関連して、一人の担任で20名や30名の子どもとかかわる難しさ、また、それとは別に、複数の担任（乳児の複数担任、担任＋加配の先生等）で連携しながら保育を進めていくことの難しさもあるだろう。これらを受け、第1部では、集団保育の特色をおさえることで、集団の育ちの保障と子ども一人ひとりに寄り添うことの難しさ、その難しさを乗り越えるために重要な規範理論である遊び保育論（小川，2010a）についての理解を深めたい。

第1章 集団保育の特色と困難性

　集団保育の特色と難しさを理解することで、「子どもも保育者も楽しくなる保育」をどう目指していくとよいかを考える入り口に立てる。なぜ、集団保育が難しいのか、当たり前のようで、言語化が難しいこのテーマについて考えていこう。

1．集団の育ちの保障と子ども一人ひとりに寄り添うこと

　平成元年改訂以降の幼稚園教育要領において、幼児は主体的な活動を自発的な活動としての遊びを通して達成することが目指され（文部科学省，2008）、教師主導型である一斉保育や行事保育を見直す機会となり、その方針は平成29年改訂幼稚園教育要領にも引き継がれている（文部科学省，2017a；2017b）。しかし、実際の保育においては、一斉保育や行事保育というスタイルが継続している園は少なくない。幼児の成長・発達を促進する上で、自由遊びにおいて、幼児の主体的な活動が展開できるよう促す援助の重要性は明確であるにもかかわらず、なぜ教師主導型から抜け出せない現実があるのだろうか。その問いに答えるために、保育という営みの特色に着目したい。

　保育という営みは、幼稚園教育要領においては、個の成長・発達を目的としながら、保育者は一定の時間、集団を対象に保育を展開しなくてはならないという制度的制約の中において行われることから、個への援助と集団の掌握を同時に行わなければならないという「葛藤」は生じるのである（渡辺，2006）。つまり、保育という営みは、集団保育というシステムの上に成り立っており、その制度的制約を認知した上で、個々の幼児の自主性を自由遊びにおいて発揮することを可能にする保育者の方略の重要性を示唆しているといえる。言い換えれば、保育者は、集団保育という制度によって「葛藤」を強いられているともいえる。

　ここで、「葛藤」について例を挙げてみよう。実習生A子は3歳児B組20名のクラスに配属となった。B組の幼児より次々と「折り紙でお花作って」「次はかぶとむしがいい」と要求された実習生は、一生懸命、幼児から出されたリクエストに応じて、折り紙の本を見ながら折ることに専念していた。しかし、折ることに専念していた実習生はその時同時に進行していた他の遊びには目が向けられず、その日の記録に「もっといろいろな子とかかわれるように努めたい。もっと全体に目が向けられるようにしていきたい」と記した。そして、その反省を基に実習生は、転々と遊びを見て回り、小川（2010b）のいう「おまわりさん」になってしまうことも往々にしてある。それぞれの遊び状況の読み取りも十分にしないまま「何してるの？」「入れて〜」と言葉をかけてしまい、結果的に遊びを壊してしまうことが少なくない。

　つまり、保育者が集団の中の幼児一人ひとりに気持ちを配るという建前は命題としてあっても、現実問題として集団を掌握する役割が保育者には求められている。先述したように、「集団か個」への援助ではなく、保育者は、集団を掌握しながら個々の主体的な姿も支えていかねばならない。筆者が保育者養成校で学生とかかわる中で、実習に行く前は、授業において「一人ひとりを大切にする保育の重要性」を学び、自分もそういう保育をしたいと実習に臨んでも、実際の保育現場で幼児集団を保育してみると、「一人ひとりを大切にする」ことと「集団を相手にする」ことの根本的矛盾が生じることに気づき、苦しむ姿がある。まさに、本研究のメイン課題である集団保育における「葛藤」を体験するわけである。

　その「葛藤」問題を解決する方法の一つとして、結城（1998）がいうような「目に見えない集団」を教師の言葉がけ（「お歌のうまい方」「けじめのないお友達」等）によって幼児集団の中に潜在化させ、集団を統制していく「仕組み」を得たことに対し、実習記録の考察に「集団をコントロールすることを学んだ」という記述が見られるのは、まさに保育者の機能をテクニックとして得た例であろう。しかし、ここには先述した幼稚園教育要領において保育の目標とされている「幼児の主体的な活動」を保障する保育者の援助との矛盾があるのである。

　つまり、実際の保育においては、幼児の自主性・自発性を発揮することを可能にする援助というものは容易ではない。なぜ幼児の自主性を自由遊びにおいて発揮する援助が困難なのだろうか。その困難性について、集団保育というシステムの視点から考察する。

　集団保育という営みは、幼児一人ひとりの成長・発達の促進を支援するという課題を集団活動を通して行う。その中で、保育者は集団を援助する活動を基調としつつ、平行して個への対応を行わねばならない。その際、個の援助に対しては幼児一人ひとりの課題に対応するために、適切・適時の援助が行われなくてはならないとされており、幼児クラスの場合であれば、クラスとして集団的に振る舞うことを前提としている。例えば、一斉活動では、幼児が皆それを拒否せずに行うということである。

しかし、例えば、一人の保育者が3～5歳児20～30人の子どもを保育しているとしよう。この状況の中で、保育者は集団的秩序を維持することを前提としないで先に挙げた課題を達成することはできない。加えて、自由遊びを通して幼児の主体的な活動を保障しながら20～30人全ての一人ひとりに保育者が援助を適切・適時に行うことは実際には困難であるといえる。したがって、幼児一人ひとりへの保育者のかかわりは、集団を逸脱する幼児へのチェックにしばられてしまうことが多い。それは、幼児一人ひとりへの援助に見えたとしても幼児の主体的な姿を保障する援助ではない。このような保育状況が困難さの原因となり、特定の幼児や遊びへの援助にとらわれすぎて、集団全体への配慮ができなかったり、逆に、集団としてのまとまりに重点を置きすぎて、個々の幼児への対応がおろそかになるという「葛藤」は保育者からよく聞かれる悩みの一つである。

　なぜなら、保育者は、幼児たちの集団としての秩序維持を図りつつ、一人ひとりの個の自立への援助を行うことが役割として求められており、この保育者の役割自体が両義的だからである。この両義性に保育者が悩む事態を筆者は「葛藤」と呼んでいるのである。これまでの保育研究では、これらを総合的に解決するという発想は乏しく、集団としての秩序のみに着目した結城（1998）の教育社会学研究や、集団保育というシステム的側面を無視した幼児個々の問題を幼児個人または特定の人間関係に還元した鯨岡他（2007）の発達心理学研究がそれを端的に示しているといえよう。しかし、集団保育に存在する先の両義的な課題を保育者が保育実践の当事者として解決しようとした場合、集団または個という焦点化による問題解決を試みても、根本的解決は望めない。なぜなら、先述したように、保育には、集団保育という制度的制約が存在するからである。つまり、従来の教育社会学や発達心理学が注目してきた視点をより総合的に捉え直す必要がある。

　それでは、制度的制約の中にありながら、幼児の主体的な遊びを可能にする援助とは何か。まずは、保育を構成する社会的現実に対して、保育者が戦略的に援助を展開しなくてはならない。つまり、集団保育において、保育者がクラス全体の遊び状態を把握し、その上で、援助の優先順位を決め、最終的には保育者がいなくとも幼児が自発的継続的に遊びを展開していける援助である。具体的には、保育を構成する物的環境（コーナーや教材の場所、数、位置）と人的環境（幼児が自発的継続的に遊びを展開できる群れや保育者のモデルとしての身体的援助）等である。この戦略がまさに小川（2010a）の遊び保育論であり、本研究の規範理論である。この理論については、第2～3章で詳しく述べる。

2．一人担任の難しさ・複数担任の難しさ

　集団保育の難しさについて、一人の担任が複数の子どもたちを保育することの難しさであると述べてきた。では、複数の担任が配置されれば、その困難さは容易に解消されるのだろうか。それほど簡単な話ではないことも、周知の事実である。

　例えば、複数担任や障がい児加配の先生の保育室内での言動が、主の担任保育者の思いと同じでない場合、一人担任より悩みが多いということも耳にする。障がい児加配の先生で、「私はAちゃんを見るのが仕事」という意識が強い場合、そのクラスに存在する担任以外のもう一人の大人という意識が弱くなることが少なくない。Aちゃんについてまわってばかりで、保育室から飛び出したらそれを引き戻すのがメインの役割のようになっている場合もある。しかし、Aちゃんに対する保

育目標も、他の子どもたちと同じく、「主体的な姿」であるとするならば、Aちゃんの生活や遊びの自立を所属するクラスの人・物・場とのかかわりから保障すべきなのである。また、乳児の複数担任でも、全員の保育者でクラス全員を見る、クラスの保育をつくっていくという感覚を持っていないと、大きな大人の大きな存在感によって、クラスの雰囲気を落ち着かなくさせてしまうこともある。

　一人担任であっても、複数担任であっても、障がい児の有無にかかわらず、保育の目標は子どもたちが主体的に人・物・場にかかわることである。次章にて、本研究の規範理論である遊び保育論から、それぞれの状況において、共通に大切にしたいこと、特に意識したいことを追究したい。

引用・参考文献

河邉貴子　2010　保育記録の機能と役割―保育構想につながる「保育マップ型記録」の提言―日本大学学位論文　日本大学

河邉貴子　2013　保育記録の機能と役割―保育構想につながる「保育マップ型記録」の提言―聖公会出版

鯨岡峻　2001　個体能力論的発達観と関係論的発達観―関係性という視点から保育をとらえる　発達　22（86）　17-24.

鯨岡峻・鯨岡和子　2007　保育のためのエピソード記述入門　ミネルヴァ書房

鯨岡峻・鯨岡和子　2009　エピソード記述で保育を描く　ミネルヴァ書房

文部科学省　2008　幼稚園教育要領　第一章総則　1 幼稚園教育の基本

文部科学省　2017a　幼稚園教育要領　前文

文部科学省　2017b　幼稚園教育要領　第一章総則　1 幼稚園教育の基本

小川博久　2005　保育にとって「カリキュラム」を作るとはどういうことか―保育者の「時間」と幼児の「時間」の関係を問うことを通して―　広島大学幼年教育研究施設　幼年教育年報　27　39-51.

小川博久　2010a　遊び保育論　萌文書林

小川博久　2010b　保育援助論復刻版　萌文書林　130-132.

砂上史子　2010　幼稚園教育における観察と記録の重要性　初等教育資料1月号　856　文部科学省教育課程・幼児教育課編　東洋館出版　76-81.

渡辺桜　2006　保育における新任保育者の「葛藤」の内的変化と保育行為に関する研究―全体把握と個の援助の連関に着目した具体的方策の検討―　乳幼児教育学研究　15　35-44.

吉村香・吉岡晶子　2008　語りの場における保育者と研究者の関係―保育臨床の視点から―　保育学研究　46（2）　148-157.

小川博久監修　吉田龍宏・渡辺桜　2014　遊び保育のための実践ワーク〜保育の実践と園内研究の手がかり〜　萌文書林

結城恵　1998　［幼稚園］教授―学習の集団的文脈―目に見える集団と目に見えない集団　志水宏吉編　教育のエスノグラフィー　嵯峨野書院　123-150.

第2章 前提としての居場所感 〜「ノリ」の視点から〜

　これまで、集団の子どもを対象に保育が実践されていることは周知の事実であるけれど、そのことに向き合い、集団の育ちを保障しながら子ども個々に寄り添うことの手立ては、共有されてこなかった。本章では、まず、子どもが安全で安心して過ごせるという、当たり前ではあるけれど、難しい問題に「ノリ」という概念よりアプローチしていく。

1．絶対条件である安全保障

　どんなに質の高い保育をしていたとしても、子どものけがや事故があっては、最低限の安全管理ができていないことになる。もしかすると「集団保育なのだから、やむを得ない部分もある」と思う保育者もいるかもしれないが、集団保育であっても、子どもたちが落ち着いて生活や遊びを送れる環境と援助があれば、子ども同士のトラブルやけがや事故はほとんど防げる。子どもたちが落ち着いて生活や遊びを送るということは、群れて穏やかに過ごす時間が長くなるということにもつながる。そうなれば、子ども同士のトラブルやけがが起きやすいお集まり場面や自由遊び場面であっても、子どもたちのようすを保育者が捉えやすくなるのである。全体状況がつかみやすくなるため、援助の優先順位がつかみやすくなり、トラブル、けがの予測にもつながる。
　それでは、具体的に、子どもたちが落ち着いて生活や遊びを送るための環境と援助とはどのようなものだろうか。次項より、理解を深めたい。

2．居場所感を高める身体メッセージ

　子どもにとっては、「先生が見ていてくれる」、保育者からは「見ているよ」「あなたとつながっていたい」というまなざしや身体パフォーマンスのメッセージが「この園にいるとほっとするなぁ」「このクラスにいると楽しい」につながる。クラスからの逸脱を繰り返す子どもは、子どもの生育歴や、親の育て方というよりは、「先生が見ていてくれる」、「見ているよ」、「あなたとつながっていたい」といった身体メッセージのキャッチボールに乏しい場合がほとんどである。これらの身体メッセージを送るためには、メッセージが送りやすく子どもと応答しやすい環境と子ども同士が同調しやすい環境がある。その環境において、しっかり保育者や子どもたちと応答・同調できることが、居場所感を高めるためには欠かせない。
　お集まりにおいて居場所感を高める環境と援助のポイントを次に示す。

◆壁を背にして保育者は座る
　　＝子どもたちは保育者に集中できる
◆近すぎず遠すぎない保育者と子どもたちとの距離を保障し、応答性UP
◆子どもたちに対して、できる限り同じ距離で「見ているよ」メッセージを送る
　　＝保育者を囲んで扇形など
◆奥の端の子をとくに意識して「見ているよ」メッセージを送る
　　＝物理的距離は心理的距離の可能性大
◆子どもたちが団子状に集うことで、同調性UP
　　＝できる限り、机や椅子がない状態の方が同調性は高まりやすい
◆ゆっくり大きくのフリで応答性＋同調性UP

ゆっくり大きくのフリについては、筆者が観察した事例に興味深いものがあったので、紹介する。

事例

　5歳児6月。朝の会において、いつも「まるくなれ」のわらべうたをしているというクラスで、保育者が「まるくなれ、まるくなれ、いちにのさん！」と速いテンポで一回子どもと唱えると、「はい。まるくなったね。座りましょう」と言った。子どもたちの中には、「まるくなってないよ」という声をあげる子や、保育室内を浮遊する発達障がいのBくんの姿があった。公開研究の講師としてかかわっていた筆者が「先生の保育はとっても楽しくて子どもたちがいつもワクワクしながら先生のことを見ているのが伝わってくるね。今のまるくなれをもっとゆ～っくり、大きなフリで、本当にきれいな円になるまで何度もやってみて。もっと子どもたちが楽しくなるから」と伝えた。
　その先生は、早速それを実践し、そのときのようすを教えてくださった。
　「ゆっくりと大きく腕を振りながら、先生が言われたように5回や6回、本当にきれいな円になるまでやってみたら、Bくんが近くで円になっているようすを見るようになったんです。それだけではなくて、円になった後の座り方や朝の会が終わった後の移動の仕方など、子どもたちが落ち着いて穏やかに動くようになったんですよ。」

　せっかく円形になり、保育者も子ども同士も「見ているよ」メッセージが送りやすい環境であっても、テンポが速く、全員の同調性が合わず、保育者との応答性も低いままで、「まるくなれ」を1回した時には、ざわざわと落ち着かず、Bくんも子どもたちの円に関心を示す様子なく浮遊していた。しかし、円になり、つないだ手を大きくゆっくり振りながら保育者が子どもたち全員に「見ているよ」「みんなとつながりたい」メッセージを繰り返し発信することで、子ども同士の同調性は高まり、Bくんもその同調性の高さに心地よさ＝居場所感を感じたと考えられる。

　配慮を要する子どもについて、その特性やかかわりを学んでも、集団保育の中でそれを実践することは難しい。個々の特性やかかわり方をおさえつつ、この事例のように、集団の同調性を高め、その楽しさに個々を巻き込んでいくという発想の重要性がうかがえる事例であった。

　これは、自由遊びにおいても同様である。壁を背にして保育者が位置取りを意識すれば、離れたところ（コーナー）にいる子どもに「見ているよ」メッセージを送ることができ、居場所感の高まりにつながる。もちろん、子どもと目が合わなければ、それだけその子どもが遊びに集中していることになるが、もしも目が合って、まなざしを送る援助ができたら、それだけで、子どもは遊びをより安心して持続するきっかけになり得る。また、自由遊びという、自由に子どもたちが人・物・場を選ぶことができる時間だからこそ、全体状況の把握＝安全保障という点からも、保育者が壁に背を向けてコーナーにかかわることは重要である。

3.「ノリ」の循環

「ノリが合う」「いつもとちょっとノリが違う…」など、日常的に耳にするノリという言葉。この言葉を岩田（2008）は、保育実践において以下のように概念規定し、園における子どもの居場所や主体的な遊びについて分析している。

> 「関係論的存在としての身体による行動の基底にあるリズム、およびその顕在の程度、すなわちリズム感、または身体と世界との関係から生み出される調子、気分のこと」

「ノリ」が合ってくる状態とは、先の「まるくなれ」のわらべうたをゆっくり何度も行い、保育者と子どもたちのリズムが合い、Bくんもそのリズムに関心を寄せる状態に近いといえる。この事例からもわかるように「ノリ」を生成し、周囲と「ノリ」を合わせていく際には、ゆっくり大きい動きが効果的である。そして、そのゆっくり大きい動作を繰り返すことによって、「ノリ」は共有され、その活動そのものが繰り返されることによって、子どもたちから自然発生的に「まるくなれ」の実践が始まった場合、すでに生成されている「ノリ」に子どもも保育者もノルことができれば、「ノリ」の循環は成立する。

「ノリ」の共有
ゆっくり大きいフリの繰り返しによってみんなのリズムが合ってくる

「ノリ」にノル
子どもたちだけで「まるくなれ」を楽しむ様子。保育者は「い〜れ〜て」とその円に参加する

「ノリ」の生成
「まるくなれ」のわらべうたをゆっくり何度も行い、保育者と子どもたちのリズムが合い、Bくんもそのリズムに関心を寄せる状態

「ノリ」の循環は、自由遊びにおいても成立する。次に、人・物・場がつながりやすい3拠点（ままごと・構成・製作）について、例を挙げる。この3拠点の詳細については、次章にて言及する。

(1) ままごと

例：ままごとコーナーに子どもはいるものの、おしゃべりばかりして周囲をキョロキョロ見ている。猫ちゃん、ばぶちゃんの真似をしているだけで、なかなかフリが出ず、遊びの発展性が見られない等。

◆「ノリ」の生成　→

◆「ノリ」の共有　→

◆「ノリ」にノル　→

(2) 構成

◆「ノリ」の生成　→

例：構成コーナーの積み木やブロックに誰もおらず、コーナーが空き屋になっている場合

◆「ノリ」の共有　→

◆「ノリ」にノル　→

例：構成コーナーに子どもたちはいるものの、サーキットに見立てた積み木の近くで、なんとなくおしゃべりをして周囲を見ている場合

(3) 製作
◆「ノリ」の生成　→

例：製作コーナーで子どもたちは遊んでいるものの、なんとなく絵を描いたり、塗り絵をしたりして過ごしている姿がある場合

◆「ノリ」の共有　→

◆「ノリ」にノル　→

例：空き箱をテープでつなぎ合わせてはいるものの、遊びのイメージが明確ではなく、作ったものをすぐにお道具箱に入れたり、放置したりする（遊びに対するイメージや思いがない）場合

引用・参考文献

岩田遵子　2008　県立新潟女子短期大学付属幼稚園樋口嘉代教諭の実践に学ぶ　逸脱児が集団の音楽活動に参加するようになるための教師力とはなにか―ノリを読み取り、ノリを喚起する教師力―日本音楽教育学会編　音楽実践ジャーナル　5(2)　12-13.

小川博久　2010　遊び保育論　萌文書林

小川博久・岩田遵子　2009　子どもの「居場所」を求めて―子ども集団の連帯性と規範形成―　ななみ書房　26-32.

小川博久監修　吉田龍宏・渡辺桜　2014　遊び保育のための実践ワーク～保育の実践と園内研究の手がかり～　萌文書林

第3章　子どもも保育者も楽しくなる環境や援助〜遊び保育論より〜

　これまでは、「子どものために楽しい保育を」または、「保育者も楽しめば子どもも楽しい」と言われることが少なくなかった。しかし、第1章でも触れたように、集団保育において子どものために楽しい保育を具体的にどうすればよいのか、保育者が楽しむとは具体的にどうしたらよいのかを理論的に示したものは多くはない。筆者が知る限り、それらを理論的かつ実践的に示したのは、第2章で触れた岩田（2008）の「ノリ」の概念と小川（2010）の遊び保育論である。本章では、本研究の規範理論でもある遊び保育論について概説する。詳細は、小川（2010）「遊び保育論」、吉田・渡辺（2014）「遊び保育のための実践ワーク〜保育の実践と園内研究の手がかり〜」を参照されたい。

1．環境〜拠点性＋「見る⇄見られる」を可能にする人・物・場の位置〜

　第1章でも触れたように、保育の目標が「子どもが主体的に遊ぶ」ことだとすると、保育者の直接的な提案や誘いかけ「この遊びはこんなに楽しいよ！一緒にやろう！！」「○○をして遊ぶ？」等によって、子どもたちが遊ぶのではなく、子どもが自ら、人・物・場にかかわることが重要になる。それは、「何がどこにあるかわかる」つまり、**拠点性がある**ということである。保育者にたずねなくとも、自分で遊びたい場がわかり、遊びに必要な物を自分で取り出せ、片付けられるということである。拠点性を高める環境の工夫は、以下の通りである。

◆コーナーに敷物を敷く
◆教材・教具・道具等をわかりやすく仕分けし、絵表示等で示す

　大型積み木などは、敷物があると遊びにくいので、「おおよそこの辺りで遊んで欲しい」という目安を保育者自身がもつ程度でよいだろう。もちろん、「ここで遊びなさい」と強制するものではない。積み木が広く点在し、明らかに子どもが手に触れてない積み木があれば、それは子どもの思いが弱くなっている可能性が高いので、「これは使ってないかな」と**秩序を整える**ことも時には大切な環境に対する援助となる。ままごとコーナーで、床に落ちているごちそうや食器等を「あら、大切な○○が落ちてるわ。元に戻しておこう」と保育者がつぶやきながら、ゆったりと片付け、きれいになったコーナーで遊びが再び盛り上がり始めるということも少なくない。

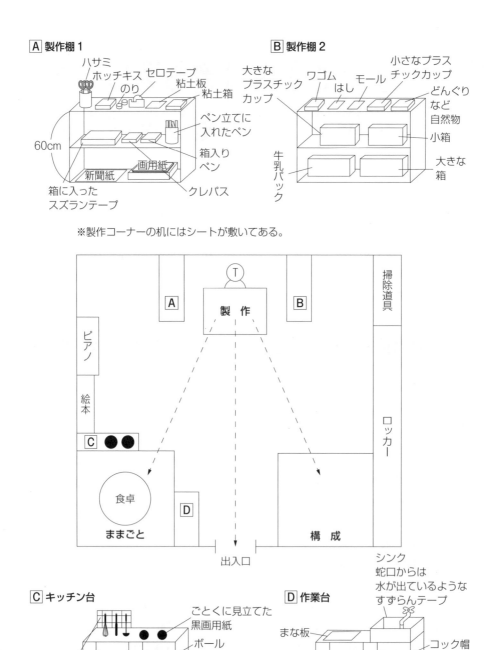

図1 ●環境図事例

自ら物や場にかかわり、遊びのイメージが明確になってくると、「この遊びを○○ちゃんとしたい」というふうに、人とのかかわりにつながっていく。「子どもが主体的に遊ぶ」ことが、人・物・場がつながっていくことだとすると、保育者が意図的に設定する保育室内のコーナーは以下の3つが中心的になる。

　　① つくる＝つくり見立て（遊びに必要な物を作る・描く）
　　② 構成する＝場の見立て（積み木・ブロック）
　　③ 見立てフリ＝フリ見立て（ままごと・○○屋さんごっこ）

　これは、これら以外のコーナーの存在を否定するものではなく、人・物・場がつながり、主体的な遊びを友だちと試行錯誤しながら展開をしていくことが期待できる3つのコーナーとして理解していただきたい。この3つのコーナーについては、通年、できる限り同じ場所に設定することで、子どもたちの心の中で「今日はあそこで○○ちゃんと～をしよう」というイメージも安定的に定着しやすいからである。
　もちろん、乳児の発達過程と幼児の発達過程とでは、異なるため、「1歳児では、製作というほどのものはできない」「ひも通しや型はめはどこに設定するの？」「ハイハイや歩行を促す動く遊びはどこに設定するの？」という質問を園内研修や公開研修で受けたことがある。0歳児は、ゆったり座って保育者とのかかわりが楽しめるコーナーに拠点性を高めるじゅうたんなどがあるとよい。また、ハイハイや歩行を促す運動遊びができるスペースを時間限定で保障することもある。この場合にも、静と動の拠点を明確に分けることで、それぞれの遊びに落ち着いて取り組める。現実的に、0歳児に3つの拠点を設定することは、難しい場合が多いが、後期になり、ままごとで見立てができるようになった子が増えるとままごとコーナーを設定し、豊かな遊び環境を保障している保育実践もたくさん見てきた。クラスの人数や月齢、発達過程、時期などに合わせて柔軟に環境を再構成したいものである。
　また、遊びや生活は「見てまねる・学ぶ」ことによって成立している。楽しそうだから、自ら模倣をし、実践するということが「主体的な姿」であると考えると、「見てまねる・学ぶ」ことができる環境構成も重要になる。それが**「見る⇄見られる」**である。それは、コーナー同士、コーナー内の両者で求められる。製作コーナーで作っている粘土のパンに刺激を受け、ままごとコーナーでお母さん役の子がごちそうを豊かに作り始めるという実践がある。このことからわかるように、遊びの刺激は保育室内のあらゆるところにあるのであり、それを選択する自由を保育者は保障しなくてはならないのである。また、同じく製作コーナーで粘土のパンを作っている子どもを見て、同じ製作コーナーで遊ぶ子どもが刺激を受け、不織布でパンを作り始め、それがパン屋さんごっこに発展したという実践からわかるように、コーナー内での「見る⇄見られる」も子どもたちに遊びを広げるきっかけやヒントを与え合っているといえる。
　コーナー同士の「見る⇄見られる」を保障するためには、高すぎる仕切りや囲い等他のコーナーによって、「見る⇄見られる」が遮断されていないか、保育者自身が遊びの仲間となってそれぞれのコーナーで遊びながら、確認していく必要がある。また、コーナー内の「見る⇄見られる」においても、作業台の上にコーナー内の「見る⇄見られる」を遮る物がないか意識的に見ていかねばならない。

これまでは、保育室内について触れてきたが、戸外においても「見る⇄見られる」は重要である。ただし、戸外は保育室内に比べ、広いので、「見る⇄見られる」は逆になる。中央でにぎわい感があり、規則性（循環・応答）のある遊び（ドッチボール《応答》、鬼ごっこ《応答》、リレー《循環》、三輪車・スケーター・竹馬《循環》等）をしているようすを周辺の砂場や総合遊具で遊ぶ子どもたちが見て、憧れを持つというしかけを意図的に作るのである。これがまさに、地域の遊び文化の伝承である。地域において自然発生的にこの遊び文化の伝承が困難になっている現在、園という公の施設での遊び文化の伝承が重要な役割となっている。

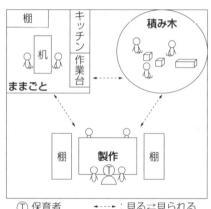

図2●室内の場合

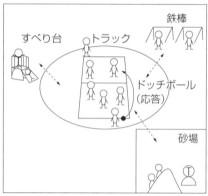

図3●戸外の場合

2．援助〜遊びの仲間として人・物・場にかかわりながら〜

　環境はしっかり整えたのに、子どもたちの遊びが続かない…ということをよく耳にする。先ほども述べたように、現在は、遊び方や物とのかかわり方を「見てまねる・学ぶ」機会が地域や家庭内において、少なくなっている。便利な電化製品が普及し、食事も冷凍食品やレトルト、惣菜が増えている中、楽しげな生活のフリや物とのかかわりは減っているといえる。つまり、「見てまねる・学ぶ」対象となるモデルが日々の生活や地域に乏しくなっているのである。そのような子どもたちがすばらしい環境を園で準備されても、「この毛糸のポンポンでどうやって遊ぶと楽しいのかな…？」「大型積み木っておもしろそうだけど、家にはないし、どうやって遊ぶとよいかわからないなぁ」ということになり、その物の扱いが雑になることが少なくない。つまり、環境を整える＋遊びの仲間としてモデルを示すということが、保育者の重要な役割なのである。このモデルは「このように遊びなさい」という強制ではない。楽しそうであれば、子どもはまねるし、興味がなければまねない。選択権は、子どもにある。そこで、そのクラスの子どもたちがまねできそうな物とのかかわりを保育者が示すということが**「遊びの仲間としてかかわる」**ということである。これは、近い将来、保育者がその遊びから抜けても、子どもたちだけで遊びを続け、発展させることを願う援助である。なぜなら、まねできないような遊び方では、子どもたちは「先生、やって」を繰り返し、主体的な遊びにはつながらないからである。

　ここで、筆者が以前かかわった園でのエピソードを例に挙げてみよう。

> **事例**
>
> 　かみつきひっかきが大変多かった1歳児クラスの保育室を、1歳児でもどこに何があるかわかるよう場を整え、コーナーの拠点性を高め、保育室の中央を空けて、「つくる」場、「見立てフリ」の場、「構成」の場を設定した。そして、そこで保育者自身が遊びの仲間として物とじっくりかかわって遊ぶ姿を示していった。製作では、「びりびりびり〜」と言いながら、大きなフリでゆっくり新聞紙を破り、「ぎゅっぎゅっぎゅっ」と丸めておだんごを作るA保育者。その姿をまねて、同じ製作コーナーで遊ぶ子どもたちも「びりびりびり〜」「ぎゅっぎゅっぎゅっ」とおだんご作りを楽しみ、ままごとコーナーのごちそうとしていた。B保育者は、ままごとコーナーで他の子どもたちと同じように、料理を作る人のシンボルであるコック帽をかぶり、「まぜまぜまぜ」と大きなボールに、毛糸のポンポンや綿のひもを入れ、大きなおたまでゆっくり大きな動きでまぜていた。ここでも、「まぜまぜ」「じゅーじゅー」と言いながらごちそう作りを楽しむ子どもたちの姿があった。C保育者は牛乳パック積み木で一本橋を作り、行っては帰る規則性を作り、構成と動の遊びを充実させていた。その結果、2か月ほどで、かみつきひっかきがほとんどなくなったとのことだった。

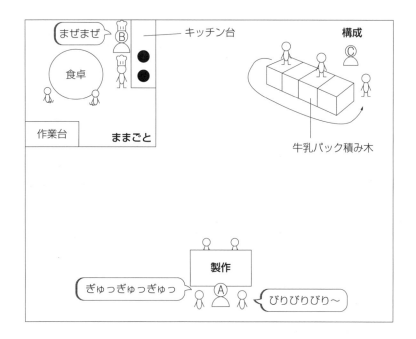

　これは、まさに先述した子どもが群れて自発的に遊びを継続できるコーナー環境やモデルとなる保育者の身体的援助によって遊びが保障されていった事例といえる。つまり、逆の状況で考えれば、全体的に落ち着かない保育状況においては、トラブルをよく起こす子どもと保育者との1対1のかかわり方にのみその解決策を求めても根本的解決にはならないということである。クラス集団が自発的継続的に群れて遊んでいる状況が保育者の意図的な環境と援助により整っていれば、先の子どもがどのような思いで過ごしているのかを把握することが容易となり、それが、保育者の環境と援助の見通しにつながるのである。

遊び保育のキーワード対照表

　これは、筆者が長年かかわらせていただいている園の中根誠園長先生が作成された遊び保育のキーワード対照表の一部抜粋である。筆者が園内研修や公開研究で実際の保育場面や保育映像を見ながら、園の先生方や参加者の方々と遊び保育について共通理解をするために、繰り返し話した内容を小川（2010）の遊び保育論と照らし合わせたものである。中根園長先生は常日頃から、「保育者同士が共通言語を共有することで、保育の理解は深まる」と仰っており、その熱い思いをご自身が形にされた大作といえる。

　是非、参考にされ、各園の園内研修や自身の保育の振り返りに活用していただきたい。

キーワード	渡辺桜の解説	遊び保育論での言及
居場所感・保育者への安心感・信頼感	先生が手遊びなどでおいでと声を掛けると先生の周りに自然と団子になり、皆の距離がちょうど良い距離でくっついて、先生と同じリズムで（多少バラバラしてもいいですけれど）体が前のめりになり、先生大好きというメッセージを子どもが目と体から発信している先生と同調して（バラバラすることはあっても）のっている時に居場所感・先生への安心感・信頼感があるといえる。	第1の原則は、保育室は幼児たちの居場所とならなければならない。そしてそのためには、まず必要なことはすでに述べたように、保育者と幼児一人ひとりとの応答的関係が成り立つことであり、必要なときに、保育者を「見る⇔見られる」関係が成立することである。このことは図1でも明らかなように、1つは、各々のコーナーは各々壁を背にして配置されており、敷物や囲いで床と区別された特定の空間になっていること、2つに他のコーナーや保育者の位置との関係で「見る⇔見られる」位置にあり、中央が空間になることである。言い換えれば、各々のコーナーは他のコーナーから見られるということであり、保育室の中央を空間にすることでコーナー相互がギャラリーという性格をもつことで賑わいを演出しているということである。すでに述べたように、保育者1人に対し、幼児多数の関係の中では、保育者と幼児一人ひとりとの「アイコンタクト」をていねいに行う余裕はない。そこで必要なことは、保育者の援助を必要としたときに、幼児一人ひとりが保育者の存在を確認できる場所を指定できることである。「いつも、先生はあそこにいる」という感覚があることである。そしてそのためには、保育者がいつも製作コーナーにいるというルールは保育室の環境構成にとって基本である。 しかも、前述のように、保育者がつくる活動の表現者として、幼児たちの関心を引きつける力を発信しつづけるということは、クラスの幼児全員を保育者に引きつける力をつくりつづけるという意味で重要なことなのである。そしてこのことは、保育者の存在がつくる活動を生み出した発信源であるとともに、幼児たちは保育者の動きに引きつけられると同時に保育者から送られるまなざしによって見守られることになるのである。(p.104)
同調	子ども（達）が保育者のリズムに合わせ体を動かすといったこと（ノリと同じ）。	幼児たちと保育者が心を通わせる手だては、一人ひとりを相手にすることだけではない。手遊びなどの同型的同調が成立する活動である。(p.68) 保育者が「……おじいさんは……かぶを抜こうと思いました。うんとこしょ、どっこいしょ」といったかけ声の部分で幼児の同調である唱和が生まれるのである。(p.69、78) つくる活動は、個人的に始められる活動であり、手を動かすという動作であり、この手を動かすという動作のリズムは、先に手遊びのところで指摘したように、より多くの幼児に同調性のノリを誘発することになる。たとえ、つくるモノが異なっていても、より多くの幼児が、つくるという動作で同調できれば、見立てを共有することにも通ずることになる。 たとえば同型のモノを一緒につくるとお店やさんに発展しやすいのは、このノリの同調とともに見立てが共有されるからである。(p.81) 部屋のある所を起点とし、部屋を一周したり、部屋から、廊下やテラスを一周して、また起点に返るといった電車ごっこは、コーナーの遊びと同調している遊びといえる。なぜなら、電車づくりにおいて製作コーナーに回帰する機会があり、部屋の中の他のコーナーとの間に「見る⇔見られる」関係が成立しているからである。(p.127)

キーワード	渡辺桜の解説	遊び保育論での言及
ノリ	保育者のリズムに合わせ体を動かすといったこと（同調性と同じ）。	「逸脱児が逸脱してしまうのは、子どもがクラスの子どもたちのリズム（岩田は「ノリ」とよんでいる。「ノリ」については第1章注4を参照）に身体的に同調できない（クラスの子どもたちの「ノリ」を共有できない）ということである」という。岩田はこの「ノリ」（以下、原則として「」をはずして使う）について、人間の行動はリズム構造を潜在させているという山崎正和の説を引用しながら、ノリとは、「関係的存在としての身体による行動の基底にあるリズム、およびその顕在の程度、すなわち、リズム感、また身体と世界との関係から生み出される調子、気分のことである」という。(p.68) ノリによって保育者と幼児集団との同型的同調と同型的応答が成立するということは、ノリという身体的機制によって保育者と幼児集団との連帯性がつくられることになるのである。こうした「内的秩序感覚」の成立は、幼児たちが保育者の担当するクラス集団の中に、共同体的絆をつくることに貢献することになる。このことは保育者と幼児一人一人との絆づくりにも有効なはずである。(p.69) 見知らぬ人を見て泣き出すけれど、母親に抱かれると、泣き止むというのは、幼児は母親の作用圏に属しているから安心していて、母親以外の大人に抱かれたりすれば泣き出すのは、母親の作用の外に出ていると感ずるからである。いつも自分をケアしてくれる人との関係の中にいることで安心するけれども、知らない人だと不安になるのは、前者は、同型的同調や応答が見えない形で成立しているからだともいえる。幼児の外界のモノの名前や秩序についての認知が生まれるのも、この同調のノリによって、幼児は母親の視線を追うことで、母親の視線の先を追視するという共同注意（joint attention）をすることで成立する。(p.78)
応答	お集まりや自由遊びで子ども（達）にアイコンタクト「見てるよ」「あなたとつながりたい」といったメッセージをおくるようなこと。保育者と子どもの間に、また、子ども同士の間に「見る⇔見られる」「同調」という関係が成り立つこと。	毎日、降園時に行われる素話、絵本の読み聞かせの中で、応答的会話が含まれている絵本の読み聞かせにおいて、この読み聞かせを幼児がとても楽しみにしたりするようになると（たとえば、『大きなかぶ』や『ねずみくんのチョッキ』など）、応答部分になったときなど、保育者の読み聞かせの問いの部分に対し、予期したように、答えの部分を幼児が引き取って、発話するようになる。たとえば、素話「大きなかぶ」では、保育者が「……おじいさんは……かぶを抜こうと思いました。うんとこしょ、どっこいしょ」といったかけ声の部分で幼児の同調である唱和が生まれるのである。(p.69) 幼児期の人格の発達は未熟であり、幼児の発達はピアジェ流にいえば、自己中心的である。だから、幼児Aにとっては、担任保育者はAだけのための保育者であって、幼児Bにとっても大切な親しい保育者であることはわからないのである。幼児が20人いればどの幼児もそう思っている。だから自分の先生は好きなときに自分との応答に答えてくれるはずだと思っている。しかし現実には、保育者と幼児とは親子関係と違い、いつも一対一の応答的関係には入れないのである。(p.71) ままごとコーナーの道具や場所がきちんと整えられていたりしても、ごっこはかえって生まれない。いかにもすぐ遊びが始まりそうに畳を敷いた小部屋のような場が用意されていてもごっこ遊びは生まれない。そうしたところでよく遊ぶ姿を見ることはまれなのである。また3歳児のごっこのために、食べものを模した遊具が市販されていて、それを使っているところもあるが、始めのうち興味をひいてもやがてそれで遊ぶことはなくなるのである。要は遊具を使って、幼児同士がかかわりを生じ、応答的関係が成立し、人とモノと場の関係が生まれたときにそこはごっこの場になる。(p.114)
手と目の協応	遊び込んでいる＝手と目が作るものをみて同調していてリズミカルに作業をしている。	目と手の協応する形が見られるのは、素材や道具を使ってつくる活動に集中している証である。 保育者がつくる活動の表現力を持続させていて、幼児たちは、それぞれ製作コーナーにやってきて、ある者は座って、保育者と同じものをつくろうとし、ある者は同じつくる活動であっても、自分の遊ぶための道具（たとえば、剣づくり）であったり、ある者は好きな仲間と同じようなお絵描きであったりする状況が生じたら、製作コーナーは賑わいを見せるのである。そしてこうした状況は、幼児たちが、つくる活動への集中度が高いときは、目と手の協応活動が見られるので、この製作コーナーを外から観察するとしたら、幼児たちの姿勢は、背中から頭部にかけてやや前傾になる。なぜなら、幼児は、自分の手先を見ているからである。しかもつくる活動であるから、その動きは、各々独自ではあっても一定の雰囲気が生まれるのである。それはあたかも、洋服づくりの裁断コーナーのように、各々の机の上で別々の裁断をしていても、コーナー全体として、共通のノリが見られるのである。製作コーナーで、幼児が各々手を動かして作業するノリには、ある共通性があるのではないだろうか。(p.97〜98)

キーワード	渡辺桜の解説
シンボルがある	シンボルは、ままごとコーナーのエプロン、お店屋さんごっこのコック帽、メニュー表、皆がいっしょにつけているプリキュアのバンドとか。何かシンボルがあることによって遊びのイメージを継続して、もっとこうしたいよね、もっとこうしたいよね、とイメージのふくらみや共有化を子ども同士で勝手にしていってくれるということが生まれやすいのはシンボルですね。このシンボルが自然発生的に子どもからでるかというとこれは難しいのが現状なので、子どもたちの遊びから、こんなことがでてきそうだなということのシンボルを最初に仕掛けるのは先生かなと思う。シンボルを先生が作る→子どもたちと作る→子どもたちが作る。
子どもに見られていることを意識した見立て・フリ	先生の動きが、一番ゆっくりで、大きく、リズミカルであったことである。砂場で大きな動きで、うれしそうにスコップで砂をすくいペッタンペッタンと山をつくっている（身体的援助としての模倣モデル）。周りの子は、同じことや少し違うことを先生と同じリズムで同調して実施している。その先生の周りが一番安定している。
ゆっくり、大きく、リズミカル	身体的援助モデルとして、フリをゆっくり、大きく、リズミカルにすることで子どもも同調して興味をもち見て真似るようになる。言葉がけより、有効。
子どもに見られていることを意識したつぶやき	子どもに見られていることを意識した呟きっていうのは、実際にさっきラーメン作ってる先生がいたって言ったんですけど、その先生がね、ブツブツ言ってるんです。黄色いタフロープを割きながら「どうしよっかなー」とか「あーお腹空いたなー。でもまだ開店まで時間があるしなぁ。」とかブツブツ言ってるんです。先生あれってわざと言ってたよね？って聞いたら「うん、絶対周りにいて私の言葉を聞いている子が、あー自分もやりたいと思ってくれるといいな。と思ってブツブツ呟いていました。」って言っていました。その先生の指導案にはきちんとそれが意図的に書かれていたんですね。こういうことを呟きながら子どもたちが関心を持って自ら遊びに参加できるように。
言語による援助：イメージを明確にする言葉がけ	言葉もとっても大事で、もうすでに子どもたちのイメージがある場合には「これ美味しそうですね、どうやって作ったんですか？」とか構成遊びであれば「これかっこいいですけど、どこが入り口ですか？玄関ですか？」とか「これ、早く走るためにはどうすればいいんですかね？」みたいなことを聞くことによって"あ、関心持ってもらえて嬉しいな。そうだよな、聞かれて今まであんまり考えてなかったけど答えちゃおう"っていうのでイメージが明確になったりだとか、一層子どもたちが意欲的に物と関わろうとする。
作業工程を増やす	作業工程が増えれば増えるほど、意欲的に子どもが遊びたくなる。
先生が遊びの主体者	先生が遊びの主体者としてすごく楽しそうにやっている場合。 ただし、そこにいる子どもが少しがんばれば真似できそうな遊び方であることが大切。モデルになる。

引用・参考文献

中根誠　2015　遊び保育のキーワード対照表

小川博久　2010　遊び保育論　萌文書林

小川博久・岩田遵子　2009　子どもの「居場所」を求めて—子ども集団の連帯性と規範形成—　ななみ書房　26-32.

小川博久監修　吉田龍宏・渡辺桜　2014　遊び保育のための実践ワーク〜保育の実践と園内研究の手がかり〜　萌文書林

渡辺桜・吉田龍宏・渡邉明宏　2014　子どもも保育者も輝くための園内研のヒ・ケ・ツ（パンフレット）　平成25年度名古屋学芸大学大学学長裁量経費により、豊田市保育課並びに公立こども園の協力により制作

第 2 部

「子どもも保育者も楽しくなる保育」
＝保育者の「葛藤」が質的に変わる

　「子どもも保育者も楽しくなる保育」は、保育者にとっては、「保育状況が見える」保育である。保育状況が見えることによって、保育状況を成立させている人・物・場の関係性も見えてくる。つまり、人・物・場の関係性のどこが十分ではないから子どもたちの遊びが発展していかないのかがわかるため、今後どのような環境や援助をしかけていくとよいのかがわかりやすくなる。これは、①「保育がなんとなくうまくいってないけれど、どこがいけないかわからない」＝無自覚な「葛藤」段階→②「環境は整えたのに、どうして遊びが続かないのかわからない」＝無自覚と表層の往復運動段階にある「葛藤」→③「子どもたちの豊かな遊びが継続・発展する保育者のモデル性とは…」＝表層と可視の往復運動段階にある「葛藤」へと「葛藤」の質的変容につながっている。

　第2部では、保育実践上の悩みがこれまで関係論として捉えられてこなかったという事実に触れながら、「子どもも保育者も楽しくなる保育」を目指すためには、人・物・場の関係論として「葛藤」の質的変容をどう促せばよいのかについて言及する。

第1章 これまでの事例検討・保育研究

　これまで、保育実践研究の葛藤問題は、保育者個々の心理の問題＝心理主義的に捉えられ、解釈されてきた。したがって、「保育者の感性を磨いて」「子どもの内面に寄り添うように」という精神論によって曖昧にされてきており、具体的にどのような環境や援助であれば、「子どもの内面に寄り添う」ことが可能になるのかは、明確に議論されていない現状がある。つまり、保育実践の当事者である保育者が、明日の保育から具体的にどのような環境や援助をしていけばよいのかがわからないということが少なくない。しかし、保育実践上の葛藤は、人・物・場の相互関係性[注1]の問題、つまり、関係論としての「葛藤」である。したがって、本研究で取り上げる関係論としての「葛藤」には、広く一般的に、あるいは、それぞれの学問の分野で用いられる概念としての葛藤と区別するために「　」を付けることとする。

　それではまず、なぜこれまで保育実践上の葛藤問題が保育者個々の心理の問題として捉えられてきたのかについて、保育実践研究の歴史的系譜を概観してみたい。

1. これまでの事例検討

　日本において、保育現場に研究者が足を運び、子どもの遊びや保育者のかかわりを観察することによって保育現象を捉えようという試みは、1971年津守真らによって始められた。これは、保育実践における臨床教育学研究の礎となり、それまでの統計的な研究ではなく、実際の保育実践を研究者も観察することの重要性を保育界に知らしめたといっても過言ではないだろう。

　津守の観察に対する姿勢は、研究者が保育に存在する現象の背景や連続性を捉えようとした場合、子どもの生活や遊びに入り込み、「きっとこの現象の背景はこれであろう」という実感が得られるまで、とことん保育現場にかかわるべきであるという主張といえる。これは、「子どもとは何か」ということについて、研究者自身が保育の場に身を置きながら、体験を基に明らかにしていく姿勢であるといえよう。しかし、この津守のいう観察者の視点には、保育者の当事者性の立場を考慮するということはされていない。これまで繰り返し述べているように、保育者は、人・物・場の関係性の上に成立した遊び状況や群れ・集団のようすを捉えつつ、個の主体的な姿を支える使命がある。津守のように、研究者の感覚で対象を限定し、その限定した個や場面にのみ没頭して子どもの世界を共有するということは保育者の関係論としての「葛藤」問題とは乖離しているのである。

　津守と同様に、保育実践を振り返る方法として、鯨岡（2007）は保育者が「心に残った事例」をエピソード記述によって書き残すことによって、それを基に保育者やその保育者集団が保育を振り返り、保育の難しさや楽しさを共有しながら保育に対する理解を深めようという提案をしている。この鯨岡のエピソード記述についても、先の津守の「心に感じるもの」と同じく、「心に残った事例」が抽出対象となっている。このような記録の取り方には、環境図がない場合も多い。

ここで、実際に、鯨岡（2009, pp6-10）が著書の中で、取り上げているエピソード記述を例に考えてみたい。

エピソード２：「だっこして！」　　　　　　　　　　　　　　　　　　　　Ｙ保育士

〈背景〉
　Ａくん（３歳10ヶ月）は、複雑な家庭事情にあり、また母親が病気がちであるため、月に１度は、親元を離れて１週間ほど他所に預けられることがある。そのためか、気持ちが不安定になりやすく、クラスの中でトラブルになることも多かった。近くに来た友だちを突き飛ばして自分の居場所を作ろうとしたり、友だちの泣き声に反応して大声で威嚇したりする等、ちょっとしたことに敏感に反応する姿がある。大人に対しては、自分から話しかけて自分をアピールしたり、注意をひくような行動をしたり、大人の出方や表情を見て動いたりする姿がある。そんなＡくんの甘えたい気持ちや大人の気を引きたい気持ちを受け止め、しっかり信頼関係を築いて、Ａくんが保育園で安心して過ごせるように心がけなければと思っていた。

〈エピソード〉
　ある日の保育の場面で、「自分のしたい遊び」に移ると、Ａくんは大好きな車を出してきてテーブルの上で走らせる。友だちが傍に来ると「これはＡくんのだからね！」と声を出し、一人で車を抱え込んでいる。少し離れた所ではダンボールハウスの中でお母さんごっこが始まった。赤ちゃん役のＢくんは寝転がり、泣きまねをし、だだをこねる真似もしていたので、私が母役となり「どうしたの？抱っこしてほしかったの？」とお母さんの声をかけて抱きかかえ、あやしてあげた。
　ご機嫌になったＢくんをダンボールハウスのお母さん役の子どもに手渡したところで、Ａくんの泣き声が聞こえてきた。振り返るとＢくんのように床に寝転がり泣きまねをしている。そんなＡくんの姿は初めて見るものだったので、私はちょっと驚き、Ａくんは何を求めているのだろう、どう言葉をかけたらいいのだろうと思いっているうちに（原文ママ）、思わず私の口から「あらあら」と声が出た。すると私の視線を感じて恥ずかしくなったのか、Ａくんはそれを隠そうとするかのように、でも見つけてほしい感じで、テーブルの下に入り込み、泣きまねを続けている。そこで「どうしたの？テーブルの下で泣いていたのね。抱っこしてほしかったのね、おおよしよし」と声を掛けて、赤ちゃんをあやすかのように抱きかかえてみた。
　今までＡくんが赤ちゃんを演じる姿はなく、Ａくんからの抱っこ要求もほとんどない。また私が抱っこやおんぶをしても、体と体のあいだで何かしっくりこなさを感じ、すぐにおりてしまうことが多かった。ところが今回は抱っこしてもおりようとすることはなく、しばらく赤ちゃんになって「エーン、エーン」と声を出していたので、抱っこして部屋の中をゆっくり歩きながら、赤ちゃんをあやすように話しかけた。この時はまだお互いの体のあいだにしっくりこなさが少しあったが、少し経つとＡくんは泣きまねをやめ、そっと私の肩に頭をもたれかけてきた。この時、Ａくんの体の緊張がサッとぬけ、２人の体のあいだがしっくりきて、気持ちよく抱っこすることができた。私はそのとき一瞬、「甘えられた、こんな風にしていいんだね」というＡくんの叫びが聞こえた気がしたが、そう思ったのも束の間、Ａくんはすぐに「おりる！」と言い、何事もなかったかのように車の遊びに戻っていった。甘えた自分に満足しているような、照れくささもあるような、ドキドキ感もあるような、そんな感じを私と視線を合わせない事で表現していた。
　そして夕方、ブロックで遊んでいる時に、Ａくんは急に「だっこして！」と言って私を見上げてきた。「いいのかな？」という気持ちが表情に表れていた。そこで私が「いいよ」と言って抱っこをすると、Ａくんは、抱っこされてもいいんだろうかと確かめるように、「こんな風に甘えてもいいんだ」ということを確かめるように、しっかり抱かれた。そしてすぐにまた「おりる」と言って、遊びに戻っていった。

3歳児Aくんのエピソード記述には、家庭環境等が影響し、日常的に不安定で担任保育者に甘えられないというAくんが、Bくんの姿をきっかけに保育者に「だっこして」と甘えられるようになったというエピソードが書かれている。このエピソードには、Aくん、Bくん、保育者しか登場せず、保育者がAくん、Bくんとかかわったその言葉のやりとりのみで、環境図も他の子どもたちのようすも全く記されていない。しかし、保育者は本来であれば、Aくんが気になっていたとしても、同時にクラスの複数の子どもたちのようすを把握し、遊びやかかわる対象児の優先順位を決めざるを得ないのが現実である。そうだとすると、その時、気になるAくんとかかわること自体の妥当性（他の遊びや個々はかかわる必要がなかったのか、安定的に遊びが展開されていたのか等）やAくんに直接的・間接的に影響を与えるであろう保育状況を成立させる人・物・場の関係性に対する妥当性の検証があって初めて、集団保育においてAくんが安定的に過ごせる人的・物的環境が明らかになるのである。このように、担任保育者にとって気になる子についての場面を切り取った事例検討は、少なくない。
　例えば、担任保育者から「遊びが見つからないD男にどうかかわると自ら遊ぶようになるか」という悩みが出た場合、D男が走り回っていたという状況をD男と保育者との関係やD男が直接的にかかわった人や場にのみ着目して、つまり、場面や事例を切り取り、その切り取られた情報を基に話し合いを進めるという方法である。その結果、対症療法的にその時にどうD男に声をかけるか（〜しようかと誘う、とか、走り回ることを制止する等）といったところに議論が焦点化していく。しかし、そのような事例（情報）の切り取り方では、D男が実は影響を受けていたかもしれない保育室内の他のコーナーのようすや状況はわからない。つまり、これまで主流となってきた記録による議論では、遊び状況を成立させている関係性が読み取れず、その子どもを取り巻く、人・物・場の関係性やさらにクラス全体の遊び状況をどう改善していくかという保育課題の根本的解決に対する示唆は望めないと考えられる。保育者は一人の子どものみを対象に保育を遂行しているわけではない。人・物・場の関係性の上に成立する集団や群れのようすを読み取り、援助の優先順位を考えながら、個の自己実現を支えなくてはならない。保育者や観察者の関心で切り取った特定の子どもの記録には、保育実践を俯瞰し、関係論的に捉えようとする発想が見受けられないのである。
　保育実践を振り返るための方法として、このような記録論が主流となっている問題意識の根底には、様々な現象の要因は、個人の内的問題であるとの認識がうかがえる。しかし、保育者の立場に立てば、保育の全体状況が読み取れない記録では、集団を対象としながら個々の子どもの自己実現を図るという難題を抱えた保育者の現実的問題、つまり関係論としての「葛藤」の質的変容を促すことは難しいのである。

2．実践上の葛藤・ストレス研究

　保育行為における保育者の関係論としての「葛藤」について論じるにあたり、学問上、葛藤がどのように定義されているのかを述べたい。心理学、臨床心理学、教育学、社会学、保育学において、葛藤は以下のように記されている。

　「個体に2つ以上の両立しがたい要求が同時に存在し、その強さがほぼ相等しいとき、個体

が行動を起こすのに困難を感じる事態」
（赤井，2002；上田，2004；竹内編，1987；馬場，1993；倉持，2009）

英訳としては"conflict"が使用されている。つまりこの定義が、一般的な概念としての葛藤といえよう。

（1）心理学における教育実践上の葛藤研究の概観

　保育者の葛藤・ストレスに関する既存の研究を概観すると、その多くは、心理主義的研究であるといえる。例えば、西坂（2002）は、幼稚園教諭の精神的健康に影響を及ぼすものとして、保育者の精神的健康に対するストレスの影響やストレスへの個人特性（コミットメント、コントロール、チャレンジといったハーディネス）の影響を明らかにするために、幼稚園教諭への質問紙調査を行った。その結果、保育者の精神的健康に影響を及ぼしているのは、「園内の人間関係の問題」と「仕事の多さと時間の欠如」であり、精神的健康に影響を及ぼすほどではないが、ストレス因子として得られたのが、「子ども理解・対応の難しさ」「学級経営の難しさ」であることが明らかとなった。

　また、近年、教員に限らずヒューマンサービス職（看護師、教員等）のストレス研究が注目されつつある。それは、ヒューマンサービス従事者のあいだで、燃え尽き症候群等による休職・離職者が急増しているからである。それらの研究においては、質問紙調査によりパーソナリティーや経験といった個人要因ならびに役割ストレスや過重負担といった環境要因からストレス因子を分析している。ここでいう役割ストレスとは、役割葛藤と役割のあいまいさを指す。教員の役割葛藤であれば、生徒の理解者としての役割と生徒の管理者としての役割とで葛藤を覚える状態である。また、教員の役割のあいまいさであれば、自分の役割や責任の範囲があいまいで、無制限に生徒やその家族のために質的な負担を増やしていってしまう状態である（久保，2007）。

　従来、これらの葛藤に対しては、ゆらぎ研究により、その解決が試みられてきた。近年の葛藤（ゆらぎ）研究においては、葛藤は危機であると同時に変容・発達を生み出す契機であり、個人の内面的な解決課題とされている。それらの研究においては、対人葛藤から振り返りや気づきにつなげていくことの重要性を指摘するものが主となっている（木村，2006；平木，1990）。保育者の葛藤に関する研究においても、質問紙やインタビュー、カンファレンスを通して保育者に自分の保育について振り返る機会を設ける中で葛藤についての分析を行っているが、それらの研究では、保育者の語りの対象が自然と保育者にとって「気になる子」やその保護者の語りに焦点化されている（寺見・西垣，2000；後藤，2000）。つまり、実践者の主観的な悩みを解決する方法として、当事者が語ることにより自身の悩みや葛藤を整理することに重きが置かれていたといえる。これら従来の葛藤に対する問題意識は共通して、葛藤は自分が抱えている問題に対する気づきへのきっかけであり、意義あるもの、また個人の内面的な問題として捉えるので、それに向き合っていくサポートをするのが支援者または同僚の仕事であるというスタンスである。

　そして、こうした問題を内面的に解決するということは、自己の役割行使の面でストレスフルでなくなったという点に解決が求められ、個人内の心的問題を超えた事柄としては扱われないというのが、心理学の問題意識である。しかし、多くのストレス問題は、職場における問題として浮上した場合、心的悩みに留まらず、それは職場の人間関係のみならず日々の役割行為にまで影響する事柄となる。つまり、職場という一つのゲゼルシャフトの問題となる。それゆえ、当然、社会学研究

の対象にならざるを得ない。なぜなら、個人問題は状況ジレンマや役割と深くむすびついているからである。

保育実践を振り返り、これらのような悩みや葛藤を乗り越えるための方法論として、提案されてきたのが、序章でも触れた鯨岡のエピソード記述である。

鯨岡は、現在の「させる保育」を批判し、個に寄り添うために、保育者が印象に残ったエピソードを記述することの重要性を述べている。ここで鯨岡がいう「させる保育」とは、保育者主導で指示的にさせるといった意味を持たせている。鯨岡は、エピソード記述の目的について以下のように述べている。

①保育の担い手である保育者が子どもたち一人ひとりとのあいだで経験したさまざまな事柄を保育者自身がエピソードとして描き出すこと
②その描き出されたエピソードを他の保育者に読んでもらうことを通して、自分の保育を振り返る手掛かりにすること
③そのようにして保育者同士の経験を交叉させて、保育の中身を吟味し、園全体の保育の質を高めようと努めること
④そのことによって、子ども一人ひとりを丁寧に保育するという理念の実現につなげていくこと

以上、4点を「エピソード記述」の目的にしています。つまり、単にエピソードを書くことが目標なのではなく、エピソード記述は自分の保育を振り返り、保育の質を高めるために必要なのだという観点が欠かせないということです。(傍線筆者)
(鯨岡, 2009, p.21)

鯨岡は、保育者主導で「させる」のではなく、しっかり個の心に寄り添うことの重要性を主張している。筆者も、幼児個々の内面理解に努めることは大変重要な保育者の役割であると考える。しかし、ここには「集団か個」の「個」に対する関心しかなく、なぜ保育者が「させる保育」をせざるを得ないかという保育者の関係論としての「葛藤」問題を無視している。「させる保育」をせざるを得ない理由は、集団を掌握し、時には秩序統制を図らねばいけない保育者の命題、つまり「集団か個」ではなく、集団把握と個の自己実現の両立という現実的な課題があるからである。この鯨岡の「させる保育」に対する批判は、保育者の当事者性を無視し、集団把握と個の自己実現を同時に遂行しながら幼児一人ひとりの主体的な姿を保障するための具体的方策を提案しない無責任な批判といえる。

また、職員同士で、このエピソード記述を読み合うことにより、保育の質を高めることができるとしている（傍線）が、序章でも指摘したように、エピソード記述には保育者と特定の「保育者にとって気になる子」とのやりとりが記されているのみである。環境図や他の子どものようすは一切ない（鯨岡, 2009）。しかし、「保育者にとって気になる子」と保育者がやりとりをしているその時にも、集団保育は展開している。全体を俯瞰してみて、保育者の援助の優先順位や援助内容の妥当性、遊び状況の読み取り等を客観的事実に基づいて職員同士で検討することも重要なはずであるが、「保育者にとって気になる子」と保育者の言動の情報のみでは、その全体状況は把握できないのである。全体状況が把握できなければ、保育実践を成立させている人・物・場の関係性は読み取

れない。その「保育者にとって気になる子」が影響を受けているのは、保育者だけではなく、その場、他の子ども、物等、直接的・間接的にかかわる人・物・場全てのはずである。それを、保育者とのやりとりのみを切り取った事例により、ストーリーを紡ぎだすことは乱暴であると言わざるを得ない。ここに集団保育を展開している保育者の当事者性との乖離がある。

したがって、本研究で着目している保育実践上の「葛藤」課題に向き合おうとした場合、序章で述べたように「葛藤」を個人の内面的な問題としてのみ捉えていては、具体的解決方策は得られないと考える。そこには、「葛藤」の要因が集団の子どもを対象とした保育実践に存在する人・物・場の関係性、つまり関係論にあるという「葛藤」概念の捉え直しの上に立たねば根本的解決は望めないのである。

それでは、個人の内面ではなく、対象とする場を構成している様々な関係性について着目している教育社会学では、この葛藤研究をどのように捉えているのであろうか。

(2) 教育社会学における教育実践上の葛藤研究の概観

教育社会学における教師の葛藤については、下記の２つに大別されている。

1) 状況的ジレンマ

構造的な要因によらない行為次元の葛藤である。例えば、教師と生徒が対面的相互作用を行う状態で、また、その状態を期待されている教師が、それをうまくできなかったり、継続できない状況である（山本, 1985）。これは、保育現場に置き換えれば、保育者と幼児とのかかわりにおいて生じる葛藤に近いと考えられる。しかし、こうした葛藤が具体的な役割関係や個と集団の関係へと波及する場合、それを役割葛藤として捉える。つまり、保育者の役割は集団の幼児の状況を把握しつつ幼児個々の主体的な遊びを同時に保障することであり、そのことを達成するための環境構成や身体的援助に対する具体的な悩みが生じた場合には、保育者としての役割葛藤となるのである。

2) 役割葛藤

地位葛藤や役割葛藤といった社会および文化構造上の葛藤（アンビバランス）である。マートン(1976)は、このアンビバランスについて個人の心理状態ではなく、社会関係の構造の中に仕組まれた、広い意味で社会における地位に伴う態度、信念および行動の相矛盾する規範的期待をさすものとしている。この概念に従って、教師の具体的な葛藤内容を挙げてみると、子どもの気持ちに寄り添う理解者としての教師の役割と、指導者・管理者としての役割との間で揺れ動く等がある。つまり、レヴィン（1956）の葛藤理論でいえば、接近—接近型の葛藤（approach-approach conflict）であり、２つの正の誘引をもった目標の間で、２つの接近傾向がつりあっている状態になるものといえる。ここに本研究における「葛藤」の位置づけとの相違がある。序章でも述べたように、本研究では、どちらか一つを選ぶ葛藤ではなく、集団と個への援助を保育者の役割として同時に達成しなくてはならないからこそ生じる「葛藤」なのである。

役割葛藤の概念規定を踏まえ、具体的な教育現場の役割葛藤問題に迫った先行研究は多くはないが、安藤（2005）は、教師が抱える役割葛藤に着目し、学校事故判例での主張や実践記録を基に、具体的場面における葛藤対処様式を明らかにしている。ここでも教師の役割についての規定が、指

導者としての役割と生徒の理解者としての役割のいずれかを選択しているという分析がなされている。そして、その選択基準は、教師自身の教職アイデンティティの分離のあり方によって分類されるというものであり、これは、心理主義と同様に教師個々人の内的問題として葛藤が捉えられているといえる。教師個々に多様な役割葛藤があり、多様な対処方法があるということである。

　しかし、実際には教師は日々の実践を遂行しなくてはならず「人によっていろいろな役割葛藤とその対処法がある」ということがわかっても明日の実践において具体的にどう生かしていけばよいのかは不明である。つまり、実践上の悩みは無限にあるけれども、その中で解決可能な「葛藤」を概念規定し、その「葛藤」の質の変容を提案することが重要なのである。だからこそ、本研究では、幼児集団を把握し、時には秩序統制を図ることも求められる保育者が同時に幼児個々の主体的な遊びを保障するという、一見相反する保育者としての「葛藤」について、概念の捉え直しならびに規定をしたのである（序章）。その具体的な概念規定なくしては、保育者や教師の葛藤問題の解決には結びつかないのである。

　以上、状況的ジレンマと役割葛藤の定義について概観した。これを踏まえ、本研究の課題に照合すると、状況的ジレンマが当てはまる。なお、先述したように関係論としての「葛藤」への自覚化がされれば、役割葛藤に変容する。

　教師の状況的ジレンマについての先行研究において、山本（1985）は、ジレンマそれ自身の性質や役割を明らかにする先行研究がないことを指摘し、教師にとって重要な状況である生徒との対面的状況における教師の状況的ジレンマに焦点を当て、教師文化や教師の職業的社会化の性格を考察している。調査方法は、教師への質問紙調査のみで、その記述を基に教室内の状況を想定しながらの分析となっている。その結果、状況的ジレンマはフィードバック（教師と生徒とのやりとり）の欠如により起こることは明らかになったが、それは、現象の把握とその要因の追究であって、そこからはそのジレンマを解決する具体的建設的な方策を得ることはできない。なぜなら、保育実践に置き換えてみれば、「葛藤」を感じなければならない状況であっても、「葛藤」を保育者自身が感じていない場合、例えば、保育者がその遊びを抜けたことで遊びが消滅してしまっても、保育者自身がそこに何も問題を感じない場合については、質問紙やインタビューだけでは、その問題点は浮かび上がらず、保育状況が根本的に改善されない可能性もあるからである。つまり、こうした質問紙法やインタビューからは集団保育の課題（集団の中で幼児自身が自己形成をすること）の成立を困難にする根本的要因を見逃す可能性を含むのである。

　また、本研究と同じエスノグラフィーという手法を用いた結城（1998）の研究では、日本の集団保育において、教師は言葉がけにより「見えない集団」をつくり、教師にとって集団を統制しやすい状況をつくっていることを指摘している。例えば、集団から逸脱する子どもに対して「お話が聞けないお友だちがいますね。そんなお友だちは小さい組に戻ってもらいます。」という言葉がけを全体にした場合、集団から逸脱している子どもを名指ししているわけではないが、「話が聞けない子」＝「小さい組へ行く子」というラベリングをし、「見えない集団」を形成させるのである。結城は、この教師の包摂／排斥関係の形成が、教師不在の子ども同士の遊び場面において、いじめの原因となっていることを保育観察によって指摘している。そして、集団保育の統制を図るための教師の「目に見えない集団」形成に対し、「がんばれば誰でもよい子になれる」という意味づけを盛り込む必要性を述べ、それが盛り込まれなければ、排斥や排除といったいじめを発生させると締め

くくっている。この結城のエスノグラフィーにより、集団保育に存在する集団の秩序を教師の立場から維持するという点で教師のみの立場から考えられる危機は明らかになったのかもしれない。

しかし、「目に見えない集団」が、いじめを誘発するのであれば、「目に見えない集団」を形成しないで集団を統制する具体的方策はあるのかという教師の悩みを解決する糸口は結城の主張からは見えてこない。また、結城の論には、保育の本来の目的とされている近代の自我形成の筋道は見えず、幼稚園教育要領や保育所保育指針において重要視されている幼児個々に応じた保育を保障する示唆がないのである。ここにはまさに本研究の課題である集団保育の困難さ（第１部第１章）である集団把握と個への援助を同時に両立させることの難しさがあるのであり、その制度的制約を乗り越えるための具体的示唆を現場の教師は求めているのである。結城の論は、そうした提案を示し得ていない。

では、実践上の関係論としての「葛藤」の根本的課題を解決する具体的な方策を見出すには、どのようなエスノグラフィー研究が必要なのだろうか。そうした点を模索しようとしている学問として臨床教育学が挙げられる。本研究はそうした学問的立ち位置に連なるものである。そこで、次項において臨床教育学について言及しよう。

3．臨床教育学における保育者の「葛藤」研究の意義

臨床教育学における代表的な理論としては、ショーン（1983 佐藤訳，2001）の反省的実践等がある。ショーンの反省的実践の理論は、行為のなかでじっくりと反省し続け、複雑に入りくんだ状況との対話を絶えず行う新たな専門家モデルを目指すものである（龍崎，2002）。例えば、教師と子ども、研究者と教師という関係は従来、「教える者」と「教えられる者」という一方向的な関係性で捉えられていたが、ショーンによれば、これまで「教える者」とされてきた専門家（教師・研究者）も自身の実践を反省しながら、クライエントの声に耳を傾けることによって協働して新たな状況を生み出すとしている。これは本研究に置き換えれば、保育者と幼児との関係において、保育者の指示・命令によって幼児を統制するのではなく、幼児の自主選択性を保障しながら自発的な遊びが発展するよう保育者が日々の実践を反省的に振り返るからこそ生じる「葛藤」問題に通じる。本研究では、その保育者と幼児との協働的なかかわりを構築していくための保育者の反省的思考を促す視点として人・物・場の関係論によって「葛藤」を捉え直し、その具体的解決方策を研究者と保育者との協働によって探究している。この点において、臨床教育学の立場に近いといえる。

臨床教育学に関する研究の動向は、近代主義的な学問観、つまり、合理性プラス実証主義的な考え方から、個と社会との関係を関係論的に見ようとする古典的モダンからポストモダン、そしてネオポストモダンという流れを反映している（庄井，2002）。1980年代以降、経済の劇的変化や家庭や地域における育児力低下が叫ばれ始めた。そこで、全体的な傾向性は語るが具体的現実は語らない（語れない）「主体―客体二元論」の従来の古典的モダンから具体的現実に深く関与しつつその対象を理解し合おうとする「主体―主体」図式または「相互主体」（inter-subjective）図式の知、いわゆる「臨床の知」（中村，1984）が模索されるようになり、ポストモダンの機運が高まったのである。しかし、ポストモダンの「臨床の知」の枠組みの多くにおいては、具体的現実への参画場面において、実践を鋭い角度で批評することで、日常生活の文脈に埋め込まれ、暗黙裡に遂行され

ている現実を異化し、新たな問いを生成する可能性を秘めている反面、自身の実践を丸裸にされてしまうことに対する拒否感を抱く実践者がいなかったわけではない。しかし、ここに求められるのは、実践者と研究者の両者ともが必要感をもって、実践にある現実をともに解き明かす姿勢である。それが、庄井のいうネオポストモダンである。庄井は、現代の臨床教育学について、以下のように述べている。

> 具体的な現実に参画し、その現実の意味を聴き取り、それを具体的な発達援助の可能様態へと転換できるような知の枠組みが求められている。
>
> 医学や心理学は当然ながら、社会学や哲学など、従来はマクロな普遍性を洞察していた学問分野が臨床社会学、臨床人類学、臨床哲学、臨床人間学などの名称で、いまミクロな具体性を対象化しながら再びマクロな普遍へと回帰し得る学問への自己転換を企画し始めている。
>
> これら教育学に近接する学問領域における知の臨床シフトは、変化の激しい現代社会において不快不安や困難を抱えた人びとの増大と密接な関係があるのではないかと推察される。（庄井，2002，pp.442-445）

これに加え、庄井は、研究者の現場へのかかわり方について、以下のように指摘している。

> 具体性の知を立ち上げていくためには、現実の教育事象に深く内在化しなければならない。今日、こうした問題意識のもとに、本格的な参画研究―単なる参加（participation）よりも、事実として研究者が状況に介入していることを意識的にメタ認知していく研究スタイル―が再び意識化されつつある。（庄井，2002b，pp.72-77）

また、新堀は、以下のように述べている。

> 直接的、現実的には各種の教育病理の蔓延と深刻化、それに対する広範な憂慮と適切な対応策の要求によって、教育の新しい理論と実践が求められるようになった。こうした現実的要請に応えるのが臨床教育学であり、その特徴は臨床という語が示す通り、研究の場として「現場」を重視し、「現場」がかかえる問題に焦点を合わせること、また研究のねらいとして「役に立つ」という実践志向性をもつことの二つに要約できるであろう。（新堀，2001，p.70）

つまり、庄井・新堀の両者に共通することは、臨床教育学によって、従来触れられてこなかった具体的な現場が抱える問題に研究者が向き合うことの重要性について言及している点である。研究者の役割として、現場の実際的具体的問題を研究者自身が現場から吸い上げ、理論と実践を結び付け「役に立つ」形で現場にフィードバックすることを示しているといえよう。

これらを保育・教育実践に置き換えた場合、津守は、以下のように言及している。

保育・教育の実践は、日常生活場面で長時間にわたってなされる。その中には臨床に類似した場が含まれている。狭義の臨床においては訴えられた症状の治療が目的とされるのに対して保育・教育の実践は広い観点で生活や人格の向上を目指す。また、当該の個人だけではなく、その子どもを含むグループと社会全体の変化を目的としている。このように、臨床と保育・教育の実践とは相違点があるけれども、子どもに触れた体験にもとづく思索という点で重なり合う。

　　（津守，2002，pp.37-46）

　これは本研究の課題と重なり合う。言い換えれば、平均的に20～30人の幼児の集団を対象として彼らの保育時間内に充実した秩序ある生活や体験を保障しつつ、なおかつ一人ひとりの発達や自己実現をしっかり見定めながらふさわしい援助をするという困難極まりない課題である。つまり、集団保育の困難さ（序章参照）という制度的制約上逃れられない現実に立ちながら、幼児の自発的な遊びを保障しようとしたときに生じる保育者の「葛藤」を明らかにするとともに、その「葛藤」課題を保育者が自覚し、自己解決していくための研究者のかかわり方を模索することが目的であるため、保育現場から問題を立ち上げるという点においては、臨床教育学におけるネオポストモダンや津守の立場に限りなく近いと考えられる。

　また、エスノグラフィーという研究方法により、これまで解決困難であった事柄への具体的方策に対する仮説生成が期待できるという点においても臨床教育学の学問的立場と本研究のオリジナリティーが合致するといえよう。

引用・参考文献ならびに注

注1）　保育所保育指針　第1章1（4）保育の環境に、保育の環境は、人・物・場などの環境が相互に関連し合うよう工夫すべきであると明記されている。これは、そうあるべきであるという理想論だけではなく、人・物・場の関係性により保育の状況が成立していることが前提となっているといえる。
（厚生労働省　2017　保育所保育指針　第1章1（4）保育の環境）

赤井誠生　2002　心理学辞典　中島義明他編　有斐閣　285.
安藤知子　2005　教師の葛藤対処様式に関する研究　多賀出版
馬場謙一　1993　新社会学辞典　森岡清美他編　有斐閣　27.
ドナルド・ショーン　佐藤学・秋田喜代美訳　2001　専門家の知恵―反省的実践家は行為しながら考える―ゆみる出版
河邉貴子　2010　保育記録の機能と役割―保育構想につながる「保育マップ型記録」の提言―日本大学学位論文　日本大学
河邉貴子　2013　保育記録の機能と役割―保育構想につながる「保育マップ型記録」の提言―聖公会出版
後藤節美　2000　保育者の葛藤と成長　発達　83　35-40.
木村匡登他　2006　4年生大学における保育者養成教育の研究―保育所実習における「ゆらぎ」と「気づき」―　九州保健福祉大学研究紀要　7　123-131.
久保真人　2007　バーンアウト（燃え尽き症候群）―ヒューマンサービス職のストレス―　日本労働研究雑誌　労働政策研究・研修機構　49（1）　54-64.
鯨岡峻　2001　個体能力論的発達観と関係論的発達観―関係性という視点から保育をとらえる　発達　22（86）17-24.
鯨岡峻・鯨岡和子　2007　保育のためのエピソード記述入門　ミネルヴァ書房
鯨岡峻・鯨岡和子　2009　エピソード記述で保育を描く　ミネルヴァ書房
倉持清美　2009　保育用語辞典［第5版］　森上史朗・柏女霊峰編　ミネルヴァ書房　299.
クルト・レヴィン　猪股佐登留訳　1956　社会科学における場の理論　誠信書房
平木典子　1990　家族のゆらぎと現代の青年たち　現代家族のゆらぎを超えて　日本家族心理学編　金子書房　3-12.
Merton, R. K.　1976　*Sociological Ambivalence and Other Essays*　New York Free Press　3-31.
文部科学省　2017a　幼稚園教育要領　前文
文部科学省　2017b　幼稚園教育要領　第一章総則　1幼稚園教育の基本
中村雄二郎　1984　術語集　岩波書店　189.
西坂小百合　2002　幼稚園教諭の精神的健康に及ぼすストレス、ハーディネス、保育者効力感の影響　教育心理学研究　50　283-290.
小川博久　2005　保育にとって「カリキュラム」を作るとはどういうことか―保育者の「時間」と幼児の「時間」の関係を問うことを通して―　広島大学幼年教育研究施設　幼年教育年報　27

39-51.

大本紀子　2002　よみがえるワロンと臨床発達援助の理論　小林剛他編　臨床教育学序説　柏書房　285-292.

尾崎新　1999　「ゆらぐ」ことのできる力―ゆらぎと社会福祉実践―　誠信書房

龍崎忠　2002　反省的な実践を志向する臨床教育学　小林剛他編　臨床教育学序説　柏書房　277-284.

坂元忠芳　2009　情動と感情の教育学　大月書房　3-4.

新堀道也　1973　現代日本の教師―葛藤を中心として―　教育社会学研究　日本教育社会学会　28　7.

新堀道也　2001　臨床教育学の概念　武庫川女子大学教育研究所レポート　25　70.

砂上史子　2010　幼稚園教育における観察と記録の重要性　初等教育資料1月号　856　文部科学省教育課程・幼児教育課編　東洋館出版　76-81.

庄井良信　2002　臨床教育学の〈細胞運動〉―ネオモダン・パラダイムから教育の臨床知の軌跡―　教育学研究　日本教育学会　69　4　442-445.

高嶋景子　2003　子どもの育ちを支える保育の「場」の在りように関する一考察―スタンスの構成としての「参加」家庭の関係論的分析を通して―　保育学研究　41　1　46-53.

竹内義彰（代編）　1987　教育学小辞典　法律文化社　66.

寺見陽子・西垣吉之　2000　保育実践と保育者の成長―新任保育者と子どもとのかかわりと自己変容過程を通して―　神戸親和女子大学児童教育学研究　19　17-48.

津守真　1999　人間現象としての保育研究　増補版　光生館　157-187.

津守真　2002　保育の知を求めて　教育学研究　日本教育学会　69（3）　37-46.

上田吉一　2004　臨床心理学辞典　恩田彰・伊藤隆二編　八千代出版　86-87.

渡辺桜　2006　保育における新任保育者の「葛藤」の内的変化と保育行為の関する研究―全体把握と個の援助の連関に着目した具体的方策の検討―　乳幼児教育学研究　15　35-44.

渡辺桜　2014　集団保育において保育課題解決につながる有効な園内研究のあり方―従来の保育記録と保育者の「葛藤」概念の検討をとおして―　教育方法学研究　39　37-47.

山本雄二　1985　学校教師の状況的ジレンマ―教師社会の分析にむけて―　教育社会学研究　第40集　日本教育社会学会　126-137.

吉村香・吉岡晶子　2008　語りの場における保育者と研究者の関係―保育臨床の視点から―　保育学研究　46（2）　148-157.

結城恵　1998　［幼稚園］教授―学習の集団的文脈―目に見える集団と目に見えない集団　志水宏吉編　教育のエスノグラフィー　嵯峨野書院　123-150.

第2章 保育課題解決につながる関係論としての「葛藤」

　本研究【研究1】において、環境構成を変え、これとの関係で子どもと保育者の関係を調整すると、これまで心理の問題であるとみられてきた「葛藤」が質的に変化することが観察された。また、【研究2】において、保育者の身体的モデル性、つまり、人的環境としての保育者の援助によっても「葛藤」の質的変化が認められた。したがって、集団保育における保育者の「葛藤」概念は、心理主義的ではなく関係論的に捉えることによってよりよく解釈することができ、かつ質的変化の方途を見出しやすいと考えられる。

1．本研究における「葛藤」の位置づけ〜関係論としての「葛藤」〜

　前章において、保育実践研究の葛藤問題が、心理主義的に、つまり個人の内的問題としてのみ取り扱われてきたことが明らかになった。本研究においても、子どもたちの集団の秩序統制を優先するあまり、一人ひとりを匿名化してしまいがちな一斉指導に逃げ込まずに、この困難さを引き受けることで生じる関係論としての「葛藤」を乗り越えるためには、「葛藤」を契機に保育を振り返り、実践力を向上させていくこと、また、個人の精神面ならびに身体的負担に対するサポートシステムを確立させ、ストレスを軽減することは有意義であると考える。しかし、「全体に気を配りながら同時に一人ひとりを大切にすることは難しい」という保育者の言葉をよく耳にすることに表されているように、保育という営みの特性である集団保育というシステムの中で子ども一人ひとりへのまなざしを失わないという視点がない限り、その困難さを語り、振り返るだけでは、全体把握と個への援助の連関を確立させることを可能にする具体的援助方略を得ることは困難であると考える。つまり、関係論としての「葛藤」の内面的表出を明らかにする視点とこの視点を解決するための外的行動としての環境設定とそれに伴う保育者との関係の視点が必要なのである。言い換えれば、「葛藤」を人・物・場の関係性として捉え、関係論として語ることの重要性であるといえよう。

　これは、レヴィン（猪股佐登留訳，1956）の場の理論等[注2]において、指摘されているように、人間の行動を個の内的問題としてのみ捉えるのではなく、環境や他者の反応といった外的行動との関係性で成り立つといった考え方に通じる。

　近年、保育研究においても関係論的に保育を読み解くことの重要性が語られてはいるが（鯨岡，2009や髙嶋，2003）、それらに共通することは、「関係論的に」という言葉を使用しつつも、方法論としては対象とする個とその周辺の人や特定の場での関係性のみを切り取っており、集団保育における人・物・場の関係性を踏まえて読み取ろうとしていない。

　さらに鯨岡（2009）については、子どもの自己性を育てる保育者のあり方について、保育者の「優しさ」「豊かな感受性」等をもって子どもとかかわることの重要性のみを主張するに留まり、具体的にどのように保育実践を遂行していくことが、子どもの自己性を育てるのかについては、言及し

ていない。つまり、保育者のパーソナリティーと個々の子どもとの関係のみをもって「関係論」と言っていることがわかる。これはまさに、集団を扱っているからこそ生じる関係論としての「葛藤」に無自覚であり、保育者の立場に立った当事者性を欠いた言及であるといえる。なぜなら、保育者にとっては、保育者の「優しさ」が重要と言われても具体的に集団を扱いながら個々の自己性を育てることは困難であり、関係論としての「葛藤」の内面的表出の自覚化や具体的解決にはならないからである。

　ここでいう「葛藤」の内面的表出とは、子ども集団を秩序に従って掌握することと、子ども一人ひとりを自己発揮させる行為を同時に成立させることは、保育者にとって至難なことであり、「葛藤」を引き起こさざるを得ない事柄であることと自覚することである。例えば、トラブルをよく起こす子どもとのかかわりをどうしたらよいかわからないという保育者の「葛藤」には、クラス全体の遊び込める状況の有無とその子どもの状態との関連性に気づいていないことが少なくない。つまり、子どもが群れて自発的に遊びを継続できるコーナー環境やモデルとなる保育者の身体的援助である外的行動が保障されていないがために、保育室全体の遊びが安定せず、場当たり的に保育者がかかわらざるを得ない状況が生じていることがつながっていない場合である（小川・吉田・渡辺, 2014）。この状況というのは、子どもが自発的に遊ぶことを保障する人・物・場のかかわり合いが成立していないといえる。

　例えば、筆者が以前かかわった園でのエピソードを例に挙げると、かみつきひっかきが大変多かった1歳児クラスの保育室を、1歳児でもどこに何があるかわかるよう場を整え、コーナーの拠点性を高め、保育室の中央を空けて、「つくる」場、「見立てフリ」の場、「構成」の場を設定した。そして、そこで保育者自身が遊びの仲間として物とじっくりかかわって遊ぶ姿を示していったところ、2か月ほどで、かみつきひっかきがほとんどなくなったという実践があった。これは、まさに先述した子どもが群れて自発的に遊びを継続できるコーナー環境やモデルとなる保育者の身体的援助である外的行動が保障されていった事例といえる。つまり、逆の状況で考えれば、全体的に落ち着かない保育状況においては、トラブルをよく起こす子どもと保育者との1対1のかかわり方にのみその解決策を求めても根本的解決にはならないということである。クラス集団が自発的継続的に群れて遊んでいる状況が保育者の外的行動により整っていれば、先の子どもがどのような思いで過ごしているのかを把握することが容易となり、それが、保育者の環境と援助の見通しにつながるのである。

　これらのことから、保育者自身が関係論としての「葛藤」を自覚し、そのことで新たな環境設定や援助の外的行動を生み出していくこと、言い換えれば、「葛藤」の内面的表出と外的行動との関連性を明らかにすることで、「葛藤」の具体的解決となる可能性があるといえる。つまり、保育実践上の「葛藤」概念を個人の内面的問題として捉えるのではなく、保育が集団を対象としていることを自覚し、人・物・場のかかわり合いによって「葛藤」の質的変化が望めると捉えることで、明日からの保育をどうしていくことが子どもの自発的な遊びの保障につながるのかといった具体的方策につながると考える。

　以上のことから、本研究の「葛藤」は保育者が抱える集団保育を遂行する際に避けて通れない関係論としての「葛藤」であり、英訳すると"class-management challenges"つまり、担任としてクラスを運営していく際に全体状況を把握しながら一つひとつの遊び状況や個々の子どもの要求を把握し、優先順位をつけて援助せざるを得ない状態に生じる保育実践上の決定的「葛藤」である。レ

ヴィン（1956）の葛藤理論[注3]に照らし合わせると、接近―接近型の葛藤（approach-approach conflict）、つまり２つの正の誘引をもった目標の間で生じる葛藤に近いようだが、厳密には次の点で異なる。本研究の「葛藤」は、より好ましいどちらか一方を選択することによって生じるのではなく、臨機応変にどちらも重要なためバランスよく両者を満たしたいと考えて生じる関係論としての「葛藤」といえる。

　子どもの自発的な遊びを保障するという目的のために、全体を把握することと個々の要求に応えることはどちらも保育にとって重要な援助であると考えるが、両者を同時には遂行できない。全体を把握しようとすると個々の要求に応えることがおろそかになり、個々の要求に丁寧に応えようとすると全体が見えなくなるのである。つまり、本研究でいう「葛藤」とは、全体把握と個への援助の連関の確立を同時に目指すがゆえに生じる感情を指す。以上のことを踏まえ、本研究における「葛藤」の定義（渡辺，2006a）は以下の通りである。

> 　ここでいう「葛藤」とは、保育実践上の関係論としての「葛藤」を指し、集団保育というシステムにおいて、子どもの自主性を重んじつつ、保育者がクラス全体を把握することと、個々への援助に優先順位をつけ、かかわることを同時に行う過程で生ずる保育の援助の適切さや適時性に関する判断が十分に行使されないと思っている心の状態を指す。したがって、それ以外の、なんとなく保育がうまくいかない不安や、個々の子どもの障がい、保護者対応等に対する保育に関する「悩み」とは区別する。

２．「葛藤」の客観的条件

（１）「葛藤」の質を向上させるもの

　本項の目的は、「葛藤」起因となる客観的条件に着目することにより、前項より主張している関係論的に「葛藤」を捉え直すということを具体的に示すことである。具体的には、関係論を人・物・場の関係性という視点から捉え、物的環境を変化させた場合の「葛藤」との関連性【研究１】ならびに保育者のモデル性といった身体的援助を変化させた場合の「葛藤」との関連性【研究２】について分析する。

　第２部第１章で述べてきたように、これまでの保育研究は、「葛藤」を個人の内的プロセスとして捉え、「葛藤することに意義がある」（ゆらぎ研究）、「エピソード記述を書き、保育者集団で読み合えば保育の質は高まる」（鯨岡，2009）という考え方が主流であった。ここでは、当該クラスの保育の歴史性や集団保育の制度的制約は無視されており、「具体的に明日からの保育の具体的方策」として考えた場合、必ずしも具体的示唆が望めるものではない。

　そこで、本研究では、小川（2010a）の遊び保育論に依拠しながら「葛藤」の質的段階について定義付けることにより、「葛藤」の質的段階を可視化する。「葛藤」の質的段階を考える際に、遊び保育論を規範理論とする理由は、序章でも述べたように、遊び保育論が集団を掌握しながら個々への適切適時の援助を可能にする戦略に基づいて展開されており、それはまさに本研究の主題である「葛藤」を関係論的に捉えるためには不可欠だからである。

(2) 保育における保育者の「葛藤」の客観的条件に着目することの意義

　集団保育の制度的制約を前提とした保育者の「葛藤」に着目した研究は少ない（渡辺，2006a・b，2007，2008，2010a・b）が、新任保育者の実践力向上を目指した既出の研究において、保育者に自分の保育について振り返る機会を質問紙やインタビュー、カンファレンスを通して設ける中で、クラス集団と個への援助を同時に行わなくてはならない「葛藤」が語られている。保育者はその語りの対象を「気になる子」に限定しており、「気になる子」と保育者との断片的なかかわりに焦点化している（寺見他，2000；西坂，2002）。

　また、吉村ら（2008）は、保育についての研究者（観察者）と保育者との語り合いにおいて「並ぶ関係」を基盤とし、そこから「対面関係」を築いていくことの重要性を指摘している（詳細は第3部第1章参照）。吉村らの言う「対面関係」においては、先の研究のように「気になる子」やその幼児に対する援助しか語られていない。

　研究者は「環境構成図」「子どものあそび」「保育者の援助」「気づいたこと等」の観察記録も取っているが、その記録はあくまでも、保育者の語りに追随する形で活用されており、先に挙げた既出の研究のように集団保育というシステムにある制度的制約に視点を向ける語り合いや発問は存在しない。ここでいう集団保育というシステムにある制度的制約の詳細については、第1部第1章で触れたが、幼児のクラス集団であれば、一人もしくは二名の保育者が20〜30名の幼児集団を対象とし、保育を展開しながら、子ども一人ひとりの自立の保障をしなくてはならないという状況を指す。クラス集団の秩序統制を図りつつ、同時に、主体的な遊びとしての活動を通して、幼児の主体性を育むという大変難しい援助を強いられている点が保育者にとっての制度的制約である。その制度的制約において、幼児の主体的な遊びを保障するためには、遊びの状況やその継続性、発展性が人・物・場の関係性により成立しているという視点は不可欠であり、それらが吉村らのいう「対面関係」の語り合いにおいては把握できないため、保育に存在する関係性の網の目は見えてこないのである。

　これらのことから、保育者が研究者や職場の同僚とともに自分の保育について振り返る作業や語り直しを通して「葛藤」の多様な要因を探ることはできよう。しかし、「葛藤」起因に着目し、「葛藤」の直接的な解決につながる保育の手がかりを探るには必ずしも有効ではない。保育者の語りに対する分析のみであったり、とことん保育者の語り直しに添うことに徹した研究者または同僚による問いの場合、「葛藤」内容は明らかになるものの、保育者の主観的な悩みの分析に留まってしまう。保育者の主観的な悩みにのみ着目しても、子どもたちが主体的に人・物・場にかかわっていくといった根本的な解決、保育実践力を形成していくための具体的な手立てを得ることは困難である。なぜなら、保育という営みは集団保育というシステムの上に成り立っており、「葛藤」が成立する物的・空間的・時間的条件といった客観的条件と合わせて分析する必要があるからである。

(3) 「葛藤」の客観的条件とは

　第1部第1章で明らかになった集団保育という営みの特色をまとめると以下のようになる。

　　A. 幼児一人ひとりの成長・発達の促進を支援する
　　B. Aの課題を集団活動を通して行う
　　C. Aの課題において、個別援助と集団援助の双方を同時並行に行う。

つまり、集団活動を援助することを基調としつつ、個への対応を行うのである。この際、後者に対しては、幼児一人ひとりの課題に対応するために、適切・適時の援助が幼児それぞれに応じて平等に行われなくてはならない。しかし、AとBは同時進行の過程で進められるので、この適時性は保育者の恣意性に任されるのではなく、幼児側の進行過程（活動）に依拠する。個別援助の順位制、秩序統制の必然性などの調整能力は保育者の力量に任されており、ここに保育における保育者の「葛藤」の客観的条件があると考えられる。「葛藤」の客観的条件の詳細については、事例を通して【研究1・2】で述べるが、ここでは、先述した「葛藤」が成立する物的・空間的・時間的条件といった客観的条件を成立させると考えられる中心的な要因を2つ提示したい。一つは、物的・空間的環境の構成であるコーナー設定であり、もう一つは身体的援助である。

保育者の「葛藤」の客観的条件を可視化し、自覚化することによって実際の保育に生かす場合、そのときの個々の保育者の保育課題、つまり「葛藤」の質的段階によって、着目すべき客観的条件も異なる。例えば、「葛藤」を感じていない段階の保育者に、客観的条件の必要性を伝えても、自身の課題としては捉えられないということである。そこで、次節では、「葛藤」の質的段階とその段階に課題となる客観的条件について述べる。

3.「葛藤」の質的段階

保育実践を行う上で、「葛藤」や悩みが生じることは当然のことである。また、知的問題解決に導く可能性が開かれる形のものであるならば、「葛藤」はあるべきものである。なぜなら保育者が実践を通して保育者という役割の自己形成を図るには、現在の課題を自覚し、その解決方策を自身で気づき、次の課題へとステップアップしていく必要があるからである。しかし、保育実践の課題について当事者である保育者が自覚し、その課題を解決することは難しい。そこには、集団保育というシステムの困難さが関係しており、保育者自身の援助や保育者が設定した環境がどのように幼児たちの群れや遊びの状態と関連しているのかを俯瞰し、それを基に自身の課題を見出すことの難しさがある。また、「葛藤」といっても質的段階があり、「葛藤」の客観的条件（物的・空間的・時間的条件）を認識しているが故に悩みが生じる場合がある一方で、「葛藤」を感じていない場合もあり、それぞれの段階に応じた課題を保育者自身が気づく援助をすることが第三者である現場にかかわる研究者や園内の主任、リーダー等の役割であるといえる。

本研究では、保育実践の当事者である担任保育者の自身の悩みの段階に応じたサポートをどのようにするのかについて、現場にかかわる研究者の保育者とのかかわりからその具体的方策を見出す。つまり、保育課題に基づく「葛藤」の質的段階と保育課題とを明らかにし、そこに研究者がどうかかわりうるのか検証することによって、最終的には保育者が自身で「葛藤」を克服し、保育実践の質を高めていくことが期待されると考える。本研究での研究者のかかわりをモデルとして、園内の他の保育者が担任保育者の悩みに応じたサポートができるようになれば、研究者がいなくとも、園内の保育者同士で保育者の悩みの段階に応じたサポートが可能となるであろう。

前節で述べたように、本研究では、集団掌握と個への援助の両立に伴う「葛藤」に限定し、次のようにその質的段階を3段階に分ける。

保育という営みが集団を対象としているにもかかわらず、常に遊び状況や幼児の人間関係を俯瞰

して把握するという意識が保育者自身に弱いため、「葛藤」に対し無自覚な段階を**無自覚的段階**とする。次に、保育者が遊び状況を俯瞰する意識はあり、集団を把握することと幼児個々やそれぞれの遊びに対する援助を両立させることに対する「葛藤」は感じているものの、その「葛藤」の要因（「葛藤」の客観的条件）と「葛藤」との関係性に対する自覚はなく、「葛藤」についても、「遊べているか遊べていないか」といった表層的な段階を**表層的段階**とする。最後に、保育を俯瞰し遊び状況を把握できていることから、「葛藤」が可視化され、「葛藤」として生じているものの、その解決方法が身体知化されていない、または、身体知として自覚されつつあるが、新たな「葛藤」として質的に変容している段階を**可視的段階**とする。

　この可視的段階における幼児の遊びは、主体的に人・物・場にかかわり遊んでいる状況であり、この状況を保障する保育者の具体的援助について、松永（2005, pp.26-48）は、「『幼児理解』『援助』『環境設定』が循環」している必要性を実際の事例から指摘し、また、次のように分析している。

　　保育者は全体を見渡せる製作机から保育室を俯瞰して、幼児の援助に入るべきときに入っ
　　ている。そして、遊びに入りっぱなしにはならず、製作机に戻り、再び遊び全体のようす
　　を眺め、援助に入ることを繰り返している。（松永, 2005, pp.26-48）

　本研究では、この松永の主張に従い、可視的段階を規定する。ただし、2～3歳児クラスの4～5月頃等は、いくら保育者が環境を整え、身体的援助を心掛けても、子どもたち自身が新たな環境に慣れるまでは、「先生見て～」「先生やって～」といった保育者に対して依存的なかかわりを求めることは少なくない。この点も含みおいて、可視的段階の原則は述べておく。

　以上、本研究における「葛藤」の質的段階について概観した。これらの段階の関係性をより詳細に示したのが次頁図1である。これら3つの段階は、明確に分かれるものではなく、行きつ戻りつ往復運動を行う。例えば、子どもたちにとって、どこに何があるかがわかりやすい環境（コーナーの作り方・数・位置、棚における教材教具の整理整頓、仕分け、絵表示等）が意図的に整備されると短時間かもしれないが子どもたちが群れて遊ぶ姿がある。そうすると、保育者は、遊び状況を俯瞰して見取りやすくなり、悩みが具体化されていく。この時の状況は、無自覚から表層の往復運動が開始されたといえる。このような「葛藤」段階の往復運動により、「葛藤」の質が変容し、少しずつ「葛藤」が可視化されていくのである。つまり、「葛藤」が人・物・場の関係論として自覚化されていくのである。

無自覚的段階

　遊びの全体状況が俯瞰できていない段階は、遊び状況の把握がアバウトになり、遊びの質まで読み取れないことが多く、「葛藤」が生じにくい。また、もし「葛藤」が生ずるとすれば、なんとなくうまくいかないという感覚的なつまづき感として感じられることが多い。たとえば（保育者にとって）「気になる子」といった捉えである。そのまなざしの中で「気になる子」を取り上げても、問題をその子個人の行動傾向や気質に還元してしまっているので、保育者自身の「葛藤」問題にならない。また、保育者の言動により遊びが消滅してしまっても、保育者がそのことに「葛藤」を感じていないため、自身の保育課題とならないのである。渡辺（2008）は、その要因として、保育者がコーナーの安定性や「葛藤」の客観的条件を認識せず、遊びの消滅という現象を生み出している保育者自身のハビトゥスを問題視していないことにあるとしている。

表層的段階

　遊び状況を俯瞰する意識はあるが、「葛藤」と「葛藤」の客観的条件との関連性について認識していない段階である。例えば、ブロックコーナーで幼児たちが遊ばないのでブロックコーナーを機能させたいが、機能していない要因が「葛藤」の客観的条件（時間・空間、身体的援助等）と関係しているという認識がなく、具体的にどうしたらよいかわからない段階である。この段階では、幼児の状態が遊んでいるかどうかといった表層的な判断に留まり、遊びの質を読み切れておらず、表層的段階といえる。

可視的段階

　保育者の位置が定位置で、保育を俯瞰し遊び状況を把握できているため、「葛藤」が問いとして生じている。例えば、製作コーナーに座って作業をすることの意味を保育者自身が発見できており、製作コーナーで作るモデルを示しながら「観る」ことによって「葛藤」が可視的になっている段階である。この製作コーナーでの援助をベースとし、他のままごとコーナーや構成コーナー、○○屋さんごっこなどにおいても、保育者が遊びの仲間として人・物・場にかかわりながら、直接的にかかわっていない他のコーナーや場を「観る」ことが意識されつつある。

　場への認識としては、幼児の個人的人間関係を優先したら、コーナーは乱立し、観察対象として遊び集団が把握できない＝「観る」ことができないため、限られたコーナーでの群れによって成り立つ遊びが必要であることを理解している。また、幼児たちの活動のかたまりとして捉えられないそれらの遊びの場を捉えるために、同じ場で同じ物を使うことにより、同調性がでてきて、同じ場で遊ぶかたまりとして捉えやすくなっている。「観る」＝「俯瞰する」ことによって、集団をケアしながら個への援助も視野に入りつつある。つまり、幼児の群れや遊びの状態が「葛藤」の客観的条件と関連していることは認識しつつあり、遊びの質に着目し、長期的な見通しにおいて、保育者がいなくとも幼児が自立的に遊びを発展させられることを願い、コーナーの位置や数、そこにかかわる保育者の身体的援助などには配慮しているが、現在の保育者自身の「葛藤」の解決方法がわからない、または身体知となっていない段階である。この段階には、様々なレベルが考えられる。それゆえ、この可視的段階は、「葛藤」が解決されるというよりは、「葛藤」が質的に変容していく。身体知として自覚化されつつある援助に伴って課題が可視的になり解決されることもあるが、さらに新たな「葛藤」が生まれることにもなる。部分的にはわかりつつ新たな「葛藤」へと質的に変化する段階である。

図1●「葛藤」の質的段階

4. 実験的事例における「葛藤」の質的変容【研究1・2】

　ここでは、2つの実験的事例検討を通して、保育における保育者の「葛藤」の質的段階に応じて求められる客観的条件を具体化したいと考える。本節では、「葛藤」の客観的条件として、コーナー設定や身体的援助に着目する。その根拠は以下の通りである。
　一斉活動や行事が多い園での自由遊びの位置づけの傾向として、全員が自由に戸外遊びをするという園が少なくない。そういった園では、保育室内にコーナー設定がないこともある。その場合、幼児たちの活動の場と活動の種類は拡散してしまうことが多く、保育者は誰がどこで何をしているのか、幼児が自発的に遊びを発展させているのか、遊びが見つからずにいる子はいないか等といった遊びの診断や保育者の援助の見通しを立てることが不可能に近い。また、保育者がそのことに無自覚的であることが多い。
　保育の目標は、幼稚園教育要領（文部科学省，2017a；2017b）にも明記されているように、幼児が主体的な活動を自主的な活動としての遊びを通して達成することである。この目標を達成するには、遊びにおいて幼児らが自主的にウエンガーらのいう正統的周辺参加を成し遂げていくよう意図的に保育者が保育を構成していかねばならない。ウエンガーらは、以下のように指摘している。

　　状況に埋め込まれているという性質（つまり、状況性）は、一般的な理論的展望に重きをおいたもので、知識や学習がそれぞれ関係的であること、意味が交渉（negotiation）でつくられること、さらに学習活動が、そこに関与した人々にとって関心を持たれた（のめり込んだ、ディレンマに動かされた）ものであることなどについての主張が基礎となるものである。こういう見方は、状況に埋め込まれていない活動はない、ということを意味している。（ウエンガー他，1991，p.33）

この正統的周辺参加について、河邉は、以下のように言及している。

　　学習者にとって第一に重要なのは、何らかの実践共同体に参加することである。学習者は実践共同体に参加することによって学ぶ。そしてまた学習者が実践に参加することによって共同体も作り直されていく。このような参加の仕方をレイブらは『正統的周辺参加』という言葉で説明し、学習者は社会的実践に参加することによって、なにがしかの役割を担いながらより深く実践に参加していく状態を「十全的参加」と呼んでいる。
　　（河邉，2010，pp.15-16）

また、小笠原は、以下のように述べている。

　　アイデンティティが確立した、より積極的な参加を彼らは、「周辺」に対する「十全」と呼ぶのである…彼らのいう周辺も十全も（それに伴って高まることがあるとしても）技能や地位的な概念ではなく、協働体の成員の内的なモチベーション概念であると見なくてはならない。技能が低くても、内的なモチベーションが高く、自分の立ち位置をよく理解し

ている、アイデンティティの高い十全参加というのは、けっして珍しいことではない。
　　（小笠原，2015，pp.321-322）

　これらのことを現代の保育に置き換えれば、学習者である幼児が社会的実践に参加するという前提のもとに、十全参加は可能になる。つまり、保育において社会的実践が成立していなければならないのである。しかし、現代の保育においては遊びや子育ての伝承は消失しており、この社会的実践は自然発生的に起こるものではない。そうだとすると、社会的実践を成立させる意図的な保育者の援助が必要となる。具体的には、この社会的実践における相互交渉を可能にする保育者や幼児同士のモデル的環境が、保育者によって意図的に保障されなくてはならない。この考え方を支えているのが、本研究で規範理論としている小川（2010a）の遊び保育論である（第１部第３章参照）。ただし、このモデル性については、幼児がそのモデルを選ばないという自由がある。また、幼児がすでに社会的実践を遂行しており、幼児がモデルである場合は、保育者がその実践に参加することもあり得る。つまり、向かうべきモデルが固定されているのではなく、保育者や幼児たちの相互交渉により、その実践は再構成されていくのである。
　その相互交渉を可能にする空間的物的環境の一つがコーナー設定である。もちろん戸外遊びにおいても「見る⇄見られる」関係における相互交渉は存在する。しかし、戸外は活動範囲が広く、また、総合遊具や砂場等の場所は固定されており、保育者が意図的に環境を再構成することに対する制限が多い。一方、保育室内のコーナー設定は、遊びを構成するための条件・モデル・環境構成・援助を戦略的に立てやすくする。なぜなら、コーナー設定は、保育者の意図的な構成の基に、幼児の遊びのようすや個々の幼児のようすを把握可能とするだけでなく、幼児や保育者の「見る⇄見られる」状況をコーナー配置や保育者の身体的援助によりつくり出せるからである。
　また、ゴフマン（1963，pp.37-47）は、社会学的知見により、日常生活における社会的接触のパターンについて、「身体表現は慣習化された言語」であり、「規範化された言語」であると述べている。これは、「見る⇄見られる」状況をコーナー設定により確保した上で、保育者の援助として自覚化が求められる身体的援助（モデル）の重要性を示唆しているといえる。たとえば、遊びが見つからない幼児が保育室内をさまよっていたり、走り回っているような状況において、保育者がそれを制止したり、言語によって遊びの提案を直接的にするのではなく、製作コーナーにおいて保育者自ら作業に没頭する姿を継続的に示すといったパフォーマンスによって、遊びが見つからなかった幼児らが、その保育者の姿をモデルとして、自ら製作コーナーで製作を始め、落ち着いて遊びに集中していったとする。これは、幼児たちが保育者の存在とパフォーマンスを意識し、保育者も幼児たちの存在を意識するという関係性を成立させることとなる。その時、この保育者の身体化された表現が慣習化された言語であり、規範化された言語であるといえる。
　それでは、遊びにおいて幼児の相互交渉を可能にする戦略としてのコーナー設定のあり方や身体的援助とは具体的にどのようなものであろうか。その問いに応えるために、小川の論を用いて考察する。小川は、保育室環境と保育者の役割行動の相互規定性について次のように述べている。

　　保育者が全体を把握しながら必要な個々への援助のタイミングや優先順位を見極めるには、日常生活の中で環境を整え、幼児のパターン行動がしぜんと成立されることが望ましく、その成立をうながす工夫がコーナー設置である。（小川，2002，p.150）

つまり、保育室におけるコーナーは、幼児が遊びへの集合的記憶を蓄積させるために必要な場であり、そこで同じ遊びを繰り返し行うことで、物や人との相互交渉を成立させるとしている。そして、こうした場が幼児たちによって成立しやすいように保育者が予備的に構成した物と人がかかわる空間であるとしているのである。そのコーナーにおいて保育者は、遊びを成立させるにあたって欠かせない幼児の見てまねる行為のモデルとしての役割を製作コーナーで行い、見守りとかかわりの姿勢を持ち続けなくてはならないと指摘している。
　こうした小川の論の有効性は松永の事例研究により立証されている。松永は、小川の保育戦略に沿った保育と戦略に沿っていない保育を比較し、前者の場合を以下のように分析している。

> 「幼児理解」「援助」「環境設定」が循環しており、幼児が保育者に依存するのではなく、主体的に遊ぶ経験をしている。また、保育者は全体は見渡せる製作机から保育室を俯瞰して、幼児の援助に入るべきときに入っている。そして、遊びに入りっぱなしにはならず、製作机に戻り、再び遊び全体のようすを眺め、援助に入ることを繰り返している。(松永, 2005, pp.46-47)

一方、後者の場合については、以下のように分析している。

> 子どもは保育者に依存的な動きをしており、保育者も自分の身の回りの子どもに対応することで精一杯になっている。そのため、ますます保育室全体が見えなくなり、子どもの主体的な遊びが育たない循環になっている。(松永, 2005, pp.46-47)

　このことから、小川の戦略の有効性は高いと考える。その前提を踏まえ、【研究1】では、「葛藤」の客観的条件の主軸となるであろうコーナー配置に、【研究2】では、保育者の身体的援助に着目する。【研究1】は、「ブロックコーナーで子どもたちが遊ばない」という保育者の悩みをきっかけとして、保育室内のコーナーの拠点性や応答性を保障した環境の再構成を行った事例である。調査対象の園に、小川は10年以上園内研究の講師としてかかわっており、そこに吉田氏も同行している。園の保育者との信頼関係の上に行われた環境の再構成である。「葛藤」が無自覚または無自覚と表層の往復運動が弱い場合、具体的にどのような援助の改善や工夫を行えばよいか保育者自身がわからない場合が多い。そこで、どこに何があるかわかりやすく集いやすい、つまり、拠点性を高めるための環境の再構成を講師の提案を基に行うことで、子どもたちが群れる状況を作っている。そうすることにより、遊びの状況を保育者が捉えやすくなり、「遊んでいるか遊んでいないか」ではなく、遊びの中身に目が向き、悩みが具体的になることを意図している。なお、保育者の「葛藤」の質的変容に環境の再構成が有効であるという「葛藤」定義に対する事前調査を【研究1】で行い、それを受け、【研究3〜7】での事例により仮説生成につなげているというのが拙論の論構成である。
　【研究2】は、吉田氏が継続して園内研究の講師を務める園での事例であり、それぞれのコーナーの遊び状況の読み取りの結果、空き家になっているままごとコーナーで身体的援助によって遊びのモデルを示そうと試みたものである。これは、「子どもと楽しんでかかわればよい」と担任が第三者に言われても、具体的にどうその遊びにかかわってよいかわからない場合、主任やフリーの保育者がそこで遊びのモデルを示すことと同じである（吉田, 2000）。

(1) 物的環境の変化にみる「葛藤」【研究1】

(1) 目的
① 実験的に保育室のコーナーを移動させ、環境構成と幼児の遊びや遊びの群れの変容について比較対照し、その関係性を明らかにする。
② 保育者の語りより、コーナーを移動させてみて、その後の幼児の遊びのようすなどを実践者としてどう捉え、どう感じているかを、保育者が抱えている「葛藤」の視点から明らかにし、物的環境の変化と保育者の「葛藤」との関係性を明らかにする。

(2) 方法
1) 対象の概要
　岐阜県N幼稚園。N幼稚園は、小川博久が1997年より年1～2回園内研究に訪れている園である。N幼稚園と小川のつながりは、観察時に10年目であった。小川がN幼稚園に園内研究で訪れるのは、年1～2回ではあるが、園長先生は、小川の保育についての規範理論を実践レベルで理解しており、小川不在時であっても、園長先生が職員に自由遊びの際、全体把握と個の援助の連関を確立するためにはどうしたらよいか、子どもの自主選択性を保障するにはどうしたらよいかという問いを投げかけている。そのため、園全体の研修テーマとして、自由遊びの際、保育者の全体把握と個の援助の連関を確立するためにはどうしたらよいかに取り組んでいる。したがって、保育における集団と個の関係性を把握しこれを調整する際に必然的に発生する「葛藤」の客観的条件が比較的に意識化されつつある園であるといえる。「葛藤」の客観的条件が比較的に意識化されつつあるという根拠は、保育室コーナーの設定位置、数、保育者の製作コーナーへのかかわり方などからそう判断する。なお、この点については、【研究5】において詳細に分析している。小川は、実際の保育を観察し、保育の診断を行い、担任保育者と意見交換を行いながらその場で場や物の位置を調整したり、自身が製作コーナーやままごとコーナーに入り、動作によるモデル性を示すこともある。これは、第3部第3章に示した保育実践研究にかかわる研究者に求められる姿勢「研究者も保育に参加し、保育者としての当事者性を体験した上での対自的説明によって保育者も自分の置かれている状況への客観的理解が可能になる」（小川, 2004, pp.166-167）と合致する。本項において、本事例を取り上げた理由は、「葛藤」の客観的条件が比較的意識化されつつある園において、保育者の「葛藤」をきっかけに、コーナー移動を実験的に行い、子どもの遊びや群れの状態にどのような変化があるのかを検証することにより、「葛藤」の質的変容と物的環境の関係性、またそこに内在する客観的条件を明らかにするためである。

　対象クラスは、保育室内における自由遊び中の3～5歳児の異年齢クラスN1組。N1組保育室は奥が狭くなっている台形である。異年齢クラス時の担任は2名。この際、どちらかの保育者が保育を行い、残る保育者がその保育のようすを保育室の隅で記録し、保育後の反省の参考にするというスタイルを取っているため、実質的に保育に携わるのは、保育者1名である。月に1～2回、意図的に13：00～14：00頃の間、保育室内における自由遊び中に異年齢クラスにする機会を設けている。異年齢クラスを意図的に設ける理由は、異年齢交流による学び合いや思いやりの心を育むためであるとのことだった。本項では、この事例を、異年齢保育における特殊な保育事例として扱うのではなく、先述したように、「葛藤」の客観的条件が意識化されつつある園における保育室内の

自由遊びに焦点化した実験的事例として分析する。園舎は2階建てで、対象とした異年齢クラスの際は2階の保育室で保育を行う。通常はN1組が5歳児、N2組が4歳児、1階に3歳児の部屋となっている。登園直後や降園前にも園庭で自由遊びをするため、しぜんと異年齢交流はあるが、先述したように、本研究では保育室内での自由遊びにおける「環境」に注目するため、意図的に設けられた室内での保育実践を対象とする。異年齢クラスのN1組担任はC保育者（保育経験2年目。通常は5歳児クラスの担任）とD保育者（通常はフリー。非常勤職員）。3歳児18名、4歳児12名、5歳児12名の各年齢を異年齢クラスの際はN1組とN2組で各21名としている。

2）データ
①観察記録
　2007年10月〜2008年3月の間、N1組で異年齢保育が実施された日（13：00〜14：00）計5回の保育を自然観察法で観察し、ビデオ撮影を行う。記録化する対象は限定せず、全体状況の中において人・物・場の関係性を見出そうとするものである。観察記録には、保育室環境図、保育者・幼児の言動、幼児や保育者の位置、身体の向き、遊びの流れを時間を追って記す。
　本研究で使用したデータは、2007年10月18日（木）13：40〜13：53。データは、担任保育者の悩みを基に、コーナーの安定性を高めるために、小川（園内研究指導者）が実験的にコーナー移動を行った際の遊びの群れの変化が顕著に表れた事例である。

②インタビュー
　2007年12月26日（水）、C保育者に1時間弱のインタビューを行う。他に観察当日の保育終了後、立ち話的に行うこともあった。インタビューでは、①保育者が観察日当日やその前後の保育について振り返って自由に語る、②筆者が、観察やビデオ視聴を通して生じた質問や感じたことを保育者にたずねるという順で行った。この順で行った理由は、先に筆者の感じたことを保育者に伝えてしまうと、保育者の話す内容を誘導してしまう恐れがあるからである。まず、保育者が自由に語ることで、その時の保育者の問題意識の所在を探る。このことにより、望ましい保育について保育者がどう考えているかを知ることを目的とするが、インタビュアーである筆者の課題は明確である。それは、保育者が当面する状況の中での「葛藤」体験をより忠実に再現することで、保育者の「葛藤」を明確にし、その起因を探ることである。したがって、筆者の研究におけるインタビューは、保育者が自分の保育について自由に語る形をとることで、保育者が「葛藤」の客観的条件を意識しているか否か等といった保育者の問題意識の所在を探るが、その保育者とインタビュアーとのやりとりにおいては、保育者の「葛藤」やその起因を明らかにするためのインタビュアーの意図的な発問は存在する。インタビューでの意図的な発問や保育者の言葉に対する意味づけについては、保育者の実践者としての自己形成を促す意図的かつ戦略的な「対話」であるが、詳細は第3部第2章を参照されたい。保育者の「葛藤」が無自覚や無自覚と表層の往復運動の場合、完全に理論を理解して保育実践に臨むことが困難な場合もある。そこで、理論の意識化と言語化、ひいては、「葛藤」の自覚化のサポートを研究者等の第三者が担うことが「対話」の目的である。
　次に、筆者が具体的な場面を挙げてそのときの保育者の思いや意図についてたずねることで、観察では捉えられなかった保育者の「こういうつもりだった」という部分について具体的場面を通して明らかにすると同時に、筆者の主観と保育者の「つもり」のズレを明確にする。

3）分析方法

① 観察記録ならびにビデオ撮影によるデータから、N1組保育室のコーナーを移動させる前後の環境図と幼児の遊びや遊びの群れの変容について比較対照し、その関連性を分析する。

② C保育者の語りより、コーナーを移動させてみて、その後の幼児の遊びのようすなどを実践者としてどう捉え、どう感じているかをC保育者が抱えている「葛藤」の視点から明らかにする。

（3）結果と考察

1）観察記録の結果と考察

①保育室の概要

13：40～13：45（13：45～13：47にコーナー・物の移動）

・廊下側の入り口から保育室に入ると、奥が狭くなっていく台形の保育室
・ままごととブロックのコーナーの下には、ウレタンマットが敷いてある。パズルのように組み合わせ、大きさや形を柔軟に変えられる。

②保育室環境図

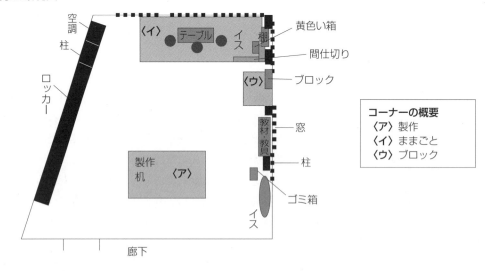

③コーナー移動の前後のようす

※動線を◀━▶、まなざしの行方を┈▶で示す
※子どもたちが群れているコーナーの状態を◯実線円、空き家または群れていない状態を◯破線円で示す
※C保育者をC、幼児を①②…と示す

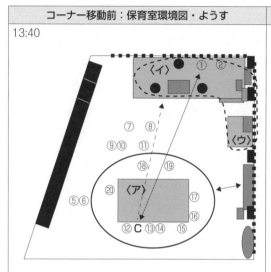

コーナー移動前：保育室環境図・ようす	コーナー移動後：保育室環境図・ようす
13:40	13:47

・〈ア〉～〈ウ〉のコーナーが独立している。
・〈イ〉のままごとコーナーの間仕切は高さ約50cmで、コーナー移動前は、手前が黄色、奥が赤色だった。柱に隠れ、間仕切自体が〈ア〉からは見えにくい。
・〈ウ〉のブロックコーナーは、ブロックが柱と柱の間に置かれており、マットもその周辺のみ。〈ア〉からブロックは見えにくい。
・Cは〈ア〉を拠点としているようす。広告で剣を作ったりしながら〈イ〉のようすを見ている。〈イ〉の①が「せんせい、だめよって（～くんが）言ったよ」と声をかけたため、〈ア〉と〈イ〉を行き来する。行き来する際、〈ア〉の上の色えんぴつをケースに戻したり、床に落ちている広告などを拾ったりしている。〈ア〉で遊んでいる幼児たちは、Cが〈ア〉を抜け、〈イ〉に移動しても、Cを目で追ったり、Cを追って〈ア〉を抜けることはなかった。〈イ〉に入っても、壁に背を向けて座り、広告で剣を作りながら全体を見ている。
・〈ア〉と〈イ〉の間にいる幼児ら（⑤～⑪）は、製作コーナーで作った剣などを手に2～3人で戦いごっこをしたり、剣を作り直したりしている。
・〈ア〉に幼児は集中している。〈イ〉にも幼児はいるが、ままごとというよりも①で作った剣であそんでいる。立ったりあたりを見渡したりして落ち着かない感じ。〈ウ〉は0人。
・〈ア〉の幼児らは各々の製作に集中しているようす。時々、教材教具棚に教材を取りに行き来している。

《コーナー移動後の変更点》
・〈イ〉と〈ウ〉のコーナーを合体させる。
・〈イ〉のコーナーを示すマットが左端まで敷かれるが、保育室の角が90度ではないため間仕切との間が空く。右端から左端に間仕切りを移動させ置く。赤い面を〈ア〉の方に向け、その横に黄色い箱を置いたことで、コーナーとしての存在感が強調される。間仕切りと共に棚も移動する。
・製作コーナーの机を少し左に寄せ、コーナーで使う物の場所がはっきりと分散することで、人工的な円形の集い空間が形成された。
・〈ウ〉のブロックが柱の前に出て、見やすくなる。マットを〈イ〉のコーナーとつなげた。

《遊び・幼児の群れの変化》
・〈ア〉の周辺の幼児が〈イ〉・〈ウ〉に流れる。
・ままごとコーナーの間仕切が左端に置かれるとすぐに①②が間仕切りの前にあるイスに座り、道具を探し始める。そこに⑥も加わるが、3人とも立っていたり、あたりを見渡す姿がある。④はままごとのイスに座っているものの、あたりを見渡している。

★コーナー変更後の大きな変化は、〈ウ〉で遊ぶ幼児の存在である。

―「環境」と幼児の遊びの群れとの関連性―

　日常われわれは、四角形の空間で生活をしている。四角形の空間において、隅や壁面を利用して物を置いたり、「〜する場」つまりコーナーを設け、安定性を得ている。これは、保育室における幼児においても同様である。日頃、四角形の空間の中でハビトゥスを形成しているため、それ以外の形において安定性を確保することは困難であると予測される。しかし、N1組の保育室は四角形ではなく奥が狭くなっている台形であるため、隅や端の空間を利用したコーナー設定が困難なのであるが、保育室のほぼ中央に設定された製作コーナーに幼児は集まり、保育者に依存的ではなく、各々が自身の遊びを継続的に行っている姿が見られた。なぜ台形の保育室における中央のコーナーに幼児が集まり、また、よく遊んでいるのだろうか。その問いに、小川は以下の仮説を立てた。

> 小川の仮説…台形的空間は日常的な居場所としてはあまりその例がみられない。こうした空間には、子どもは慣れておらず、不安定であるため、幼児は台形の壁の部分に自分の身体をゆだねることはないと推測できる。逆にいえば、四角形の部屋であれば中央の机は壁から遠いので不安定である。しかし、この変形の部屋では、壁が不安定なので中央に子どもは寄りつきたくなる。それが中央の机がにぎわう理由である。

　3つのコーナーがあったが、コーナーとして主に機能しているのは中央の製作コーナーであった（13：40〜13：45）。13：45までのコーナー設定では、〈ア〉の製作コーナーに子どもが集中しており、〈ア〉で製作していない子どもたちも〈ア〉で作った剣などを手に子ども同士で〈イ〉や〈ア〉と〈イ〉の間などの空間でイメージを共有している姿があった。つまり、〈イ〉のままごとや〈ウ〉のブロックコーナーがそのコーナーを生かした遊びを楽しむ場にはなっておらず、保育室全体の遊びのバランスという視点で見てみると、〈ア〉が安定の場の中心となっているのである。その後、小川がコーナーや物の位置を実験的に移動させたところ（13：45〜13：47）、幼児の遊びの群れに変化が見られた（13：47〜13：53）。その変化とは、保育室全体の幼児の群れの重心が中央からバランスよく3方向に分散したことである。また、コーナー移動前後の保育室環境図を比較すると、ままごとコーナーの中心となる位置をブロックコーナーと離し、間仕切の赤い部分を手前にしたことで、コーナーとしての存在感が生まれたと推察される。また、ブロックコーナーのウレタンマットを広く敷き、柱と柱の間にあったため製作コーナーから見えづらかったブロックを柱の前に置くことで、こちらもブロックコーナーとしての存在感が生まれたと考えられる。

　これらのことから、それぞれのコーナーの存在感を発揮するコーナー間の距離（行き来はしやすいが近すぎない）やコーナーに置く物の工夫（そのコーナーの特性をアピールする物の位置や色）によって、遊びの群れに影響を与えることが示唆された。

　小川は一見直観的に環境を変えたように思われたが、コーナーを移動させた理由を問うと、以下のような回答が得られた。

> 小川がコーナーや物の位置を移動させたねらい…C保育者との対話において、「ブロックコーナーで遊ぶ子がいないがどうしてよいかわからない」という悩みを受け、中央の製作コーナーと南向きの狭くなっている左右コーナーが向き合うトライアングルの形にすることで人工的な円形の集い空間を形成し、遊びを成立させるにあたって欠かせない観察学習を可能にする「見る⇄見られる」環境をつくり出し相互認知を可能にするため。

小川がコーナーや物を移動させたことで、人工的な円形の集い空間が形成された。その結果、コーナーの存在感が発生し、相互認知を可能にする環境は成立したと考えられる。しかし、先の記録（13：47〜13：53）によると、コーナーの存在感によりままごととブロックコーナーに幼児が移動したものの、ままごとコーナーの幼児は立ったり、周りを見渡すなどの不安定さがうかがえる。このことから、場を整えるだけでは、遊びの安定性は得られないということが考えられる。では、なぜ、製作コーナーでは保育者に依存せず遊びが継続している安定性が得られているのに、ままごとコーナーには安定性がないのか。その問いの答えとして、コーナー移動後、ままごとコーナーにかかわっていない保育者の存在やそれに伴う遊びのイメージの曖昧さが考えられるが、ここでは推測の域を脱しない。次項のC保育者のインタビューや動作レベルのモデル性の変化において、この筆者の仮説に迫りたい。

2）C保育者の語りデータ分析と考察

　素データより関連部分を抽出する。保育中の担任保育者とインフォーマルなやりとりの後、フォーマルなインタビューデータを得ているため、すでに担任保育者が筆者に語っている内容を振り返るやりとりが存在している。10月18日に小川がコーナー移動をする前は、C保育者は「ブロックコーナーで遊ぶ子がいない」と語っていた。★

① インタビュー結果

※担任：Ⓒ　研究者：Ⓢ

Ⓢ：10月にコーナーを移動してから、何か変化はありますか？あと、先生が意識していることとか。

Ⓒ：この空間（ままごととブロックコーナーのあたりを指して）を使うっていうところで、ままごととブロックが今混ざっちゃう₁っていうか。

Ⓢ：そこの辺に居ても、なんか、ちょっとバラバラ…遊びがバラバラっぽいっていうのが気になってる所なんですね。

Ⓒ：はい。そう、いつも気になって。私も絶対製作に最初は居るんですけど、やっぱり、こっち（ままごとやブロックのコーナーを指差して）が目に入る。（製作が）落ち着いてるからとかだと思うんですけど、それで、こっちにすごい目がいって、₂すぐ動いて、何も考えずに取りあえず入らなくちゃっていう気で入るから余計、入った後に、「入っちゃった、しまったな。」とかって、₃もうすぐ、ままごと入ってすぐ製作に戻って、作ってから入るっていうことはしちゃいけない気もするし、1回入ったからには、ちょっとそこで何らかの遊びをして、してから、「ちょっと行くね。」って言って抜ければいいんですけど、きっと。そこの、入り方にも問題が

きっと私には。やっぱ、作ってから、それから入って、そっから広がれば。₄

Ⓢ：私、こうね、（ビデオを）撮らせてもらってると先生（ままごとやブロックコーナーを）見てますもんね、ちゃんとしっかり。見てますよね。気になってるんだろうなぁっていうのは思っていて、でも、ただ見ているだけじゃなくて、その気になるところがあるんですよね？ブロックと混ざっちゃうとか、逆にままごとの子たちがなんとなくブロックで遊んじゃっている、一応ブロックコーナーとなっているところで遊んじゃっているとかっていうのが気になっているってことですよね。

Ⓒ：うんうん。

Ⓢ：で、ブロックが、ここの所からこっちへ動いた（柱の陰で見えなかったブロックのカゴが柱の前に出た）ことで、人はこっちで遊ぶようになったってことですね、₅奥で。

Ⓒ：はい。人はすごい集まったので。ブロックのコーナーがまあ、ちょっと出来たなっていう。₆

Ⓢ：あぁ、なるほどね、奥に移動したことで。…ビデオ見て思ったのは、前ってままごとのこれ（間仕切り）が、黄色の面が手前で確か向こうに置いてあったんですよ。それがこっちに赤を出して、こっち

に移動したじゃないですか。…そうするとね、すごいここが派手、映えるんですよね。ここが何かままごとだよー！！っていう何かすごい強烈なインパクトがあって、なんかそれもなんとなく、この端にままごとコーナーがあったよっていうすごいメッセージになってるのかなっていうのは見ていて思って。すると流れましたもんね、子どもが。7
Ⓒ：はい、びっくり、えーと思って。
Ⓢ：ね、面白ーいと思って。小川先生が「なんか気になる。なんか気になる。」って言って動かしたら、あーって流れ出したから、すごいなって思ったのと。
Ⓒ：私もびっくりしました。物ひとつでそんなに変わるのかと思って。8
Ⓢ：ねー、うん。これは面白いなと思った。この、難しい多分空間だから余計それがよくわかるんですよね。…で、先ほどの話からすると製作は、異年齢の時は5歳さんが多くて、このままごとは3歳さんが多いっていうことですよね。そうすると、先生はいつも異年齢の時、異年齢のクラスでやる時って何か気をつけていることとかありますか？
Ⓒ：私は異年齢でやるから、やっぱ異年齢のかかわりを、その前、吉田先生（ここで保育者が挙げた「吉田先生」とは、吉田龍宏氏である。吉田氏は1997年よりN幼稚園における小川の園内研究に同行し、2002年からは、小川と同様に年1〜2回N幼稚園で園内研究の指導を行っている。）に異年齢のかかわりがないって、やってるのにないって言われたんで、それをちょっとでも持ってこれればなと思ってやってるつもりなんですけど。
Ⓢ：異年齢のかかわりかぁ。
Ⓒ：それが向こうのクラスはあるかもしれない、見たことないからわからないですけど、もうこっち本当に（5歳は製作、3歳はままごと）パッキリ分かれちゃってるので、9そこをどうにかできたら進歩したかなっていう。
Ⓢ：あぁ、なるほどね。で、先生が5歳の担任だから、製作に集まっている子たちが何かこうちょっとままごとに流れてっていうことですよね？ふーん、私さっきのK先生に聞かなかったけど、どうなんだろう？あそこ、混ざってるのかな？
Ⓒ：私1回も見たことないので…
Ⓢ：あ、そうかそうか。

Ⓒ：どうなのかわからないですけど、でも話を聞くと、わりと誰でもままごとに入ってるよとか、年長さんも入ってるよって聞くので。そこでやりとりがちゃんとあるかはわからないんですけど、その姿がこっちにはあんまり…入っても、年長さんいっつも来る男の子が1人「先生入れて。」って言ってままごとに入ってきて。やるけどやっぱり、年長さん通してやると、ちゃんと1つの空間になってお店屋さんごっこが始まって、買い物をしに行って、お金を作ってとかが出来るけど、多分その子も1人だけだから何をしてよいかいつもわからないみたいで、作ってはくれるんです、いつも。「これ、野菜。」とか言って。けど、作ってくれた物を3歳の子とかにもよるんですけど、絶対私にしかくれないみたいな。10
Ⓢ：それは5歳の子？
Ⓒ：5歳の子とか、（　）さんとか。
Ⓢ：あぁ、そうか、だから、それが3歳との交流に発展しない？
Ⓒ：はい。で、「3歳の子にもあげて。」って言ったら「はい、どうぞ。」って言うけど、それを見た3歳の子が、食べる子もいれば、私のじゃないみたいな…なんか、やりとりが上手く出来ていないから。1つの空間になってないんだなっていうのがすごい目の当たりにされるので。11
Ⓢ：ああー。
Ⓒ：でも、「一緒に食べよう。」と言って勧めるんですけど、勧めてもそれでおしまいになっちゃうんで、いつもそこで年長だけでやると、「お金お願いします。」とか「おかわりいりますか？」とかいう会話は出来るけど、多分その子も1人だけだし、3歳の子相手だし、どうしたらいいのかもわからないのかな？って思って。そこで私が自分でやってよいものなのかどうか、そこまで私が持っていっちゃってもよいのかもわからないから、私もいつも何も言えずに、どうしようかなと思って。12
Ⓢ：そうそう、結構先生の今関心どころは、異年齢が交流するといいな、ままごととかで交流するといいなっていうのと、製作で遊んでいる5歳がちょっとこっちのままごととかに流れるといいなっていうのと、あと、このままごととブロックのコーナーを遊びとしてどう自分で捉えてよいのかなっていうところなんでしょうね、きっと。

②インタビュー結果の分析・考察

　コーナーを移動する前に「ブロックコーナーで遊ぶ子がいない」（下線★）と語っていたC保育者だったが、小川の提案でコーナーを移動したことにより、「物ひとつでこんなに変わるのかとびっくりした」「ブロックのコーナーに人がすごく集まるようになった」「ブロックコーナーができた」（下線6，8）と語っており、「ブロックコーナーで遊ばない」というC保育者の「葛藤」は軽減したといえる。また、「葛藤」は軽減されただけでなく、コーナー移動と幼児の群れの変化を実感したことで、C保育者は「葛藤」の客観的条件である「場」「物」の位置を意識化したと推察される。C保育者は、製作コーナーにかかわりながら、ままごとコーナーやブロックコーナーに視線をとばしており（下線2）、それは、先の観察記録とも合致する。製作コーナーでのC保育者の援助は、剣を作ったり、折り紙を折る等、作業中心であり、製作コーナーの幼児遊びは依存的ではないといえる。その根拠は、C保育者が〈イ〉へと移動した際の記録にも示されているように、C保育者の移動に対して幼児が影響を受けずに、遊び（作業）を継続しているからである。

　この安定した製作コーナーでの援助を基盤として、他コーナーでの援助に対する「葛藤」が語られている。例えば、ままごとコーナーで5歳児と3歳児の交流が見られないがどう援助していいかわからない、異年齢の交流ができていないから、ままごとコーナーが子どもたちにとって1つの空間になっていない、製作コーナーは5歳児ばかりということが気になっている（下線9，10，11，12）、といった「葛藤」が語られており、コーナー移動前と比べると、遊びの質的な内容に対する「葛藤」が高まっていることがうかがえる。つまり、「葛藤」の質が変容し、無自覚と表層の往復運動が活発になりつつあるといえる。これは、空き家だったブロックコーナーやコーナーとして曖昧だったままごとコーナーで幼児たちが遊ぶ姿が観られるようになったため、単に「遊んでいるか遊んでいないか」という段階から、幼児たちの自主的な遊びの発展と継続を目指した一つひとつのコーナーの遊びの中身や質に対する援助を考える段階へとステップアップしたといえる。

　異年齢交流の語りについては、C保育者の語りにあるように、吉田氏の助言により意識化されたものである。しかし、小川が訪れた際のC保育者の「葛藤」は、「ブロックコーナーで遊ばない」という表面的なものであった。それが環境の再構成により、この「葛藤」が解消され、遊び状況が把握しやすくなったことで、異年齢交流も含めた遊びの質的内容に意識が向かったという状況が成立したのである。こういった保育者の「葛藤」や幼児の遊びの群れの変化（遊びの質を追究した場合、課題はあるが、ブロックとままごとのコーナーが機能し始めたこと）は、コーナーや物の移動という「環境」を意図的に変化させる戦略により起きており、これは、C保育者の「葛藤」の客観的条件の意識化の過程でもあるといえよう。

　また、どうやってままごとコーナーに入り、どう抜けるとよいか、どう援助すべきかという「葛藤」（下線3）や、ブロックとままごとコーナーがそれぞれのコーナーとしての機能が明確でないことに対して具体的にどうしたらよいかわからないという「葛藤」（下線1）が見出された。これらのことから、C保育者はコーナーへの入り方や抜け方が幼児の遊びに影響を与えることは認識しているものの、具体的にどうしたらよいかがわからない状態であると考えられる。それは、コーナーそれぞれの特性を生かしたいという意識はあるものの、その拠点性を生かすための具体的な方策がわからないといえる。C保育者は製作コーナーでは、どっしりと全体を見渡せる場所に位置取りし、作ることに専念していたため、動作レベルのモデル的役割を果たしていた。

　しかし、ままごとコーナーでは言語的なやりとりにより遊びを盛り上げねばという意識が働いた

ため、「何も言えずに、どうしようかと思って」（下線12）という発言があったのだと思われる。保育者の援助として、具体的にどうしたらよいかわからないため、言語レベルでのやりとりで行き詰まっているのである（下線12）。つまり、保育者の動作によるモデル的役割に対する意識の欠落が、ままごとコーナーのイメージを幼児のなかに定着させていけない要因の一つとなっている。これらの「葛藤」は、コーナー移動後のままごとコーナーでの幼児の姿（立って動いていたり、周りを見渡しているなどの不安定さ）を反映しており、先の筆者の推論との整合性があるといえる。このことを検証するために、次項の【研究2】では、動作レベルのモデル性の変化と幼児の遊び・群れの関連性を追い、C保育者との「葛藤」の質的段階や客観的条件の相違について述べていく。

（4）全体的考察

コーナー移動によってどのコーナーも機能し始めたC保育者の事例ならびに語りにより、「葛藤」の客観的条件をあまり意識していない保育者が、保育者の援助としてコーナー設定に着目することの意義が示唆されたといえる。コーナー設定の有効的なあり方とは、製作コーナーを拠点とした円形の集い空間であり、それぞれのコーナーの存在感を発揮する物の位置やコーナー間を行き来しやすいが近すぎないコーナー同士の距離を考慮することで、遊びの群れが発生しやすくなることが明らかとなった。この行き来しやすいが近すぎないというのは、小川の保育援助論においては、保育室全体のバランスを重視しており、人・物・場がつながる基本の3拠点（製作、構成、ままごと）がトライアングルを位置取ることである。C保育者の保育室も再構成後のコーナーは、トライアングル型となっており、保育室全体の環境の安定性が高まったと考えられる。

このように保育を「環境」という視点から考え、コーナーや物を移動させることで、C保育者の「葛藤」は、ブロックコーナーで幼児が「遊んでいるか遊んでいないか」という段階から、遊びの質に対する援助内容へと変化しており、「葛藤」の質が変容したといえる。図1に示した「葛藤」の質的段階と照合すれば、C保育者の「葛藤」は無自覚と表層の往復運動が開始された段階である。これらのことから、「葛藤」の質的段階と保育課題との関係性を示したのが図2である。とくにC保育者の「葛藤」に関連する内容を網掛けで示し、研究者の発問不足により点線部分は達成できなかったことを示す。これらから、コーナーを移動させたことへの意味づけと共に、長期的に幼児が保育者に依存しなくとも自発的に遊びを継続させられるための課題に保育者自身が気づける研究者の発問の重要性がうかがえる。この研究者の発問についての検証は、第3部第2章で検証する。

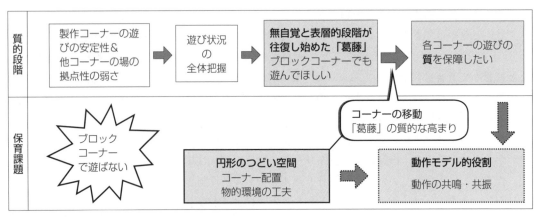

図2●物的環境の変化にみる「葛藤」変容過程と保育課題との関連性

(2) 動作レベルのモデル性の変化にみる「葛藤」【研究2】

(1) 目的
① 実験的に動作レベルのモデル性を高めた場合、幼児の遊びや遊びの群れの状態にどのような変化がみられるかに着目し、動作レベルのモデル性と幼児の遊びとの関係性を明らかにする。
② 動作レベルのモデル性を高めた際、「葛藤」の質にどのような変化が認められるかを明らかにする。

(2) 方法
1) 対象の概要
　愛知県公立K保育園。K保育園は乳児クラス3クラス、3～5歳児クラス各学年2クラスずつあり、2階建て園舎。記録対象クラスは5歳児L組22名。L組は2階一番奥に位置する。南側のワークスペースは仕切られておらず、隣のクラスと行き来できるようになっている。データ対象となった2009年2月6日（金）は、吉田龍宏氏による園内研究2回目（1回目は2008年11月）であった。筆者は両日吉田氏に同行した。2月6日は、13：15～16：40まで園内研究を行い、その中でも13：15～14：40は保育のようすを観ながら吉田氏による保育の診断や担任保育者との意見交換が行われた。当時、ままごとコーナーが設置されたワークスペースが設けられるようになり始めた頃で、ワークスペースも含めて、人・物・場がつながりやすい3つの拠点「つくる」「見立てフリ」「構成」を設定できないかと試行錯誤している時だった。
　吉田氏と筆者の保育状況の読み取りにより、L組のワークスペースに設定されたままごとコーナーで遊ぶ幼児が全くおらず、また、室内のコーナーから距離があるため、ままごとコーナーでの遊びのモデル性は他のコーナーで遊ぶ子どもに届きにくいと診断した。そこで、筆者が実験的に援助者として入るよう吉田氏より提案された。その提案は吉田氏より担任保育者にされ、快諾された。その後、筆者より、ままごとコーナーになかった粘土をごちそうとして使用してよいか担任保育者にたずねたところ、快諾されたため、④の北側ワゴンに粘土を置かせてもらう。粘土を使用した理由は、可塑性に富み、大きなフリでこねるという動作ができるため、他のコーナーにいる子どもたちに対してモデル性が発信しやすく、ごちそうの素材として適していると考えたからである。
　筆者はこの際、言語的なかかわりよりも、動作レベルのモデル的役割を意識的に行った（事例No.9～10）。その理由は、大人と幼児の言語的なかかわりが中心となった場合、大人がその場を抜けると遊びが消滅してしまう可能性があるからである。幼児の自発的な遊びを継続的に行うためには、大人の動作レベルのモデルが重要である。これらの筆者の意図を担任保育者にも伝えた。

2) データ
　2009年2月6日（金）14：10～14：30、L組のままごとコーナーに筆者が援助者として参加した際の当事者記録。記録では筆者が保育に参加した前後を中心に、主にままごとコーナーにおける人・物・場とのかかわり合いに焦点を当て、その関連性を明らかにするために、保育室環境図、保育者・幼児の言動、幼児や保育者の位置、身体の向き、遊びの流れを時間を追って記す。ままごとコーナーに焦点を当てる理由は、動作レベルのモデル性があまりない状態から、モデル性が得られた状態の変化を追うことで、モデル性と幼児の遊びの変化を捉え、その関連性を見出すためである。

3）分析方法

　筆者の当事者記録から、動作レベルのモデル性が低い場合の遊びのようすと、モデル性が得られた場合の遊びのようすを比較し、その関連性を分析する。

（3）結果と考察

1）保育室の概要

- コーナー概要…①人形劇、②廃材などの製作、③ビーズ製作、④パズルなど、⑤ままごと
- ①…2列に並べたイスに10人前後のⓒ（子ども）とⓣ（担任保育者）が観客としてイスに座り、向かいに並べられた1列のイスを舞台として、2～3人のⓒらが紙などで作成した人形を用いていた。
- ②…4～6人のⓒがイスに座って絵を描いたり、廃材で製作、③…空家
- ④…隣のクラスとの交流というよりは、室内での遊びが見つからないⓒが、パズルなどを個々にしている感じ。14：10の時点では、空家。
- 14：00時点でのコーナーの状態を子どもたちが群れている状態を〇実線円、空き家または群れていない状態を〇破線円で示す。■はイスを示す。

2）保育室環境図

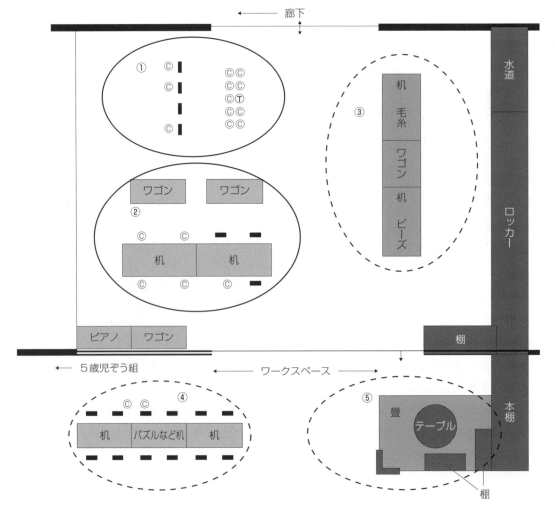

3）動作レベルのモデル的役割と幼児の遊びの変化

- 子どもをⓒ、担任保育者をⓉ、ままごとコーナーにおいて観察から参加に移行した筆者を★と示す。
- 動作を◄─►、視線の行方を◄-►と示す。
- 14：00までの間、⑤ままごとコーナーにおいて、女児A子（Ⓐと示す）が一人で絵本を読んでいた。Ⓣは①人形劇に参加。
- 吉田氏の★への事前コメント：⑤のコーナー内が散らかっているので、それを片付けてからようすを見ながら粘土を使ってみること。

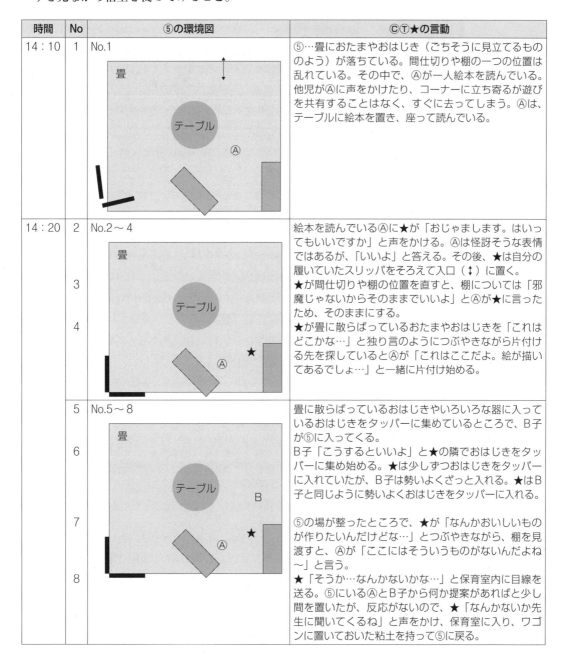

時間	No	⑤の環境図	ⓒⓉ★の言動
14：10	1	No.1	⑤…畳におたまやおはじき（ごちそうに見立てるもののよう）が落ちている。間仕切りや棚の一つの位置は乱れている。その中で、Ⓐが一人絵本を読んでいる。他児がⒶに声をかけたり、コーナーに立ち寄るが遊びを共有することはなく、すぐに去ってしまう。Ⓐは、テーブルに絵本を置き、座って読んでいる。
14：20	2 3 4	No.2～4	絵本を読んでいるⒶに★が「おじゃまします。はいってもいいですか」と声をかける。Ⓐは怪訝そうな表情ではあるが、「いいよ」と答える。その後、★は自分の履いていたスリッパをそろえて入口（↕）に置く。 ★が間仕切りや棚の位置を直すと、棚については「邪魔じゃないからそのままでいいよ」とⒶが★に言ったため、そのままにする。 ★が畳に散らばっているおたまやおはじきを「これはどこかな…」と独り言のようにつぶやきながら片付ける先を探しているとⒶが「これはここだよ。絵が描いてあるでしょ…」と一緒に片付け始める。
	5 6 7 8	No.5～8	畳に散らばっているおはじきやいろいろな器に入っているおはじきをタッパーに集めているところで、B子が⑤に入ってくる。 B子「こうするといいよ」と★の隣でおはじきをタッパーに集め始める。★は少しずつおはじきをタッパーに入れていたが、B子は勢いよくざっと入れる。★はB子と同じように勢いよくおはじきをタッパーに入れる。 ⑤の場が整ったところで、★が「なんかおいしいものが作りたいんだけどな…」とつぶやきながら、棚を見渡すと、Ⓐが「ここにはそういうものがないんだよね～」と言う。 ★「そうか…なんかないかな…」と保育室内に目線を送る。⑤にいるⒶとB子から何か提案があればと少し間を置いたが、反応がないので、★「なんかないか先生に聞いてくるね」と声をかけ、保育室に入り、ワゴンに置いておいた粘土を持って⑤に戻る。

時間	No	⑤の環境図	ⓒⓉ★の言動
	9	No.9～10 畳／テーブル B Ⓐ ★	ⒶとB子に「粘土使っていいって～」と声をかけ、ひとつの塊を両手で力強くこね始める★。「え～いいの！うれしいな～粘土使うの久しぶり！」と喜び合い、「私にもちょうだい」と★から粘土を分けてもらうⒶとB子。 Ⓐは★に「ね～なに作るの？」とたずねる。★は粘土をこねるのをとめず、一定のリズムで粘土をこね、長くのばしながら「おいしいドーナツかな…」とこねる粘土を見ながら話す。
	10		
	11	No.11～14 畳／E F D テーブル C B Ⓐ ★	①の人形劇が終わったこともあり、「わ～粘土でなにつくってるの～」とⒸが3～4人次々と⑤に入ってきて、テーブルの周りに座る。★の粘土を分けていき、それぞれにねじったドーナツやパンを作る。 ⑤には入らないが、近くで興味深そうに粘土のごちそう作りを見ているⒸが2～3人いる。 ★が小さなドーナツを作り、重ねていくと、Ⓐも同じようにする。Ⓐ「私の方がたくさん作ったよ～」など★への声かけが多い。★は、粘土を作る作業をとめず、「もっとほそ～いドーナツにしてみようかな」などつぶやきながら自分のドーナツやⒶや他児の作っているものを見渡す。 Bがひも状の粘土をねじってねじりドーナツを作り、★に「みて～！」と見せる。★「え～！よくそんなにねじねじになったね～あとで私もやってみよ！」と自分の粘土でも少しねじる真似をしてから、もとの粘土作りに戻る。
	12		
	13		
	14		
14：30	15	No.15～17 H 畳／D C B G テーブル E ★ F Ⓐ	Dが丸いパンのようなものを作り、「ここに目のかざりをつけたいな～なにでつけよう…」とつぶやきながら考えている。 ④で立ったままパズルを触っているGが★らのようすをじっと見ている。★はGと目があったので、にっこりほほえみかける。また、②のHも立ったままじっと★らのようすを見ていた。★はHとも目があったので、ほほえみかける。 片付けの時間になり、ⒶやFらから「あ～せっかく作ったのに…これどうしよう？」という声があがる。★「先生に明日からも使っていいか聞いてみようよ。まずこのごちそうは一つに合体してしまっておこう」と声をかけ、みんなの使っていた粘土を一つの塊にしてⓉに渡す。
	16		
	17		

4）当事者（筆者）記録の考察

まず、保育室環境図について言及する必要がある。それは、前項でも述べたように、保育者の「葛藤」に大きく影響を与える要因は、「見る⇄見られる」状況が保障された保育室環境における保育者の身体的援助だからである。本項では、主に身体的援助に着目するが、保育室環境も重要であることを改めて主張したい。

保育室環境図を観ると、廊下も含めて5つのコーナーが設定されている。コーナーの拠点性という点で考えると、②③は「つくる」コーナーとして類似しているため、「つくる」コーナーとして

一つの拠点を設けた方がよいと考えられる。14：10の時点で③④のコーナーが空き家になっているということからも、幼児が分散してしまっているということがうかがえる。次に、これらのコーナー配置は、「見る⇄見られる」という環境にはなっていないといえる。例えば、②の製作コーナーのワークスペースを背にしたワゴン側に保育者が座って作業をした場合、①③は視野に入るが、④⑤は保育者の背後になり、座ったまま④⑤のコーナーを把握したり、④⑤の幼児らに視線を送ることは困難になる。幼児の側からしても、同様の状況性が生まれる。本来であれば、本項で着目している⑤ままごとコーナーでの幼児の姿は、こういった保育室環境からも影響を受けていると推測される。しかし、今回の実験対象は身体的援助に限定するため、分析対象とするデータは⑤のままごとコーナーとする。

14：10、⑤のままごとコーナーににぎわった感じがあまりしない。それは、一人で絵本を読んでいるⒶの姿やままごとに使う道具やごちそうに見立てるおはじきなどが床に散乱している状態からいえる（No.1）。「これはどこかな…」と★がつぶやいたことに対して、Ⓐは、「これはここだよ…」と一つひとつ絵を指しながら片付ける場所を示し、★とともに片付けを行っている（No.4）。このことから、Ⓐは、ままごとコーナーにある物やその物をしまう場所についての理解はあるということがわかる。では、なぜままごとで使う物やその物をしまう場所への理解があるのに、ままごとコーナーで絵本を読んでいたのだろうか。その要因として以下のことが考えられる。

　　◆可塑性のある素材がない（No.7）
　　◆遊びを誘発するモデル的な動きがない（No.1）

★の「なにかおいしい物が作りたい」という発言に、Ⓐは「ここにはそういう物がない」と指摘している（No.7）。これは、このままごとコーナーに不足している物―おはじきのように単純になべに入れる、お皿に盛るといった素材ではなく、自分たちで自由にイメージを広げられる可能性を含んでいる可塑性のある素材の欠如―の指摘であるといえる。今回はこのクラスで日常的に使用していない粘土をすぐに取り入れてしまったが、★が製作コーナーに行き、広告などを手にしてコーナーに戻り、ごちそうとしてちぎる、丸めるといった動きのモデルを示すことで、保育室にある素材を利用して自分たちで遊びを広げるという視点を刺激する可能性があったと考えられる。また、★が「なにかおいしい物が作りたい」ではなく、具体的なごちそうの内容を言葉にしていたら、具体的な素材のイメージが子どもから生まれたかもしれない。

B子やD子は自分で考えて作ることを楽しんでいる（No.14, 15）が、Ⓐは作業を楽しむというよりは、★とのやりとりや会話を楽しんでいる傾向が強く感じられる（No.10, 13）。★はⒶからの話しかけに対し、こねる粘土を見ながら話すことで作業を中断せずにかかわっているため、他の遊びや他の場にいる子どもたちのようすに視線を送ることができると考えられる。今回の実践では、一人分の粘土の塊を6人で分けたため、★の動作がだんだん小さくなったと考えられる。動きのモデル性を維持するために、より大きな塊を準備する必要性があったといえる。

5）★（筆者）の思い

筆者はままごとコーナーに援助者として参加した際、先述したように、動作レベルのモデル的役割を意識的に行った。ままごとコーナーで粘土を使って遊んでいたⒶ以外の幼児は作業することを

楽しんでいたように感じたが、Ⓐは終始、筆者とのやりとりを楽しんでいたように感じた。筆者は、粘土でドーナツを作るという作業の手をとめることなく、視線も粘土をこねるところに向けてはいたものの、このままでは自分が抜けたらⒶは遊びをやめてしまうのではないか、このままごとコーナーが自分が抜けた後も幼児同士で継続・発展していくには、今の動きのモデルだけでよいのだろうか、今、幼児の中にあるイメージをたずね、引き出すことも必要かという揺れや不安があった。そんな思いを抱えつつ、片付けの時間となった。

　つまり、ままごとコーナーに入る前には、空き家のままごとコーナーで遊びのモデルを示し、子どもたちがそれを真似て遊び始めて欲しいという願いだったが、粘土をこねるというモデル性により、子どもとの言語的なやりとりよりも、身体的な同調性が高まることにより、モデル性の内容への悩みへと質が変容していったのである。

（4）全体的考察

　保育者は、自ら作業をすることで、動作レベルのモデル的役割を果たしつつ全体把握に努めることが可能となる。言語でのやりとりよりも、作業に気持ちも目も向けることで、その場をともにする複数の幼児との動きの共有ができる。本項の身体的援助による実験的事例を通して、保育者が動作モデル的役割を意識することにより、「葛藤」の質的な高まりが得られることが明らかになった。筆者は、自身の体験として、動作レベルのモデル的役割を粘土を用いて幼児に示すことにより、ままごとコーナーにおける幼児の主体的な遊びが生じる可能性を担任保育者と共有した。担任保育者からは、「粘土っていいですね。これからままごとでも入れていこうかな」と話してくれたものの、その後、本当に粘土をままごとコーナーに取り入れたのか等の確認はしていない。したがって、この動作レベルのモデル的役割により、幼児と保育者が同じ道具・材料を用い、ノリを共有することで共鳴・共振関係が生じ、最終的には保育者がそのコーナーを抜けても幼児同士のノリの共有で遊びが継続・発展することを達成することが予測されるが、この事例ではそれは検証できないため、今後の研究に継続させていくことが課題となる。この課題検証については、第3部第2・3章で行う。

　これらのことから、本項の「葛藤」の質的段階は、図1における表層と可視の往復運動が開始された段階であり、この「葛藤」の客観的条件は、動作レベルのモデル的役割である。動作モデルを自覚化することにより、モデル的役割のモデル性や幼児の志向性に添う動作の検証が次なる課題となるのである。身体的援助の変化にみる「葛藤」変容過程と保育課題との関連性を図3に示す。

　本章で明らかとなった条件システムを保育行為の決定的「葛藤」を抱える保育者が保育に取り入れることで、保育行為や幼児の姿にどのような影響があるのか、条件システムの有効性を検証することが必要である。それは第3部第2章で論ずる。

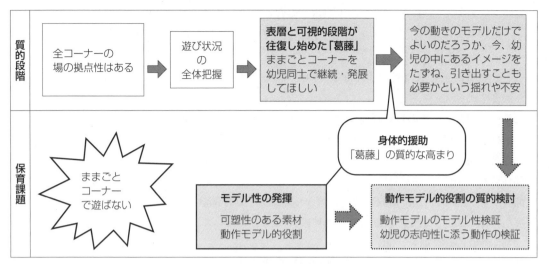

図3●身体的援助の変化にみる「葛藤」変容過程と保育課題との関連性

付記　本章でのデータ使用については、N幼稚園ならびにK保育園の承諾を得ている。

📖 引用・参考文献ならびに注 📖

注2）　レヴィンの「場の理論」とは、人間の行動が環境の変化・他者の反応といった環境要因との相互作用によって規定されることを示唆したものである。（クルト・レヴィン　猪股佐登留訳　1956　社会科学における場の理論　誠信書房）

注3）　心理学の主な葛藤理論はレヴィンの葛藤理論であり、それは次の3つの基本的な事例である。
　1）接近—回避型の葛藤（approach-avoidance conflict）
　　1つの目標に正と負の誘引力が生じ、接近する傾向と回避する傾向が同時に生じ、心理的に行きつ戻りつという状態になるもの
　2）回避—回避型の葛藤（avoidance-avoidance conflict）
　　2つの負の誘引をもった目標にはさまれた事態になるもの
　3）接近—接近型の葛藤（approach-approach conflict）
　　2つの正の誘引をもった目標の間で、2つの接近傾向がつりあっている状態になるもの

Goffman, E 1963 *Behavior in public places：Notes on the social organization of gathering* THE FREE PRESS 33-42.
Goffman, E 1963　丸木恵祐・本名信行訳　1980　集まりの構造—新しい日常行動論を求めて—　誠信書房　37-47.
河邉貴子　2010　保育記録の機能と役割—保育構想につながる「保育マップ型記録」の提言—日本大学学位論文　日本大学

鯨岡峻・鯨岡和子　2009　エピソード記述で保育を描く　ミネルヴァ書房
Lave, J. & Wenger, E. 1991 *Situated learning : Legitimate peripheral participation* Cambride University Press 33.
Lave, J. & Wenger, E. 2004　佐伯胖訳1991　状況に埋め込まれた学習─正統的周辺参加─　産業図書株式会社　7.
松永愛子　2005　学校の余暇時間における校庭での遊び─児童の居場所を求めて─　日本女子大学家政学部児童学科小川研究室H14～H16年度科学研究費助成金基盤研究（B）（1）研究成果報告書　26-48.
文部科学省　2017a　幼稚園教育要領　前文
文部科学省　2017b　幼稚園教育要領　第一章総則　1幼稚園教育の基本
西坂小百合　2002　幼稚園教諭の精神的健康に及ぼすストレス、ハーディネス、保育者効力感の影響　教育心理学研究　50　283-290.
小笠原喜康　2015　ハンズ・オン考　博物館教育認識論　東京堂出版
小川博久　2002　環境と保育者の役割行動の相互規定性を論ずる理論的背景─製作コーナーにおける保育者の役割をめぐって─　日本保育学会第55回大会発表研究集　150.
小川博久　2004　臨床教育学をめぐる諸理論への批判的考察─M.フーコーの「臨床医学の誕生」の視点を手がかりに─　日本女子大学大学院紀要家政学研究科人間生活学研究科　10
小川博久　2010a　遊び保育論　萌文書林
小川博久　2010b　保育援助論復刻版　萌文書林
小川博久監修　吉田龍宏・渡辺桜　2014　遊び保育のための実践ワーク～保育の実践と園内研究の手がかり～
寺見陽子・西垣吉之　2000　保育実践と保育者の成長─新任保育者と子どもとのかかわりと自己変容過程を通して─　神戸親和女子大学児童教育学研究　19　17-48.
渡辺桜　2006a　保育における新任保育者の「葛藤」の内的変化と保育行為の関する研究─全体把握と個の援助の連関に着目した具体的方策の検討─　乳幼児教育学研究　15　35-44.
渡辺桜　2006b　4歳児1期の保育における保育者の「葛藤」に関する研究─保育者の思いと実際の保育との調整過程に着目して─　家庭教育研究所紀要　28　5-15.
渡辺桜　2007　保育における保育者の「葛藤」起因となる客観的条件の解明　名古屋学芸大学ヒューマンケア学部紀要　創刊号　39-46.
渡辺桜　2008　保育行為における保育者の「葛藤」変容過程と保育室の環境構成との関連性─コーナー設定のあり方に着目して─　子ども社会研究　14　91-104.
渡辺桜　2010a　保育実践上の「葛藤」の質的段階と保育課題に研究者はどうかかわりうるか─実践者との対話についての研究者の省察を通して─　愛知教育大学幼児教育研究　15　89-98.
渡辺桜　2010b　保育実践に基づく自己形成を支える対話─保育者へのインタビュー方法の批判的検討を通して─　名古屋学芸大学ヒューマンケア学部紀要　4　15-22.
吉田龍宏　2000　園内研究への研究者のかかわり─話し合いにおける研究者の課題─　東京学芸大学大学院修士論文　3-31　41-45.
吉村香・吉岡晶子　2008　語りの場における保育者と研究者の関係─保育臨床の視点から─　保育学研究　46（2）　148-157.

第 3 部

「子どもも保育者も楽しくなる保育」を高め合う保育者集団
～研究者・園長・主任・リーダーはどうかかわりうるか～

　「子どもも保育者も楽しくなる保育」を園内で共有し、保育者同士で高め合うことが、保育の質の向上につながる。そのためには、第1部でおさえた「遊び保育論」の拠点性、見る⇄見られる、モデル性やノリといった「共通言語」を切り口として保育者同士で保育について語り合うことが重要となる。その保育者同士の語り合いの基盤を構築するのは、園内であれば、園長・主任・リーダーであるが、その基盤を固めるために、園外講師を招くことがあるだろう。しかし、園外講師を招いても、ありがたい講話を聞いて、なんとなくリフレッシュできたものの、具体的に明日からの保育をどうしていったらよいかはわからないということも少なくない。

　第3部では、「共通言語」を用いながら、確実に園の保育の質が向上していく園内研修や日々の保育者同士のかかわりについて、第2部で触れた「葛藤」の質に対応させながら実践事例を基に考えていきたい。

第1章 保育実践上の「葛藤」の課題解決方略をめぐる方法論的検討

　本章では、「子どもも保育者も楽しくなる保育」を園内で共有し、保育者同士で高め合うための具体的方法を明らかにするために、依拠する理論と研究方法を示す。すべては、実際の保育現場で役に立ち、子どもの幸せだけではなく、保育者にとっても保育が楽しくなる保育者同士のかかわり方を模索するためのものである。

1. 本研究の理論的視座

　本研究では、小川の遊び保育論（2010a）に依拠して、エスノグラフィーの検証を行う。なぜなら、園内研究における研究者のアクションリサーチ（秋田, 2003）を検証するにあたって、保育者の援助論や研究者の保育現場へのかかわり方について体系化された理論としては、小川の遊び保育論が主たるものであるからである（松永, 2005；中山, 2011）。
　小川の理論については、異論をもつ人もいるかもしれない。例えば、保育者が原則的に製作コーナーに座って保育を遂行するということは、これまでの遊び保育の慣行からはずれているからである。
　小川は、製作コーナーに保育者が座ることの必要性について以下のように述べている。

> 　保育室の中にいる他の子どもにとって、製作コーナーにいる保育者がつくる状況が、精神安定性とともにモデル性を発揮している可能性が大きいことを自覚する必要がある。そのために保育者は周辺にいる子どもに対応しつつも、自ら取り組んでいるつくる作業に常に立ち戻るという姿勢が必要なのである。だから製作コーナーで保育者が示す行動パターンは、ゆったりと座して安定する（いつも座る位置を決めておくことは必要である）こと→モデル的作業をすること→対話、質問、援助要請にこたえること→モデルになることの往復なのである。…（途中省略）…（製作コーナーは）直接的人間関係を結ばなくともモノと関われる場所…
> （小川, 2010a, pp.176-177）

　保育者が保育の中でできるだけ子ども理解に基づいて援助を行うには、遊びの全体状況を把握する必要があるにもかかわらず、研究者のようにその状況の外で子どもにかかわることなく第三者的に観察することは不可能なのである。なぜなら保育者の子ども理解は保育をしつつ行わなくてはならないからである。このような保育実践上の困難さを乗り越えるには、保育者が作業を通して子どもの遊び状況に参加しながら遊びの全体状況を把握し、子ども理解に努めることでその困難さに対応するしかないと考えられる。それがまさに小川のいう製作コーナーにおける保育者のモデル的役

割であり、壁に背を向け座って作業することで、言語的で個別的な子どもとのかかわりよりも、物を通して作業を共にする共同作業者になり得るのである。保育者が共同作業者になり、子どもが自立的に製作等の作業を進めていけば、保育者が手をとめ、あるいは動作への関心を副次的にして遊びの全体状況を把握しようと目線を全体に配ることが可能になるのである。

　子ども理解とは、子どもの動きを継続的に一定の視点で視覚的に追跡しなくてはならない。そうだとすると、保育者が子ども（たち）を捉える視座をできる限り安定的に固定するということは理論的に合致しているのである。また、なぜ製作コーナーに立たないで座ることを原則とするかといえば、子どもたちに援助する共同作業者の姿勢を維持することを示すためである。この共同作業者の姿勢とは、特定の子どもではなく、クラス全員を対象に保育者は実践者として一定の姿勢を確立しなくてはならないため、保育者が製作コーナーに座り、子どもと共に作業を行うことによって製作コーナー内の子どもに対してだけではなく、他のコーナーとの関係において見る⇄見られる関係の中で、モデル（作る人）を演じるという形での援助の姿勢の提示となるのである。子どもたちが製作コーナーにおいて作る活動に参加している時、この保育者のモデル性は教授─学習的な教師の役割とは異なった教育的関係を構築するのである。これが製作コーナーに座ることを原則とすることの根拠であり、援助者として動き回ることよりもクラス全体に対してより有効な教育的関係をつくると小川は考えているのである（小川，2010a・b）。

　16年もの間、継続的に小川を園内研究講師として招いている中山（あかみ幼稚園園長）は自身の著書において以下のように述べている。

> 　小川との園内研修で、まず強調されることは、保育者が「"製作コーナー"に座る」ということである。「座る」ことに対して、保育者ははじめ戸惑う。それは、担任がクラスの子どもたちすべてを把握するという観点からすると、まさに逆行することを提案されているように感じるからだろう。
> 　しかし、子どもが遊びに没頭すれば、クラス全体を見取ることが容易になるということを実感した保育者は、「"製作コーナー"に座る」ということの意味を知ることになる。実際、保育者が動き回っていては、子どもは遊びに集中できず、結果的には保育者はクラス全体を見取ることができなくなってしまう。（中山，2011，pp.10-11）

　中山は、製作コーナーに保育者が座り、共同作業者としてその場に参加することにより、子どもの遊びが安定することと、子どもの遊びが安定することにより、定点（ここでいう製作コーナー）から保育者がクラス全体を見取ることが可能になると指摘している。保育者が遊び状況全体を把握することと遊びに参加することを同時に両立させるためには、つまり本研究でいう保育者の関係論としての「葛藤」問題を解決するためには、製作コーナーに座って作業をするという保育者の戦略が有効であることを長年に渡る実践を基に語っているといえる。つまり、小川の理論が実践と統合されている一つの実証であろう。

　筆者の経験からいえば、この製作コーナーでのモデル性と全体の見取りの関係性は、ままごとコーナーにおいても、構成遊びのコーナーにおいても、同様にいえる。具体例を挙げると、保育者がままごとコーナーで粘土や毛糸で試行錯誤しながらごちそうを作っているようすに刺激を受け、子どもたちが主体的にごちそうづくりを始めたことにより、保育者がごちそうづくりの手をとめ、ク

ラス全体に対してまなざしを送っても、ごちそうを作っている子どもたちの遊びは中断しなかった。これは、保育者のモデル性により、遊びへの動機を得た子どもたちが次第に、自分たちで遊びを発展させることにより、保育者のモデル性に依存しなくとも、自立的に遊んでいった実践である。つまり、このサイクルは、製作コーナーだけでなく、他のコーナーにおいても応用できるものであり、その時の子どもの状態に応じて対応することも可能であると考えられる。だからこそ、小川も「必ず製作コーナーに座らなければならない」と言っているのではなく、「製作コーナーがベースキャンプ」と言っているのである。

　この小川の理論に批判的で保育者が座ってモデルを示すことに拒否的な立場の論者がいるとしてもそれは経験論的な感覚的批判であり、これまでに前例がない違和感ともいえる。それを裏付けることとして、理論的に根拠のある批判が文献的に現存しない。それゆえ筆者は小川の理論的妥当性とそれに基づく実践を見学してきたという立場から小川の論を基本的に支持する。

　小川は、遊び保育論において、自身の理論を規範理論として立ち上げており、それを基に実際に多くの保育現場においてその理論を応用して園内研究を展開している。この規範理論（～すべきだという提案）は、小川の保育現場指導でのアドバイスによって保育が改善された経験に基づいている。しかし、その理論が保育者にどう理解され、保育にどう影響を与えたのかという反省的分析を小川はエスノグラフィーによって検証していない。そこで、本研究では、小川の遊び保育論の妥当性・有効性の是非を検証する立場に立ち、エスノグラフィーによって得られた保育データや「対話」を批判的に理論的に検証することを目的としており、筆者のオリジナリティーであると考える。また、検証の過程で小川理論への批判が仮説形成的に生まれるかもしれないという期待もある。エスノグラフィーとはそもそもそういうものだからである。

2．研究方法の概要

(1) 介入参画法

　本研究は今津（2011）の介入参画法に依拠し、エスノグラフィーにより仮説生成を行う。

　介入参画法とは、「個人や人々ないし集団あるいは組織に対して、さまざまな役割をもつ介入的実践者（intervener）が問題解決のために変化を生じさせるはたらきかけを指す」（今津，2011，p.107）ものであり、本研究に照合すれば、この介入的実践者が研究者となる。

　また、この介入参画法には、3段階の臨床レベルがあり（表1：今津，2011，p.109 による定義）、本研究は、この臨床レベルY・Zに該当する。とくに【研究7】については、研究者が保育者の「葛藤」に寄り添い、「葛藤」の質的段階に応じた「葛藤」や保育課題の具体的解決方策を保育者と共に見出すという協働関係に基づいた参画、つまり臨床レベルZである。

　この介入参画は、学校という臨床の場での研究者による実践的研究の方法を客観的に対象化することを目的としており、まさに本研究の目的と合致するといえる。今津（2011，pp.109-110）は、先の目的を達成するための介入参画の定式化を5段階（A～E）に分けている。この5段階と本研究の介入参画の過程とを照合したものが表2である。これらの区分については、5段階が明確に区分され、この順序通りに進んでいくとは限らないことを今津は指摘しており、このことは、本研究の「葛藤」の質的段階が行きつ戻りつしながら質を変容させることと通底する。「葛藤」の質的段

階については、第2部第2章を参照されたい。

　これらのことを踏まえ、本書のタイトルにもある保育実践上の「葛藤」の主体的変容の「主体的」という概念について言及したい。本書において、「葛藤」が主体的に変容するということは、介入的実践者としての研究者が保育者（集団）に保育課題を「教える」のではなく、保育者が研究者との意図的な「対話」を通して、自身の保育を反省的に振り返ろうとする思考が生まれ、自身の課題に「気づいていく」過程を指す。これは、保育行為に当てはめれば、子どもの主体的な姿を保障するために、保育者が戦略的に環境や援助を構想し、実践することと通底する。つまり、保育実践において、最終的には保育者が直接的にかかわらなくとも、子どもたちだけで、遊びが継続・発展することを目指すのと同じように、介入的実践者としての研究者と保育者（集団）との関係性も、最終的には、研究者がいなくとも、保育者（集団）が自ら自身の保育課題に気づき、保育を振り返り、「葛藤」を変容させるための具体的な方策を試行錯誤していく姿を目指すものである。したがって、「葛藤」が主体的に変容するということは、介入的実践者としての研究者と保育者との協働関係により成立するものなのである。

表1●学校臨床社会学における臨床レベル

臨床レベル	臨床の意味	主要な方法	介入参画
X	教育問題の一般的解明	統計資料分析 大量サンプリングによるアンケート	無 [研究対象化]
Y	当事者に即した個別教育問題の解明	参与観察 インタビュー エスノグラフィー	部分的 [参加]
Z	当事者に即した個別教育問題の解明と処方	協働関係に基づく「介入参画」による問題解決	全面的 [参画]

表2●今津（2011）の介入参画5段階と本研究の位置づけ

介入参画の段階	介入参画の具体的方法	本研究における位置づけ
A段階	問題把握と課題設定 表1でいう臨床レベルX	≪理論的整理・検証≫ 第1部第3章　子どもも保育者も楽しくなる環境や援助〜遊び保育論より〜 第2部第1章　これまでの事例検討・保育研究 ≪事例による論証≫ 第2部第2章　保育課題解決につながる関係論としての「葛藤」
B段階	事前診断と介入参加計画 特定の対象学校でのエスノグラフィー 表1でいう臨床レベルY	≪実践の分析・省察・仮説生成≫ 第3部第1章　保育実践上の「葛藤」の課題解決方略をめぐる方法論的検討
C段階	問題解決に向けた介入参画	第3部第2章　保育者の「葛藤」の質的段階に応じた主体的変容の可能性
D段階	援助実践に基づく対象学校の組織文化の検討 教師集団の凝集性や一体感の醸成にはたらきかけるもの	≪実践の分析・省察・仮説生成≫ 第3部第3章　保育者集団の「葛藤」の主体的変容の可能性
E段階	事後評価 介入参画による対象学校の変化の総合的分析と評価。対象学校に関して得られた知見の仮説的一般化	

(2) エスノグラフィー

　藤田（1998）は、ブルデュを引用し、社会はハビトゥスによって意味付与され、構造化されており、その構造は実践のなかに顕現し、実践を枠付けているのであるから、その実践の展開過程を記述し考察することにより文化社会・生活世界やそこでの諸活動の特徴を明らかにすることができるとし、これを現象学的エスノグラフィーとしている。このハビトゥスとは、

> 持続性をもち移調が可能な心的諸傾向のシステムであり、構造化する構造（structures structurantes）として、つまり実践と表象の産出・組織の原理として機能する素性をもった構造化された構造（structures structures）である。そこでは実践と表象とは、それらが向かう目標に客観的に適応させられうるが、ただし目的の意識的な志向や、当の目的に達するために必要な操作を明白な形で会得していることを前提してはいない。
> （ブルデュ，1980 今村仁司他訳 1988, pp.83-84）

とされている。この概念を基に、以後本研究で用いるハビトゥスについては、保育実践を形成している保育者の慣習性と規定する。この実践上に存在するハビトゥスを明らかにするためには、量的・統計的方法では、行為や事象の全体性や複合性を十分に考慮したデータ収集が困難であること、行為や事象の多様な文脈を捉えることも困難であること等を挙げ、藤田はエスノグラフィーの特徴と利点を述べている。しかし、エスノグラフィーという手法であれば、以上の問題が自動的に克服されるのではなく、それはフィールドワークの進め方やフィールドノートの作り方に依拠しているとしている。本研究における記述・分析の方法は、エピソード的分析法を用いる。エピソード的方法について藤田（1998）は、フィールドワークを通じて観察された事項を、仮説検証の根拠にしたり、特定の傾向や構造の意味世界を例証するためのエピソードとして用いるという方法であると述べている。つまり、本研究では、保育における「葛藤」の客観的条件を明らかにし、その「葛藤」を保育者が自覚化し、解決していくための具体的方略を模索するために、フィールドワークで得られたエピソードを活用するのである。

　エスノグラフィーという手法を用いた研究といっても、その目的、研究方法など様々である。宮内（2005）は、幼児同士のトラブルについて、フィールドワーカーである宮内が捉えた＜出来事＞とビデオカメラが捉えた＜出来事＞が異なるとし、その幼児の母親の語りからそれらの＜出来事＞とのつながりを探るという作業を通して、＜出来事＞を説明することの困難さを指摘している。宮内の研究も保育現場をフィールドとし、エスノグラフィーという手法を用いているが、明確な保育課題を解決するという目的の有無という点において、本研究とは異なるといえる。本研究では、保育者が自己の実践を対象化し、自己課題を自覚化するためにエスノグラフィーを用いる。これは、集団保育というシステムの限界や困難性、保育者の意図やハビトゥスが保育実践には存在することを前提として保育者の保育実践上の「葛藤」を明らかにするためである。この点において、宮内のエスノグラフィーの目的とは異なる。宮内のエスノグラフィーは、フィールドワーカーが捉えた＜出来事＞やビデオに捉えた＜出来事＞からそこにある「真実」をつむいでいく作業を行っている。その作業の目的は、「真実」を明らかにすることであり、宮内は保育実践を単なる「自然現象」と同等に扱っているという点で筆者と決定的に異なっている。つまり、宮内のいう「真実」は、筆者の考える保育実践を構成している「事実」とは異なる。なぜなら、保育実践は「保育者の意図によ

って言語構成的に構成されたもの」だからである。集団保育は先述した集団保育のシステムによる制度的制約を大前提としている。また、言語構成的に構成された制度の中で、しかるべく役割を付与された保育者の意図を計画によって遂行される保育実践によって生み出された「現実」であり、この保育者の意図と計画は日常的営みとしてハビトゥスとして慣行化された「現実」である。したがって、そこには、保育者にとって無自覚化された「現実」が生まれており、この「現実」は作り出されたものでありながら、偶発的に生まれたものである。それゆえ、保育の「問題」は潜在化されざるを得ない。その「問題」を自覚的に取り出さなければ、保育者の「葛藤」の質的変容はしないというのが筆者の主張である。つまり、宮内の用いるエスノグラフィーの手法では、保育者の意図のもとに遂行されている実践に潜在するハビトゥスや「葛藤」が無視される可能性が高いのである。この宮内の研究方法と対比させるなら、本研究のエスノグラフィーは、潜在化した保育の問題や「葛藤」を明らかにするために、集団保育というシステムの限界をどう乗り越えるべきかを問う記録や対話を目指すものといえる。

　本研究では、エスノグラフィーによって、保育行為における保育者の「葛藤」を質的に変容するための保育戦略を見出すことを目的としているため、観察の視点は「葛藤」の客観的条件である。保育を撮影したVTRや観察記録、それらとインタビューとの照合作業によって、保育者と研究者（観察者でありインタビュアー）の保育実践に対する理解のズレを確認するとともに、環境構成や保育者の行動の意味・意図と実際の遊びのようすや幼児同士のかかわり合いとの関係性を解明するためのエスノグラフィーである。＜出来事＞の背景を理解するためには、幼児の家庭での姿も無関係ではないが、保育者は日々の保育実践において、幼児たちの遊びやかかわり合う姿をどう見取るか、その見取りをもとにして環境の再構成や援助の省察を行うことが求められており、「この＜出来事＞には、いろいろな解釈がある」という結論では、日々の保育行為に対する根本的課題を見出したり、保育実践の向上に直接的に反映することはできないのである。秋田（2003, pp.119-120）の教育実践への関与の分類に従えば、本研究の研究者の立場は、「場に関与し変化生成していく現場に新たな意味の発見と変革の問いをもちながらかかわる『批判的アプローチ』としてのアクションリサーチ」といえる。これは、園内研究等を通しての、研究者による実践づくりの間接的支援と位置づけられており、研究者の関与によって、教師同士が研究者となる文化を共につくっていくエンパワーメントにどう研究者が関与するかという問題意識の基に成立していることから、本研究の研究方法に限りなく近いといえよう。

（3）　インタビュー

　インタビューの方法ならびに分析方法はその目的によって異なる。その代表的な方法や目的について概観し、筆者の研究におけるインタビューの位置づけを行う。

　まず、エスノメソドロジーについて述べる。エスノメソドロジーは「博物誌的精神」に基づいて、日常の文脈における現象をそのまま忠実にたどることが目的とされている。その中で、ドロシー・スミスの論文において、Kという人物が彼女の友だちによって精神病と定義されるまでの経緯をインタビュー分析により明らかにしようとしている。しかし、インタビュアーの前提として「Kが精神病になりつつあること」が最初から一つの事実として主張されているといった「予備的指示」やKの行動を精神病になりつつある者の行動として読めという「解釈の権威づけ」がインタビュアーから行われており、これは、インタビュアーの誘導により得られたデータといえる（ガーフィンケ

ル，1967)。

　一方、質的分析に使えるような豊富で詳細な題材を引き出すことを目標としてなされる会話方法を「インテンシブ・インタビュー」（ロフランド，1995）といい、これは、語り手の問題意識が優先される。この方法が生かされるものの一つにライフストーリー研究がある。中でも、保育史研究におけるライフストーリーの意味について田甫（2008）は、保育者の保育観や思考、日常的な実践に対する「構え」を探る上で有効であるとしている。筆者もインタビューを通して、保育者の日常的な実践に対する「構え」を知りたいという問題意識は同じである。さらに、そこにある思考と「葛藤」との関連性を明らかにしたいと考えている。なぜなら保育実践の現実は、ハビトゥスに規定されるとはいえ、保育目標を達成するために意図され計画されたものだからである。

　本研究におけるインタビューも語り手の問題意識を重んじるが、保育者とインタビュアーの語り合いにおいて保育者の「葛藤」を明らかにし、「葛藤」の客観的条件によってその起因と解決策を探ることを目的としている。つまり、インタビュアーの課題が明確なのである。インタビュアーの課題は明確であるが、その課題を保育者と共有するために「解釈の権威づけ」や「予備的指示」を与えないよう心がけながらも、インタビューには意図的発問は存在する。意図的発問とは、前項で述べたように、観察の視点が「葛藤」の客観的条件、つまり人・物・場の関係性であるのと同じく、保育者やインタビュアーが把握している幼児の遊びのようすやそれに関連している援助について、「葛藤」の客観的条件にかかわる問いを意識しながら重ね、「なぜこういう遊びの状況がうまれたのか」「あの遊び状況は時間経過によってどう変化したのか。それはなぜか」といった「なぜ」を保育者と共有することである。なぜなら、研究者と保育実践者が保育実践上の「なぜ」を共有することで、両者が「葛藤」を共有することになり、研究者が保育者の保育課題を「教える」のではなく、保育者が研究者との「対話」を通して自身の保育を反省的に振り返ろうとする思考が生まれ、自身の課題に「気づいていく」可能性が高まるからである。

　その気づきをより確かにしていくために、ビデオ視聴を行う。ビデオ視聴については、授業研究において、その有効性が立証されており、認知心理学の立場から、教師の思考を明らかにすることが目的とされている（佐藤・岩川・秋田，1990；竹内・高見，2004）。しかし、本研究では、保育者の思考や遊び状況の読み取りを理解するだけではなく、研究者の解説や説得、共感により、保育者の「葛藤」を主体的に変容させるための機会とするという点で、先の授業研究とは異なるのである。具体的には、共有した「葛藤」を共に質的に変容するために、保育者が自身の保育を振り返り、保育の実態やそこで生じた「葛藤」を語り、それを基に研究者が「葛藤」の客観的条件（人・物・場の関係性・歴史性・連続性）についての問いを保育者に投げかけたり、客観的事実をすり合わせることにより、保育者が自身の潜在化した課題に気づいたり、今まで無自覚だった保育行為について意識していくこととなる。このように保育者の保育実践を通しての自己形成を達成するには、研究者の戦略的な「対話」のあり方が求められる。その詳細については、次項で述べる。

（4）　保育実践に基づく保育者の自己形成を支える「対話」
―保育者へのインタビュー方法の批判的検討を通して―

　研究者が保育者の実践と向き合うときのかかわりの中身は、その実践を「観る」という行為と、保育者との「対話」という行為に大別される。保育実践を「観る」行為の視点について、菊池（2007）は、保育実践を文化として捉えること、つまり「子どもたち自身が場、物、人と関係性を構築して

いく過程の歴史性」や「子どもが自主的な文化を構築していく過程」の重要性を指摘している。筆者も、保育者や研究者が保育実践を「観る」際には、目の前の現象だけでなく、その背景にある歴史性や関係性に目を向けなくては、次の実践の指針を示す省察はできないと考える。

つまり、保育者の専門性をもった実践者としての自己形成を支えるためには、保育者の悩みや「葛藤」から、保育状況や環境とどのようにその保育課題が関係しているのかという歴史的客観的事実を保育者が自覚する必要がある。しかし、先述したように、保育者は直観的にまた主観的に実践を行っている場合が多く、自己の実践を対象化し、その状況性を生み出す歴史性や環境との関係性から保育状況全体を捉えることが困難である。なぜなら、ルーティンワークと化している日課において、保育者にとって「困ったこと」が発生しなければ、日々の多忙感によって自己の実践を対象化する必要感が生じないことはある意味当然なのである。だからこそ、保育者が潜在化させてしまう「葛藤」を自覚化させ、保育者自身の「葛藤」と向き合えるよう支えていくことが研究者の役割であり、その第一歩として、保育の客観的事実を一歩引いて観ることができる研究者と保育者との「対話」が必要なのである。

その「対話」には、保育実践上の無自覚な「葛藤」が自覚化され、保育者にとっての「葛藤」解決の必然性に基づいた対話の必然性が求められるため、研究者は保育者の「葛藤」を共有しなくてはならない。保育者の「葛藤」を共有するために、保育者の語りから、例えば、なぜその遊び状況は継続または停滞または衰退したのか、そのときの他の遊びコーナーの状況はどうだったのか、それらの環境と保育者の「葛藤」との関係性を考えた場合、この「葛藤」には、どんな保育課題があるのか等、保育者の比喩的言語（主観的悩み）と研究者の客観的言語（研究者が観た実態）を相互に交換することで、保育者の課題は明らかになっていくのである。そして、保育者の専門性をもった実践者としての自己形成を支える保育者と研究者の対話の積み重ねにより、次の段階では保育者は研究者がいなくとも、自己の課題を自覚し、その課題解決の方策を模索できるのである。

以上のことから、保育者の自己形成を支える研究者と保育者の「対話」に求められることは以下の３点であると考える。本研究では、これらの視点を基に、保育者の自己形成を支える研究者の「対話」分析を行う。

保育者の自己形成を支える「対話」

ア 「対話」の必然性

保育者や研究者が把握している幼児の遊びのようすやそれに関連している援助について、「葛藤」の客観的条件にかかわる問いを研究者が意識しながら重ね、「なぜこういう遊びの状況がうまれたのか」「なぜここでこう援助したのか」といった「なぜ」を保育者と共有することで、保育者が保育実践上の無自覚的な「葛藤」を自覚化し、研究者とともにその「葛藤」を解決したいという思いから「対話」がスタートする。これはショーン（2001）の自己実践に対する省察と通底する。

イ 客観的事実による保育課題分析

保育者の比喩的言語（主観的悩み）と研究者の客観的言語（研究者が観た実態）との相互交換により、保育者の「葛藤」と環境との関係性を読み解く。

ウ 保育課題の自覚化

研究者との「対話」がなくとも、保育者が自身の課題と向き合い、環境との関係性から課題解決の方策を探る。

(1) 目的

本項では、保育実践を「観る」こととその保育実践について「対話」することをリンクさせながら、保育者の保育実践に対する内省を促し、自己形成につなげる「対話」のあり方について、前項の保育者の自己形成を支える「対話」ア〜ウを基に明らかにすることを目的とする。

(2) 方法

1) インタビュー方法の批判的検討

先述したように、本研究では、研究者が実践に基づいた保育者の自己形成を支えることの重要性、ならびに具体的な研究者のかかわり方を明らかにする必要性を主張する。それを踏まえ、検討対象として『吉村香・吉岡晶子,2008：語りの場における保育者と研究者の関係―保育臨床の視点から―,保育学研究,46(2),148-157』を取り上げる。その理由は以下の通りである。

従来、研究者が保育現場にかかわり、園内研究などを実施する場合、保育を観察することとその観察した保育実践を基に一対一もしくは複数の保育者と対話するというスタイルが一般的である。吉村の研究においても、方法は、保育観察と保育者の語りである。保育観察の項目は、「その日の保育室の環境構成図」「子どものあそび」「保育者の援助」「気付いたこと等」である。保育者との語りについては、研究者の姿勢は保育者の語りを傾聴し、形成される文脈を理解しようとする姿勢で臨んだとされている（吉村,pp.148-157）。この研究者の姿勢が、現在の保育実践にかかわる研究者に多く観られる傾向であり、今まで一般的とされてきた吉村論文のような研究者の保育現場へのかかわり方について批判的に検討することにより、保育者の実践に基づいた自己形成を支える研究者のかかわり方を具体的に明らかにできると考えたのである。

吉村（2008,p.149）は、保育者が研究者と保育について語る際、「並ぶ関係」（保育者の発話で場面や子どもの行為が意味づけられ、その意味づけを下敷きに文脈を形成している語り）を基盤として「対面関係」（保育者と研究者が相互に意味づけの発話を行っており、共同で文脈を形成している語り）に発展させることが重要であるとしている。吉村（2008,p.150）の主張は、研究者が保育者の子ども理解や保育への思いを共有しようとする姿勢を基盤とし（並ぶ関係）、その上に立って初めて保育学的議論や対話を有効かつ建設的に可能にし（対面関係）、そこで形成された文脈が今後の保育行為の判断の根拠となる（傍点筆者）としている。

しかし、吉村のいう「並ぶ関係」において、どのように研究者は保育者の子ども理解や保育への思いを共有するのか、また「対面関係」においてどのような視点を基に保育学的議論を建設的に行うのかといった研究者の具体的な戦略が不明なのである。つまり先述したように、筆者の主張は、研究者と保育者の役割は異なり、研究者は保育課題を戦略的に保育者に自覚化させていく役割があるという点で吉村とは異なるのである。

そこで、吉村がいう「今後の保育行為の判断の根拠となる」（傍点筆者）を可能にするインタビュー方法について実際のデータ（吉村,2008,pp.151-152）（以下、2）検討資料）を基に批判的に検討することで、保育実践に基づいた保育者の自己形成を支える「対話」のあり方を検証する。

2) 検討資料

吉村のインタビューデータとその語りの話題の中心となった保育場面の概要を資料として以下に示す。Aは担任保育者、Yは保育観察者であり、語りの場を設けている研究者。YはAに対して、

1995年4月～10月、2000年4月～11月の間、計18回の観察ならびにインタビューを行っている。

<場面の概要と背景>
2000.10.30（木）の保育　くもり
　3歳児のモモ子は、入園して1学期は自分の興味にしたがってあそびを見つけ、あそび込んでいた。ひとりであそぶことも多いが、マナカとあそびたがる姿も見られた。それが2学期になると、「せんせい」「せんせい」とAの助けを求めるようになる。この日の観察記録には、モモ子がAを求め、一緒にあそびたがる場面が5つ記されていた。
　Aは当該年度における語りで、子どもたちが「せんせい」「せんせい」と自分を求めて寄ってくる状態と、その関係から踏み出して友達と好きなあそびを展開する状態に着眼し、そのような視点で語る頻度が高かった。この視点はAの着眼から共有に至ったものの、Yがその視点に固執した時期もあったことから、AはYの視点を意識していたとも考えられる。

<語りの事例>保育当日の語り
A：モモちゃんが、「せんせい」「せんせい」ってすごかったでしょう？
Y：そうですね。
A：ここんところ、そうなんですよねえ。1学期は割と鉄砲玉？あんまり先生を必要としなかったんですよ。
Y：そうですよねえ。しっかりした印象でした。
A：そう。で、むしろ先生がいなくても平気だったのが、今は「せんせい」「せんせい」で。でも私はむしろ、いいかなって思ってるんですね。きっと前はほんとに一人でやってて十分だったのが、今はだれかあそび相手がほしいんだろうけど、マナカちゃんとはうまくいかないんですよね。
　モモちゃんもマナカちゃんもものすごく（互いに対して）関心があるから、モモちゃんのところにはマナカちゃんが行くし、マナカちゃんのとこにはモモちゃんが行くんですけど、だめなんですよ。いっつも大抵けんかになっちゃうから。それでなんか「せんせい」「せんせい」ってすごく言っていて。でも今日は「せんせい」「せんせい」って言いながらマー君がいたり。
Y：ええ。
A：モモちゃんもなんか、別室でしたよね。あそこ（ござ）に仕切りなんかつくっちゃったんですよね。
Y：あ、そうですか。
A：つくったのはね、マー君かナオ君か、どっちかなんですけど。一本ピッて。積み木で仕切りができてて。
Y：ええーっ！
A：だから、…共存してるんだけど、なーんかあるんですよね。

↑前半：並ぶ関係

- -

↓後半：対面関係

Y：ん。最初はモモちゃん、マー君とすごーい親密にやってましたけど、その二人も仕切られたわけですか。
A：いや。マナカちゃんと仕切られた（観察記録の図を指す）。マナカちゃんの隣（のござ）にいるんだけど。
Y：ええ、ええ、いましたね。

A：モモちゃんも御馳走三人分つくるんだけど、マナカちゃんの分はないんですよ。で、私が「マナカちゃんもこっち来て食べる？」って言ってもモモちゃんは「だめ」って。幸いマナカちゃんのところにはナオ君が来て、私も「じゃ、そっちで美味しいのつくって」なんて言ったんですけど。（ナオと）二人でつくったのがあったから、マナカちゃんも淋しい思いはしなかったんですけど、あの二人（モモ子とマナカ）は、でも寄っちゃうんですよ。ああいうふうに同じ場所に。だけど…ん…。

Y：そういえば先生がお庭にいらして、みんな割とお庭に行った時も、マナカちゃんが誰かに「モモ子ちゃんのとこに行くの」って言ってましたね。

A：でしょ？私モモちゃんに「鉄棒（するから）見て」って言われて、行ったんですよね。見てたら、マナカちゃんが来て、「マナカも」って、モモちゃんと張り合って、違うのをやるんです。張り合うって、はっきり言うわけじゃないですけど、でもモモちゃんをどかして、やろうとするんです。お山に移動した時にも、結局最後はマナカちゃんとマー君が剣を持って、一緒に移動しましたよね。

Y：はい。

A：で、（山から）下りてきてしばらくして私が見たら、ござが三枚敷いてあって。で、モモちゃんは、自分とマー君と先生の分って。

Y：ナオ君のはないんですか。

A：最初はなかったんです。あの人は後から…。だからあの二人はちょっと今…ま、無理ないんですよ。両方とも割と自分の思い通りにしたいし。でも二人とも相手には関心があるからいっつも寄り添っちゃう。で、うまくいかないっちゃーけんかして。

Y：んー。じゃあ、まだ、まだ、モモ子ちゃんとマナカちゃんの関係って、変わっていきそうですねえ。

A：と思うんですけどねえ。マナカちゃんも結構、自分がやりたいって言ったら相手の状況は目に入らないから、結構強引にやっちゃうんですよね。モモちゃんと一緒の時もモモちゃんとあそぼうとするけど、モモちゃんがやってるのを無理矢理…取ろうと思うんじゃないけど、やろうとして取っちゃう？とか、それもちょっと、ね。

Y：そうですねえ。

（3）結果と考察

　検討資料に基づき、吉村のいう「並ぶ関係」と「対面関係」について検証した後、保育者の自己形成を支える「対話」ア〜ウを基に分析する。

1）「並ぶ関係」〜保育者の発話で場面や子どもの行為が意味づけられ、その意味づけを下敷きに文脈を形成している語り〜について

　吉村が分類した「並ぶ関係」と称する立場において、担任Ａの語りがモモ子の語りに終始している。また、その語りに対して、研究者Ｙは「そうですね。」「ええ。」としか言葉を返しておらず、このやりとり（あえて「対話」と言わない）には、研究者Ｙの研究者としての役割意識が感じられない。つまり、保育者の語りに同調しているだけで、担任Ａの「葛藤」を探ろうとか、保育実践において無自覚化されているハビトゥスをなんとかして共に明らかにしていこうという研究者のインタビューにおける課題性が全く感じられないのである。

　この状況性を生んでいる要因が＜場面の概要と背景＞の最終段落に次のように記されている。「担任Ａは、子どもたちが「せんせい」「せんせい」と自分を求めて寄ってくる状態と、その関係

から踏み出して友達と好きなあそびを展開する状態に着眼し、そのような視点で語る頻度が高かった。この視点はAの着眼から共有に至ったものの、Yがその視点に固執した時期もあったことから、AはYの視点を意識していたとも考えられる。」とある。このことから、担任Aは、研究者Yにとって気になるモモ子と保育者との関係について、意識的に語っており、担任Aが研究者Yの意に沿って答えていると考えられる。

　また担任Aは、自身の保育実践を振り返るというよりは、研究者Yの意に沿おうとしていると読み取れる。例えば、1学期の間、モモ子が担任を求めず、鉄砲玉のように視野からはずれていたことへの省察や課題意識が担任Aにはないことや、1学期の間は担任を必要としていなかったモモ子が2学期になって「せんせい」「せんせい」と言うようになったことについて担任Aは「いいかなと思っている」と肯定していることがそれに当たる。これは、担任Aが自身の保育実践を反省的に省察しているのではなく、研究者Yが着目している「幼児と担任の凝集性」と、その段階を経た幼児の「他児との関係性の広がり」について、自身の保育実践には触れないで処理してしまおうという「葛藤回避」が無自覚のうちに生じているのである。この担任Aの無自覚の「回避」に対して、自覚化を促す作業が研究者の役割として必要だったと考えられる。この点において、研究者Yは、担任Aの自身の保育を正当化したいという心情を見抜けていないため、やりとりが心情的な同調のみに留まっている。これが研究者の役割を果たせなかった要因であるといえる。

　両者がこうした会話で終始するのは、幼児たちは、この活動の中で具体的にいつどこで何をしていたのか、その行動は彼らが自発的継続的に遊んでいたと判断できるのか、それとも充実した遊びとはいえないのか等の事実関係を確認し、それらの行動をきちんと援助できたのかできなかったのかというような事実を保育者と研究者がすり合わせていないためである。

　吉村は、「並ぶ関係」を「保育者が自身の保育実践を意味づけしている段階」としているが、担任Aのモモ子に対する語りに対して、研究者Yは、「そうですね」等の同調しかしていないため、保育者が自身の保育実践の意味を自覚しておらず、研究者がその自覚化を促すことによって省察するきっかけを提供できていない。具体的に挙げれば、なぜ1学期の間、モモ子が担任Aを求めなかったのか、担任Aを求めなかった期間のモモ子の遊びや他児との関係性、クラス全体の遊び、その時の担任Aの保育に対する思いや見通しはどうだったのか、等についての事実関係の確認がないので、そのような問いが研究者から生まれないのである。つまり、そうした問いが研究者よりなければ、保育者が自身の保育実践の意味づけをすることは不可能なのである。また、先の問いに結びつく客観的事実を研究者Y自身の観察と「対話」によっては提示できていないため、研究者Yが「しっかりした印象」としか述べておらずその根拠を明らかにしていないし、研究者Yが自身で述べているように「印象」の域を超えられていないのである。

　よって、先のやりとりにおいて、担任Aは保育実践の意味づけが十分にできたとはいえず、吉村がいう「並ぶ関係」は心情的に同調するのみで、保育の意味をめぐる真の対話としては成立していないといえる。このような研究者のかかわりの場合、保育者自身が保育実践に存在している課題に無意識であれば、保育者の語りを研究者が傾聴するだけでは、潜在化した「葛藤」に対する課題解決の具体的方策を見出すことは困難であり長期的な意味で保育実践を向上させることには直結しないと考えられる。つまり、研究者が吉村のいう意味で「並ぶ関係」として保育者との人間関係づくりにのみ終始していたら、保育の課題解決に必要な視点からずれたまま語りが進行し続ける可能性は大きい。それは研究者が研究者としての役割を自覚化した保育者との「対話」ではないのである。

2)「対面関係」～「並ぶ関係」を基盤として保育者と研究者が相互に意味づけの発話を行っており、共同で文脈を形成している語り～について

　研究者は、保育実践を観察しており、保育観察の項目は、「その日の保育室の環境構成図」「子どものあそび」「保育者の援助」「気付いたこと等」とされているが、保育者と研究者の語り合いはモモ子と保育者、モモ子とマナカのかかわりが中心で、限定的な人間とのかかわりの中から実践の意味づけを行っている。

　とくに、担任Aが、モモ子とマナカとの関係性を「無理ない」「両方とも割と自分の思い通りにしたい」「二人とも相手には関心があるからいっつも寄り添っちゃう」と、遊びにおける具体的行動や関係性（物とのかかわりや人間関係）を無視して個人のパーソナリティーや二人だけの関係性の問題に結び付けてしまっている点にその傾向は顕著に表れている。

　また、その担任Aの発言に対して、研究者Yは「じゃあ、まだ、まだ、モモ子ちゃんとマナカちゃんの関係って、変わっていきそうですねえ」と返答していることから、研究者Yが保育実践を自然現象のなりゆきに近い捉え方をしていることがわかる。なぜなら、この発言には保育者の意図的な配慮や援助に触れられておらず、幼児同士の関係性は自然発生的に変容していくものであるという意味が含まれているからである。

　つまり、研究者Yには、担任Aの保育実践を構造的に捉え、戦略的に保育実践を省みる作業を促す意識が弱いことがうかがえる。しかし、クラス内の遊びのようすやそれにかかわる保育者の援助、他児の姿などモモ子の言動を生みだす関係性や歴史的背景が明らかにならなければ、保育行為の判断の根拠にはならない。なぜなら、菊池が述べたように、保育実践を文化として捉えるならば、遊びの歴史性をひもといていくための要素－人・物・場－に着目する必要性があるからである。

　吉村の分析対象としたデータには、人・物・場から成る歴史性を構築する保育室環境図や遊びの群れのようすなどが時系列で明らかになっていない。この点において、第3部第3章【研究7】と対比してみると、ここでの研究者（筆者）は、保育実践の客観的事実に基づいた分析・説得、意図的発話や発問をしており、これは「葛藤」の質的変容を戦略的に促しており、ここに吉村の研究における研究者との決定的な違いがある。具体的には、以下の通りである（【研究7】一部抜粋）。

> 　W保育者はブロックコーナーを抜けるタイミングについて、<u>もっとじっくり入っていてもよかったかな。ちょっと速く動きすぎてますね</u>[3]と語っており、ビデオを客観的に見たことで、W保育者が自身のコーナーへのかかわり方やコーナーを抜けるタイミングについて反省的に省察していることがうかがえる。その気づきにのる形で、筆者がW保育者の動きを客観的事実に基づいて語ることにより、保育者の身体モデルがどれだけ幼児の遊び状況に影響を与えるかということやW保育者が製作コーナーで自覚化しつつあるじっくりどっしりかかわるモデルを示すことをブロックコーナーでも実践する意義についてより自覚化できるよう促している（<u>この時ってさ、先生の中にすぐに動くっていうメッセージが身体に表れてるんだよね。（ビデオの中の保育者の姿を指して）ほら、製作みたいにどっしり座ってないでしょう。立膝っていうか。ブロックの遊びが衰退してるなって思ったら、製作のときと同じで、先生がどしっと腰をすえて、自分が作るのを楽しんじゃう。その楽しんでる先生の姿を子どもたちが見てるぞって意識しながら。そこが大事だろうね。</u>[1]）。この筆者の語りの後に、W保育者より、保育という営みが長期的見通しのもと

に実践されなくてはならない（中略）。〔研究者〕そりゃあ、製作が落ち着く
のに、あんなに時間かかっちゃうとねえ。〔担任Ａ〕そうなの、まめちゃくちゃ時
間かかるよね〜（苦笑）」というように、本来ならば、研究者Ｙは、具体的に製
作コーナーでの実践を他のどの時期にどのように行うのか等、具体的方策のも
とに語られた言葉と捉えられる。本来ならば、この発言を「葛藤」の無自覚
的段階から表層的段階への移行と捉え、担任Ａが実践の悩みが自覚されれ
ば、表層的段階と可視的段階の移行がなされるはずである。

また、研究者はその保育を継続的に観察している立場からの意見もあるはず
いるが、観察した保育場面には、その課題を解決する糸口になる事実があるはずで
あり、保育実践を向上させていくためには、そうした事実に基づく意識の言動
についても、言及していく必要がある。

以上のことから、先の対話においては、「対話」の必然性が低いと考えられる。な
ぜなら、まず、前項で示したように「対話」の必然性が低い理由として、担任が
相互に保育実践の意味づけや文脈形成をしていくための基盤となる情報が乏しい
からである。その情報の乏しさは、研究者も担任も悩みや課題が潜在化
した悩みを明らかにする意識が弱いからである。

3）保育者の自己形成を支える「対話」について
ア 「対話」の必然性

先述したように、担任Ａの語りは研究者Ｙに心情的に同調し、担任Ａの保育を正当化する論理
となっているため、モモ子の言動が担任にとっての悩みの要因であることは考えにくく、「対話」
の必然性は低いと考えられる。

では、なぜ「対話」の必然性が低くなったのか。それは、担任自身の悩みから語りがスタートし
ておらず、この会話が明確な課題意識によって成立していないからである。つまり、担任Ａと研
究者Ｙとのやりとりで、担任は自分はあの時モモ子の行動を見て、例えばモモ子とマナカが仲良く
遊べるように援助したかったが、そのきっかけが見つからなかったというような、自分と幼児との
関係における実践家であるがゆえの自己理解の不十分さを反省しようとする意志は弱く、また研究
者は、自分が観察した事実と照らし合わせて担任の悩みに応えようとしていない。

それに加え、研究者Ｙは、担任Ａが自身の保育実践を正当化していることや、例えば、あの時、
モモ子とマナカが遊びだすとすぐケンカになることについて先生はどう考えていましたか？もう少
し見守ろうと考えたのですか等、担任Ａの潜在的な課題を明らかにしようとする作業の必要性が
認識できていないのである。

研究者は、保育を実践する上での「葛藤」は何か、また、その「葛藤」は保育をしてみてどう変
化したのか、その変化はなぜ生じたと考えるか等を担任に主観的に語ってもらい、その上で研究者
が観た実態（客観的事実）と保育者の主観や悩みを照合していくことにより、保育者と研究者の「葛
藤」の共有につながるのである。この客観的事実の読み取りの根拠や保育者の悩みとその客観的事
実との照合作業をする際のポイントとして、集団保育を視野に入れた規範理論が必要なのである。
具体的にいえば、担任Ａにとっては、なぜモモ子はマナカと遊びたいのにうまくいかないのか、な

ぜ担任のところに来たがるのかがわからない。これこそが潜在化した担任Aの課題であり、その点を研究者の観察事実（集団保育を成立させている人・物・場の関係性）と照合することにより、課題解決のために保育者に「対話」の必然性を抱かせることができるのである。

イ　客観的事実による保育課題分析

　場面の概要にある、1学期のモモ子の姿を「あそび込んでいる」とする根拠が明確ではない。それは、語りにも見受けられる。担任Aがモモ子のことを「鉄砲玉」と表現し、「むしろ先生がいなくても平気」というように、あまり自分を必要としないという発言に対して、研究者Yが「そうですよねえ。しっかりした印象でした」（傍点筆者）と返答している。この返答は研究者Yが言うように、印象であり、そう思われる根拠が明確に示されていないのである。ここでは、モモ子が担任を必要としていない状態や遊び込んでいると判断する根拠は何かを明確にする必要がある。

　また、モモ子が「鉄砲玉」ということは担任の視野からはずれているわけで、モモ子の遊びのようす、他児とのかかわりの実態について把握できていない可能性が高いと推察される。この語りの場において、なぜモモ子が1学期は担任を求めなかったのか、どのような場所で、どのように誰と過ごしていたのか、そのことが「鉄砲玉」という表現や担任を求めていないという理解で正しいのか、1学期の間、担任Aとのかかわりを求めなかったモモ子が2学期に入り、「せんせい」「せんせい」と求めてくるのはなぜか、「せんせい」と担任Aを求めるモモ子に対して、担任Aがどのような見通しをもってどのような援助を行っているのか、その援助の結果として全体の遊びがどのように変化し、モモ子やマナカらの関係性にどのような影響を与えたか等について、保育者と研究者が客観的事実を基に掘り下げて考え合う必要がある。また、担任Aの語りは、モモ子とマナカ、ナオ君、マー君の限定的な遊びでのかかわりにのみ焦点を当てており、全体的な遊びのようす、遊びの環境等について見えてこない。研究者Yは、自身の観察記録や観察の視点を基に、担任Aの当事者的知を客観的事実を媒介として共有する作業が求められると考えられる。

ウ　保育課題の自覚化

　「ア　「対話」の必然性」、「イ　客観的事実による保育課題分析」が成立していないため、いずれにしても保育者が保育課題と客観的事実との関係性を自覚化し、保育実践に生かしていくことは困難であると思われる。先に述べたように、研究者の役割は、保育者の主観的な語りを研究者が観た保育実践の実態と対応させ、保育者の悩み「葛藤」の要因・背景を探り、保育課題について戦略的に自覚化させていくことである。研究者がその役割を自覚化、遂行する目的は、保育者が実践者としての当事者理解や子ども理解を豊かにし、次の援助に生かすことである。例えば、担任Aが具体的なモモ子の遊びの変化や友だちとのかかわりの変化について、その変化の歴史性や連続性が可視化できる情報を基に語って（語れて）おらず、1学期のようすを「鉄砲玉」「あまり先生を必要としなかった」、現在を「せんせい」「せんせい」と求めるように変化したと言いきっている。そしてそれでいいと担任Aは思っているということについて、なぜかと理由を問うべきである。

　このことに対し、研究者Yは「そうですね」「ええ」としか応えていないため、先の目的は達成できていない。では、具体的にどのような視点で「対話」を深め、進めていくことが「保育者の当事者理解や子ども理解を豊かにし、次の援助に生かす」ことになるのだろうか。例えば、担任Aが「鉄砲玉」と表現していた時期のモモ子のようすについて、研究者が観た客観的事実を基に、「○

○子や△△男と砂場で横に並んでおだんごを作る姿があったよ。その遊びは15分くらい続いてたかな。でも、その後、モモ子はそこを抜けて遊びが見つからないようすで園庭をさまよってたよ。」等と語ることにより、担任Ａは、遊べているモモ子の姿と遊べておらず実は保育者の援助を必要としていたモモ子の姿を知ることとなる。

また、そこを意識的に観ようとしていなかった自分に気づくであろう。こういった「対話」の積み重ねにより、モモ子の遊べている状況と遊べていない状況の相違はなぜ生ずるかを保育者と研究者が共に明らかにしていかねばならない。例えば、その相違の要因は遊び相手の存在の有無かそれとも遊びの素材や遊びの内容や質か、あるいは保育者の身体的援助か等の客観的条件を考慮する思考を拓くことである。そしてこの瞬間に、明確な回答が得られなくとも、その点からモモ子の行動を継続観察する視点が担任Ａに与えられるのである。

そのことで、モモ子の遊びの継続性を追跡し、歴史性を追究する保育者の姿勢が確立していく。そしてそれは、モモ子の遊びの継続の可能性の発見に接近することにもなると考えられる。ただ、気づけなかった自分にばかり意識が向くと、自信を喪失し、知的に保育実践上の問題解決をするという思考を働かせることが困難になると考えられるので、自信喪失の可能性が考えられる保育者との「対話」については、研究者は意識的に保育者の「よいところ」についてもあわせて言及する必要がある。この「よいところ」というのは、子どもたちが保育者に魅力を感じており、保育者の援助次第では、保育者のモデル性を発揮できる存在であることや、保育者が保育実践上、意識した援助や環境構成により少なからず変化した子どもの遊びのようすや遊びの持続時間等である。

（４）全体的考察

「２）検討資料」のデータを基に、吉村は以下のように分析を行っている。

語りの前半部分を「並ぶ関係」とし、保育者が自身の保育実践を意味づけしている段階で、モモ子の姿の変化やモモ子とマナカとの関係を中心に語る保育者に対して、「経緯がわからないため、Ｙ（研究者）は理解しようと傾聴している」と、聴き手（以下、研究者とする）の姿勢を示した。また、後半を「対面関係」とし、研究者が主体的に話題を選択し文脈を共に形成する者になろうとしていたと指摘しているが、「Ｙ（研究者）には別の観察場面に話題を転換するという選択肢もあったがしていない。研究者と保育者がまず展開された保育の出来事について何がそこで起こっているのかという語りあうべき共通の場を設定すべきである。実際には観察した「マー君とモモ子の今日のかかわり」を話題として、Ａ（保育者）のさらなる語りを引き出そうとした」と述べている（吉村，2008，p.153）。これらの研究者の姿勢から、研究者の保育課題が明確ではないことがうかがえる。

結論として吉村は、前半に比べ後半における保育者と研究者のやりとりが協働性が高いと分析し、「保育臨床」という言葉を用いてその協働性の重要性を強調している。また、「本研究は、保育者と研究者の語りというかかわり方に、極めて臨床的な関係を求めていることが改めて理解できる。保育者が（略）子どもと共にあろうとする臨床的な営みであるように、聴き手が保育者その人の子ども理解・保育理解を共有し、保育の場を共に生き直そうとするありようもまた、臨床の精神に依拠したものである。対面関係による保育学的議論や対話は、並ぶ関係によって象徴される語りの臨床性の上にこそ、有効かつ建設的に実現できるのではないかと考える。」と述べている（吉村，2008，p.156）。筆者も保育実践の語りの場において、保育者と研究者の協働性は大切であると考えるが、それは、共通の場と確認した上で、研究者が自身の役割を保育者とは異なるという点で自覚

し、戦略的に保育者の保育課題をどのように明らかにし、そこにどう向き合っていくかという視点がなければ、研究者と保育者の協働とはいえないと考えるため、ここで吉村がいう協働性は、研究者の問題意識について保育者が語り、そこに研究者が同調するに留まっている、つまり親交を深めて終わりであることは否めない。

　また、保育における臨床という場合、小川（2000）は、それを「集団臨床」としている。これは、保育があくまでも集団を対象としていることを大前提とし、集団を対象としながら子ども一人ひとりの実態の診断に基づいて援助を行わねばならない集団保育の特性と困難さを指摘するものでもある。吉村のいう保育臨床には「集団」において発生している出来事をどう扱うかという認識や課題が欠落しているのである。

　現在、研究者自身が集団保育の困難さやそれを克服するための保育者の保育課題に基づいた戦略的な保育者との「対話」に無自覚的であることは、ほとんど問題視されていない。そこで、本研究において、従来、一般的とされてきた研究者の保育現場へのかかわり方を批判的に検討することによって、「保育実践に基づいた保育者の自己形成を支える研究者との対話」の具体的なあり方が以下のように明らかとなった。

　保育行為の判断の根拠となり、その根拠を基に保育者が実践に基づいて自己形成していくための「対話」には、保育者にとっての必然性が基盤となる。その保育者にとっての「対話」の必然性は、研究者との「葛藤」の共有であり、それは単なる共感・同調ではない。研究者は当事者的知と客観知を得るために、生の保育現場を「観」、戦略的に保育者の主観的語りと研究者が観た客観的事実との照合を行い、場を共有した上で「葛藤」を共有すると共に、保育者の課題がどの範囲を問題としているのかを構造的に分析することも「対話」には求められる。例えば、先のデータにある「鉄砲玉」や「印象」「それでなんか「せんせい」「せんせい」ってすごく言っていて」というような表層的な理解では、子どもを理解し、今後の保育に生かす具体的な援助を見出すことは困難である。そこで、遊びの群れや環境（コーナー、人、物の位置や配置）との関係性・歴史性を時系列に見つめ可視的な理解をすることにより、客観的な事実からどれだけ自身の実践を内省し、保育者が自己の課題を自覚しているのかに迫ることができるのである。

　つまり、個のみに向けられがちな保育者の課題意識を表層から可視に広げることが研究者の課題であり、それが保育観察をした上での語りの場に反映されなければならないのである。

　この「葛藤」の質的段階の見極めと共に、保育者の課題や問題意識の段階に合った研究者のアプローチの仕方が求められる。その課題の質に伴う研究者の問いかけ方などについても保育者の実践を通した自己形成に大きな影響を与えることが予測される。その点については次章で論じたい。

（5）　分析方法

　秋田（2003）は、Le Compte & Pressleyを引用し、調査実験的研究などの「実証的アプローチ」、エスノグラフィーのように対象を記述する「解釈的アプローチ」、対象に関与し、変化生成させていく「批判的アプローチ」の3つを挙げている。そして、「記述する者―記述される者」の権力関係の非対称性を超える方法として「エスノ―エスノグラフィー」というTobinの説を紹介している。これは、「記述された者が記述する者の記述方法やそこから導き出された判断を吟味する方法（具体的には、研究者が記述したフィールドノートや作成したビデオを文化内にいる多様な立場の人に提示してその記録への思考や感想を尋ねることによって、観察者である研究者自身がもつバイアス

をチェックし判断の妥当性を吟味していく）」としている。これに対して小川（2004, pp.166-167）は、「こうした提案はたしかに、研究者と研究協力者の相互理解を深めるのには役立つ」としながらも、「フーコー的神話をもつ教師に「問題」を孕ませることになるかどうかは疑問」と指摘する。フーコー的神話とは、実践の知恵の信念で処理できない問題は、専門家の問題としてくくり出し、自らの神話を温存する、つまり、自身の実践には問題はないと信じている実践家の思考のあり方を指す。この点において、本研究に置き換えれば、「『葛藤』を感じるべき保育の状況に対して保育者が『葛藤』を感じていない場合、研究者とのどのような『対話』によって『葛藤』を感じていくのか」ということが研究者の役割であり、「対話」の実践上の課題である。

　この課題を解決するために、加藤他（1993）は自らの保育現場とのかかわりを基に「比喩言語と客観的言語を相互に変換することで、新たな身体知の創出を生みださねばならない」「保育に参加して、研究者も保育者としての当事者性を体験する必要がある」としている。筆者も保育現場にかかわる研究者として、加藤・小川らの論の重要性を感じるが、すべての研究者がすぐに加藤・小川らのようなかかわりを保育現場で実践できるものではない。筆者もその一人である。したがって、本研究では、加藤・小川らの提案する2つの課題を筆者が意識化できていないケースの分析【研究3～5】と意識化しつつあるケースの分析【研究6】を通して、研究者の遊びの見取りや保育者への発問の重要性についても検証する。その際の具体的な研究方法については次章で論じたい。

引用・参考文献

秋田喜代美　2003　学校教育における「臨床」研究を問い直す―教師との共同生成の試みの中で―　新しい学びと知の創造　図書文化　114-127.
Bourdieu,P. 1980　今村仁司　港道隆訳　1988　実践感覚1　みすず書房　83-84.
藤田英典　1998　現象学的エスノグラフィー―エスノグラフィーの方法と課題を中心に―　志水宏吉編　教育のエスノグラフィー―学校現場はいま―　第二章　嵯峨野書院　58.
Garfinkel, H.　1967　*Studies in ethnomethodology*　Prentice-Hall Inc.
Garfinkel, H.他　1967　山田富秋他訳　2004　エスノメソドロジー―社会学的思考の解体―　せりか書房
今津孝次郎　2011　学校臨床社会学の「介入参画」法　教育学研究　日本教育学会　78　4　439-449.
加藤純子他　1993　園内研究はいかに行われるべきか（2）―保育者が心情的な悩みを解決するためにはどのような討議が必要か―　東京学芸大学紀要　1部門　44　66-74.
菊池里映　2007　保育実践を文化として捉えるフィールドワーク―保育実践研究におけるエスノグラフィーの批判的検討を通して―　保育学研究　45（2）　78-86.
鯨岡峻　2001　個体能力論的発達観と関係論的発達観―関係性という視点から保育をとらえる　発達　22（86）　17-24.
鯨岡峻・鯨岡和子　2007　保育のためのエピソード記述入門　ミネルヴァ書房
鯨岡峻・鯨岡和子　2009　エピソード記述で保育を描く　ミネルヴァ書房

Lofland,J.& Lofland,L. 1995 *Analyzing social settings : A guide to qualitative observation and analysis.* 3rd. edition Wadsworth Publishing Company 18.

Lofland, J. & Lofland, L. 1995 進藤雄三他訳 1997 社会状況の分析―質的観察と分析の方法― 恒星社厚生閣 19.

松永愛子 2005 学校の余暇時間における校庭での遊び―児童の居場所を求めて― 日本女子大学家政学部児童学科小川研究室H14～H16年度科学研究費助成金基盤研究（B）（1）研究成果報告書 26-48.

宮内洋 2005 体験と経験のフィールドワーク 北大路書房 75-112.

無藤隆 2004 協同的な学びに向けて 中央教育審議会初等中等教育分科会幼児教育部会（第9回）配布資料

文部科学省 2017 幼稚園教育要領 第一章総則 1幼稚園教育の基本

中山昌樹・小川博久 編 2011 遊び保育の実践 ななみ書房 10-11.

ニクラス・ルーマン 2004 村上淳一訳 社会の教育システム 東京大学出版会

小川博久 2004 臨床教育学をめぐる諸理論への批判的考察―M.フーコーの「臨床医学の誕生」の視点を手がかりに― 日本女子大学大学院紀要 家政学研究科人間生活学研究科 10

小川博久 2010a 遊び保育論 萌文書林

小川博久 2010b 保育援助論復刻版 萌文書林

小川博久監修 吉田龍宏・渡辺桜 2014 遊び保育のための実践ワーク～保育の実践と園内研究の手がかり～ 萌文書林

佐藤学・岩川直樹・秋田喜代美 1990 教師の実践的思考様式に関する研究（1）―熟練教師と初任教師のモニタリングの比較を中心に― 東京大学教育学部紀要 30 177-198.

高嶋景子 2003 子どもの育ちを支える保育の「場」の在りように関する一考察―スタンスの構成としての「参加」家庭の関係論的分析を通して― 保育学研究 41（1） 46-53.

竹内俊一・高見仁志 2004 音楽家教師の力量形成に関する研究：教師による「状況把握」を中心として― 兵庫教育大学研究紀要 25 115-123.

田甫綾野 2008 保育史研究におけるライフストーリーの意味―保育実践史理解のてがかりとして― 日本女子大学大学院紀要家政学研究科人間生活学研究科 14 1-8.

津守真 1999 人間現象としての保育研究 増補版 光生館

津守真 2002 保育の知を求めて 教育学研究 日本教育学会 69（3） 37-46.

渡辺桜 2006a 保育における新任保育者の「葛藤」の内的変化と保育行為に関する研究―全体把握と個の援助の連関に着目した具体的方策の検討― 乳幼児教育学研究 15 35-44.

渡辺桜 2006b 4歳児1期の保育における保育者の「葛藤」に関する研究―保育者の思いと実際の保育との調整過程に着目して― 家庭教育研究所紀要 28 5-15.

渡辺桜 2007 保育における保育者の「葛藤」起因となる客観的条件の解明 名古屋学芸大学ヒューマンケア学部紀要 創刊号 39-46.

渡辺桜 2010 保育実践に基づく自己形成を支える対話―保育者へのインタビュー方法の批判的検討を通して― 名古屋学芸大学ヒューマンケア学部紀要 4 15-22.

吉村香・吉岡晶子 2008 語りの場における保育者と研究者の関係―保育臨床の視点から― 保育学研究 46（2） 148-157.

第2章 保育者の「葛藤」の質的段階に応じた主体的変容の可能性【研究3〜6】

　本章【研究3〜6】は、実際に研究者が保育現場に足しげく通い、保育を観て、保育者や保育者集団との対話から試行錯誤して得られた仮説である。様々な「葛藤」段階がどのようにして生じているのか、そこにどうアプローチすると「教えられた」ではなく、「気づけた」「保育が楽しい」になるのかを模索した研究である。クラス、担任、保育室、地域等が全く同じということはない。しかし、第1部から繰り返し触れてきた集団保育を豊かにする「遊び保育論」を切り口にすることで、「共通言語」が活用できる部分が必ずある。乳児、幼児、保育所、幼稚園、子ども園等の垣根を越え、「共通言語」でつながれる強さを得られることを期待する。

1. 具体的な研究方法

(1) 対象

① 愛知県の3年保育を実施している公立A幼稚園（3歳児1クラス、4歳児2クラス、5歳児2クラス）の保育者。対象とした保育者の経験年数ならびに何歳児の担任であったかは以下の通りである。M保育者…1年目（4歳児26名担任）時、2年目（5歳児27名担任）時。N保育者…M保育者が1年目の際、M保育者のクラスの補助教諭。【研究3・4】

② 岐阜県私立N幼稚園（【研究1】の対象園と同じ）。自由遊び時の異年齢クラスN1組、N2組。N1組担任はC保育者（保育経験2年目。通常は5歳児クラスの担任）とD保育者（通常はフリー。非常勤職員）。N2組担任は、G保育者（保育経験3年目。通常は3歳児クラス担任）とH保育者（保育経験5年目。通常は4歳児クラスの担任で主任）である。3歳児18名、4歳児12名、5歳児12名の各年齢を異年齢クラスの際はN1組とN2組で各21名としている。【研究5・6】

③ 愛知県の3年保育を実施している公立H幼稚園（3歳児1クラス、4歳児2クラス、5歳児2クラス）のW保育者。W保育者は、保育経験2年目で調査対象時は4歳児23名担任。2010年7月〜2011年3月まで、週1〜2回程度の参加・観察とその後10日以内に各保育者ならびに保育者集団との「対話」を継続的に行う。保育者の「反省知」や「身体知」獲得に、研究者の意図的発問・発話や保育実践へのかかわりがどう関連するかについて焦点化したW保育者の保育事例分析ならびにW保育者の事例に対する保育者集団と研究者との「対話」分析を行う。【研究7】

(2) データ

1) 観察記録

　A幼稚園は2004年4月〜2007年3月の間、N幼稚園は2007年10月〜2008年3月の間、H幼稚園は2010年7月〜2010年12月、各月に4〜6回程度、幼児が登園してから食事の準備までの保育観察を行う。観察方法は自然観察法で筆者からは積極的に保育行為に参加しないが、幼児から声をか

けられた場合には、保育の展開に支障をきたさない程度に応える。園や担任保育者との信頼関係が成立し、研究者の意図に賛同を得られた後にビデオ撮影も行う。観察記録には、保育室環境図、保育者・幼児の言動、幼児や保育者の位置、身体の向き、遊びの流れを時間を追って記す。記録化する対象は限定せず、筆者が保育の手がかりと関連ある部分を探り、焦点化していく焦点的観察とする。焦点的観察における観察の視点は、一つひとつの場面で子どもや遊びのようすを保育者がどのように捉えた上で、そこにどうかかわっていこうと判断したのか、また、意図的にかかわらないのかに着目すると共に、子どもから保育者に発信しているまなざしや言動、子ども同士のやりとり等の事実を的確に把握することである。筆者が捉えた場面や子どもの姿に関連があると思われた部分も記述することにより、その場の状況性が見えてくるようにする。

2）インタビュー

観察記録を文書化後、10日以内に観察記録ならびに保育観察時に撮影したビデオを持参し、約1時間程度のインタビューを行う。インタビューでは、まず、保育者が自由に語ることで、その時の保育者の問題意識の所在を探る。しかし、保育者が当面する状況の中での葛藤体験をより忠実に再現することで、保育者の「葛藤」を明確にし、その起因を探るという筆者の課題は明確であるので、保育者とインタビュアーとのやりとりにおいては、保育者の「葛藤」やその起因を明らかにするためのインタビュアーの意図的な発問は存在する。次に、保育者が観察記録やビデオを観ながら語ることで、観察では捉えられなかった保育者の「こういうつもりだった」という部分について具体的場面を通して明らかにすると同時に、筆者の主観と保育者の「つもり」のズレを明確にする。以上の作業を経ても明らかにならなかった部分について、最後に筆者から保育者にたずねた。H幼稚園については、保育者集団との「対話」も含む。

(3) 分析方法

① 観察記録ならびにビデオ撮影によるデータから、保育者の保育の実践力として、保育行為と環境構成が幼児の遊びと関係しているということをどれだけ自覚しているかといった身体的援助のレベルや、幼児個人やクラス全体、環境について反省する能力を診断する。

② インタビューデータより、まずは研究者の「対話」のあり方について評価分析する。その評価基準は、前章で示した保育者の自己形成を支える「対話」ア～ウ（渡辺，2010a）とし、これらア～ウにおいて、研究者は保育者の「葛藤」の質的段階を判断し、①に挙げた保育の実践についての診断や保育者の反省的思考を引き出す「対話」ができたかを分析する。

③ 研究者の「対話」能力の診断後、保育者の語りより、どのような意図の基に環境を構成し援助を遂行しているのか、保育者が抱えている「葛藤」の視点から明らかにする。また、保育者が自身の身体的援助や環境構成と幼児の遊びとの関係性についてどれだけ自覚していたかを観察記録との整合性を通して考察する。

④ ①～③より「葛藤」の質的段階とその段階における保育課題とを明らかにし、その課題に研究者がどうかかわりうるのか検証する。

（4） 研究方法の検討
1）対象～A幼稚園・N幼稚園・H幼稚園～

　A幼稚園の場合、新任保育者の保育を2年間継続的観察し、保育者にインタビューを行ったことによって、新任保育者の「葛藤」の傾向が明らかにされたといえる。また、同一園内の同じクラスの子どもに対する2名の保育者（新任M保育者と補助N保育者）の「葛藤」について分析したことは、ほぼ同条件の中の保育者の「葛藤」を比較するという点においては、意義があったといえよう。ただ、A幼稚園へのフィールドワークを行っていた研究者（筆者）は、「葛藤」の客観的条件に対する理解が不十分だったため、保育診断の不十分さや「対話」の未熟さがデータよりうかがえる。本研究では、その不十分さについて批判的に検討することにより、未熟な研究者の課題についても明らかにしなければならないと考える。

　次に、N幼稚園を選んだ理由は、全体把握と個への援助の連関を意識化することが重要であるという理念が園の文化として形成されつつあるからである。「葛藤」が自覚化されつつある保育者の保育実践の「葛藤」の質的段階を明らかにし、その段階と保育実践との関連性について分析できるという点において有効であったと考えられる。また、「葛藤」が自覚化されつつある保育者に対して研究者がどのようにかかわることで、その「葛藤」の質が変容していくのかを検討することも可能であると考える。なお、「葛藤」が自覚化されつつあるという点についての検証は、次章で論ずる。

　一方、H幼稚園と研究者とのかかわり合いは、園内研究等、保育者集団と継続的にかかわっている点が特徴である。W保育者の保育事例を中心に追うものの、保育者集団と研究者との「対話」分析を行うため、W保育者だけでなく、保育者集団が研究者との「対話」や保育者同士の学び合い気づき合いを通して保育実践上の「葛藤」の質にどのような変化がみられるのかが明らかになる。また、このH幼稚園と研究者がかかわっている段階では、研究者が保育者の「葛藤」の客観的条件について総合的に理解する必要があることを意識化しつつあり、また、保育者との「対話」において、保育者が自身で保育課題を解決するための発問・発話を意識しつつある段階であるため、研究者自身の保育診断や「対話」についての省察を継続的に重ねていくことで、研究者が研究者としての課題をどう自己変革していくべきかも明らかにできると考える。この作業は、保育現場において日々保育の質を向上させたいがどうしたらよいかわからないと悩む保育者の自己課題に対して、研究者がどのような意識化を図れば戦略的に保育者の「葛藤」の主体的変容を可能にするのかという具体的方策を提示できるのである。

2）方法論的検討

　保育観察をし、必要に応じてビデオ撮影を行うことで、当事者（実践をしている保育者）に比べて第三者が実際の保育のようすを客観的に把握することが可能となる。それは、先述したように、環境による教育への理解を深めるためにも不可欠であり、保育者の主観的な悩みや「葛藤」を聞いている（語る）だけでは、具体的に何をどうしたらよいのかは明確にならないのである。なぜなら、保育者の主観的な悩みが保育における行動戦略と結びついていないからである。子どもがどう行動するかといった志向性はどこに何があるかという環境により制約・規定されるため、集団保育というシステムの中で幼児の自発性を育むには、保育者の援助として全体が把握できる環境構成やコーナー設定、保育者の位置どりにおいて幼児が物を介して幼児同士の相互関係をつくり出すことが必要となる。子どもが群れて遊びを広げ、子どもの行動戦略がわかれば、子どものようすが見えてく

るため、具体的な援助方法が見出しやすくなり、「葛藤」を主体的に変容する方向が見えてくるのである。このように、保育者の主観的な悩みと行動戦略を結びつけて考えられていない場合、その具体的解決方略は保育者の主観的な語りからは十分に得られないのである。保育の実際が把握できるデータと、インテンシブ・インタビューで得られたデータの照合を行うことにより、保育者が問題視していない点にも「葛藤」の起因要素を見出せるだけではなく、「葛藤」を感じなくてはならない場面で「葛藤」を感じていないという問題（例えば、保育者の動きによって遊びが消滅していくということを保育者が問題視できないハビトゥスがその保育の場に存在するということ）を浮き彫りにすることを試みたい。

　現在、「葛藤」に関する研究においては、「葛藤」することに意義があるというスタンスが主流となっているため、保育者へのインタビューや質問紙という研究方法がほとんどである。その結果、「保育者にとって気になる子」への見方の変化などを追い、保育者がゆらぎ、自身で保育を振り返ったり、職場内でのカンファレンスにより子どもの見方が変わることを効果として挙げるものが多いのである。しかし、新任保育者が「わからないことがわからない」と悩んだり（渡辺，2006）、先述したように「葛藤」を感じなくてはならない場面で「葛藤」を感じていない場合、「葛藤」が行動戦略と結びついて考えられていないため、保育者の「葛藤」や主観的な悩みを聞くだけでは、「葛藤」の主体の変容につながる具体的保育戦略は得られない。子どもが群れて自ら遊びを発展させていく中で、保育者が子どもをみることができれば、「葛藤」の主体的な変容の方向がみえてくるのである。子どもの志向性を制約する環境に着目し、人・物・場の関係性を可視化するためには、インタビューに加え、第三者による実際の保育のようすや環境が把握できるデータも必要不可欠なのである。

　また、研究者（第三者）がどのように保育者や保育者集団、保育現場にかかわることで、保育者の「葛藤」の主体的変容を可能にするのかを検証するためにも、研究者と保育者の「対話」において、研究者の発問が保育者の「当事者的直観」や「直観的思考」にどう影響を与えているかといった関連性をインタビューデータや観察記録、「対話」分析から明らかにしなくてはならない。

　保育行為は日常化されたハビトゥスによって成り立っており、保育者が無自覚的・無反省的に行っていることが多い。そのため、保育者自身の保育行為の妥当性を反省する力量には限界がある。インタビュアーの発問内容は、保育者の保育に対する反省的思考に少なからず影響を与える可能性を秘めている。つまり、単に保育者の発話にのみ着目するのではなく、インタビュアーの発問内容も含めた「対話」分析を丁寧に行う必要がある。発問内容が保育者の発言にどう影響を与えているのかについても分析することで、研究者としての発問のあり方を検証する。

2. 新任保育者の「葛藤」の主体的変容の可能性　【研究3】

　保育の実践力を向上させるためには、「経験を積んで」「感性を磨いて」と言われることが少なくない。しかし、新任保育者であっても、クラスの担任となれば子どもにとっては「せんせい」なのであり、「経験が少ないから保育ができない」と言っていられない「現実」がある。また、「感性を磨いて」と個人の内面的なパーソナリティーの問題として扱われても、目の前の子どもたちが一斉に「せんせいこれやって」と要求することに戸惑ったり、一般的にトラブルメーカーとレッテルを貼られる子どもとのかかわりに振り回されたり等、保育の全体状況に気持ちが及ばないという「現実」に対して、「専門家として」具体的にどう対応していけばよいのかについて、多くの新任保育者が日々「葛藤」を抱えている。

　だからこそ、集団を対象として保育を実践しているという自覚の基に、「葛藤」を人・物・場の関係性として捉え、関係論的に分析することによって初めて、心理主義的な子ども個々への適切適時な援助が有効となるのである。つまり、「葛藤」を関係論的に捉えることが保育実践上の「葛藤」の根本的解決となり、保育実践の質的向上につながるのである。そして、この主張こそが本研究のオリジナリティーであるといえる。

　小川（2010b）は全体掌握と個への援助を同時に行うという状況により、保育行為の決定的「葛藤」が生じるとし、その「葛藤」が典型化された形で現れるのが新任保育者であると指摘している。具体的には、幼児の遊び状況は、同時進行で変化するため、その変化を目に留めておくだけでなく、必要なときに援助行動を起こさねばならないため、個々の遊びの状況の動きに沿おうとする動きと、全体を掌握しておかねばならないとする動きのジレンマが生じるとしている。そのジレンマが典型化された形で表れるのが、経験の足りない保育者の場合であり、個々の幼児の遊びに心を通わせて関与したいという気持ちと、幼児全体の動きを掌握しなければならないという気持ちの「葛藤」は、どちらかに傾斜することで類型化されたパターンを生むと指摘している。保育における保育者の課題は、経験年数の長短にかかわらず共通であるが、新任保育者の「葛藤」が顕著に表れる要因として、新任保育者は熟練保育者に比べ課題を解決する手立てを持っていない場合があることや、保育者という職務そのものに慣れていないこと等が予測される。これはまさに第3部第3章で示した「居場所」としての職場環境の不安定さが大きな影響を与えているといえる。

　こうした点について既出の論文を検討してみると、乳幼児教育においては、保育者の「葛藤」に着目した研究は少ない（西坂，2002）。学校教育における教師の「葛藤」については、①役割葛藤といった文化構造上の葛藤（アンビバランス）、②行為次元における葛藤（ジレンマ）に大別されている。山本（1985）は、ジレンマはそれ自身の性質や役割を明らかにする先行研究がないことを指摘し、教師にとって重要な状況である生徒との対面的状況における教師の状況的ジレンマに焦点を当て、教師文化や教師の職業的社会化の性格を考察している。しかし、調査方法は、教師への質問紙調査のみで、その記述を基に教室内の状況を想定しながらの分析となっている。その結果、状況的ジレンマはフィードバック（教師と生徒とのやりとり）の欠如により起こることは明らかになったが、そのジレンマを解決する建設的な方策は得られていない。また、「葛藤」を感じなければならない状況であっても、「葛藤」を保育者自身が感じていない場合、例えば、保育者がその遊びを抜けたことで遊びが消滅してしまっても、保育者自身がそこに何も問題を感じない場合について

は、質問紙やインタビューだけでは、その問題点は浮かび上がらず、保育状況が根本的に改善されない可能性もある。その状況は、「保育者」としての職務自体にまだ慣れていない新任保育者であればなおさら目の前の子どもたちの要求や行事への対応に精一杯で、じっくりと自身の保育の全体像を反省的に振り返ることは困難であると考えられる。つまりこれは、第3部第3章で述べる「当事者的直観」から「直観的思考」への移行の困難さであり、保育課題を知的解決できない状態といえよう。これらのことから、本節【研究3】の目的は以下の通りである。

(1) 目的

新任保育者の「葛藤」を関係論的に捉えるとはどういうことかについて具体的事例から検証し、全体把握と個の援助の連関を確立するための具体的で建設的な援助の手がかりや新任保育者の「葛藤」の主体的変容を促す具体的方策を模索することを目的とする。これは、本研究において繰り返し述べているように、集団の子どもを対象としている保育実践において、人・物・場との関係性に着目して保育実践上の「葛藤」を読み解くことにより、新任保育者であっても解決可能な課題として「葛藤」に向き合えるようにすることである。これが、従来の保育研究にはなかった視点であり、本研究で新たに明らかにしようとすることである。

また、このフィールドワークを実施していた頃の研究者（筆者）は、「葛藤」の客観的条件についての理解が不十分なため、それが記録や「対話」に表れている。その点を批判的に検討することにより、保育者の「葛藤」の主体的変容に求められる保育者の保育を診断する際に必要な視点等についても明らかにする。

(2) 方法

1) 対象

愛知県の3年保育を実施している公立A幼稚園（3歳児：1クラス、4・5歳児：2クラスずつ）の4歳児A1組（26名在籍、内進級児8名）の担任新任M（経験年数1年目。以下、新任Mと記す）。新任Mは4年制大学を卒業後すぐに保育者となった。2005年10月下旬～2006年1月下旬、同年2月中旬～3月下旬までの9時30分～14時30分、N保育者が補助教諭として入る（以下、補助Nと記す）。補助Nは、子育てを経験した後、非常勤の教諭として勤務し始め、4年目となる。9:30～14:30の勤務時間であるため、新任Mと保育について語る機会は保育時間内のみである。補助Nは、担任は新任Mであるというスタンスを大切にしつつ、場面を押さえて、具体的な子どもとのかかわり方を提案しているようすが観察や新任Mのインタビューからうかがえた。また、新任Mは補助Nを信頼し頼りにしているようすが観察やインタビューから感じられた。

筆者は、継続的にA幼稚園でのフィールドワークを行うことで、新任Mだけでなく、N保育者や他の保育者、用務員さん、園長先生とも園の保育や園児について語り合うことを重ねることができた。新任Mとは具体的な保育データを基に、全体把握と個への援助の連関を探るという課題を意識したかかわりを積み重ねた。

2) データ

観察や記録の取り方、インタビューの方法についての詳細は、前節「1. 具体的な研究方法」を参照されたい。

①観察記録
　2005年4月～2006年3月の間、各月に1回、計12回、子どもが登園してから食事の準備までの保育場面を参与観察する。観察記録には、環境図、保育者の言動、子どもの言動を記述する。環境図には、保育室のコーナー環境、子どもや保育者の位置、遊びの流れを記し、保育者が意識的にまなざしを送っていると筆者が捉えた場合には、まなざしが向けられている対象がわかるよう時間を追って図示した。補助Nが勤務している場合は、補助Nの援助行為についても記録に留める。
　本節【研究3】では、12月6日と1月19日の観察記録を分析対象とする。その理由は、両日とも新任Mが継続的に「気になる子」としてインタビューで語っているR男やL男へのかかわりが捉えられているからである。これらは特殊な事例ではなく、日常的なR男やL男と保育者とのやりとりであることはインタビューにより明らかになっている。

②インタビュー
　観察記録を文書化後、観察日から10日以内に観察記録を持参して1時間程度のインタビューを行う。補助Nに対しては、3月上旬に単独でインタビューを行い、保育者として、また、補助教諭として心がけていること、A1組で保育をする中で感じていることなどを自由に語ってもらった。新任Mへのインタビューは3月下旬に行い、その際には、補助Nにも参加してもらった。新任Mには自由に語ってもらいながら関連するところで補助Nが自分の考えや感じていることを語るという形にした。その後、新任Mと補助Nそれぞれについてたずねた。

3）分析方法

①　観察記録によるデータ12・1月分から、新任Mの保育の実践力として、保育行為と環境構成が幼児の遊びと関係しているということをどれだけ自覚しているかといった身体的援助のレベルや、幼児個人やクラス全体、環境について反省する能力を診断する。

②　インタビューデータより、まずは研究者の「対話」のあり方について評価分析する。その評価基準は、前章で示した保育者の自己形成を支える「対話」ア～ウ（渡辺，2010a）とし、これらア～ウにおいて、研究者は保育者の「葛藤」の質的段階を判断し、①に挙げた保育の実践についての診断や保育者の反省的思考を引き出す「対話」ができたかを分析する。本節【研究3】では、観察記録と同様、12・1月のデータを分析対象とする。その理由は、観察記録という第三者による客観的データと照合できるからである。また、10月以降、補助Nが入ったことで、クラスが安定し、新任Mの思いが語られ始めた12・1月のデータを「対話」分析することで、漠然とした心理的不安の状態を超えた段階において、新任保育者が自身の悩みや「葛藤」を自己変革するためには、研究者がどのようにかかわるとよいのか、どのような対話が求められるのかを明らかにするためである。ここでいう「漠然とした心理的不安の状態」とは、本書p.58図1の「葛藤」に無自覚な段階である。

③　研究者の「対話」能力の診断後、保育者の語りより、どのような意図の基に環境を構成し援助を遂行しているのか、新任Mが抱えている「葛藤」の視点から明らかにする。また、新任Mが自身の身体的援助や環境構成と幼児の遊びとの関係性についてどれだけ自覚していたかを観察記録との整合性を通して考察する。

④　①～③より「葛藤」の質的段階とその段階における保育課題とを明らかにし、その課題に保育者が向き合うための具体的方策について検証する。

(3) 結果と考察

1) 観察記録分析と考察

　図1は、筆者の観察記録を基に、12月6日の登園時の保育室の環境を図示したものである。同様に、図2・3（12月6日）、図4（1月19日）は筆者の観察記録を基に、保育室内のコーナーの位置やそのコーナーに子どもや保育者がどうかかわっていたかを示した環境図、ならびに保育者と子どもの言動を時間の経過と共に追い作成したものである。筆者が把握できた保育者のまなざしの行方を┄▶で示し、事例中の新任MをM、補助NをN、子どもをⒸと記す。環境図中の△の頂点は保育者の身体の向きを表す。表1は、12月6日と1月19日の各遊びコーナーの概略である。

　ここで、保育の概略に触れたい。12月6日、登園した子どもたちは、自分のかばんをロッカーに置くなどしてから、①〜⑤のコーナーのどれかに参加する。①では、どんぐり、まつぼっくりなどの秋の自然物を使って、ストローやクリップ、ひもでネックレス作りを3人の女児が始める。②では、空き箱や空き容器を使ってロボットや飛行機などの製作や、塗り絵をする男児4人、女児7人。③の基地作りの男児、④のままごとコーナーの女児、⑤のホットケーキ屋さんの男女児が①②のコーナーに行き来して、自分のコーナーで使用する物を作ることはあるが、①②③⑤のコーナーはほぼ同じメンバーで遊びが1時間以上続いていた。④のままごとは、3〜4人の女児が25分ほど遊んだが、自分たちで片付けをし、後は戸外で遊んでいた。1月19日、補助Nは保育室にいないが、子どもたちは12月6日と同様、それぞれのコーナーで持続的に遊びをしていた。新任Mは、全体に目を向けようとしているようすはうかがえたが、R男の姿を把握できる位置に座っておらず、R男がトラブルを起こした後に20分近くR男から事情を聞く形となった。

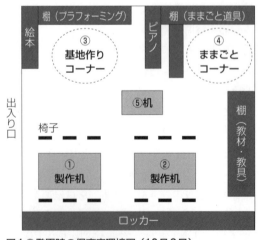

図1●登園時の保育室環境図（12月6日）

表1●遊びコーナーの概略

	12月6日	1月19日
①	秋の自然物を使ったネックレス作り	着せ替え人形作り
②	空き箱などを使った製作	剣などの製作
③	プラフォーミングを使った基地作り	
④	ままごとコーナー（カーペットが敷いてある）	
⑤	ホットケーキ屋さんごっこ	なし

※以下、図2〜5は、小川博久を研究代表者とする2005　H14〜H16年度科学研究費助成金基盤研究（B）（1）研究成果報告書　学校の余暇時間における校庭での遊び─児童の居場所を求めて─　日本女子大学家政学部児童学科小川研究室　に掲載されている、松永愛子（pp26-38）、岩田遵子（pp70-81）らの保育室環境図を参考にして筆者が作成したものである。

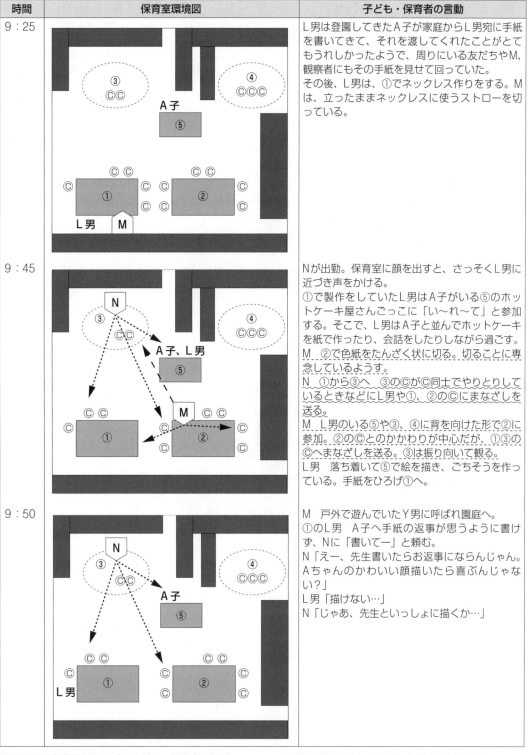

図2●保育室環境図ならびに子ども・保育者の言動
　　　（12月6日9：25〜9：50）

※身体を動かさずにまなざしを送っている場合 ------▶
※振り向いてまなざしを送っている場合 ━━▶
（以下、同様）

時間	保育室環境図	子ども・保育者の言動
10:00	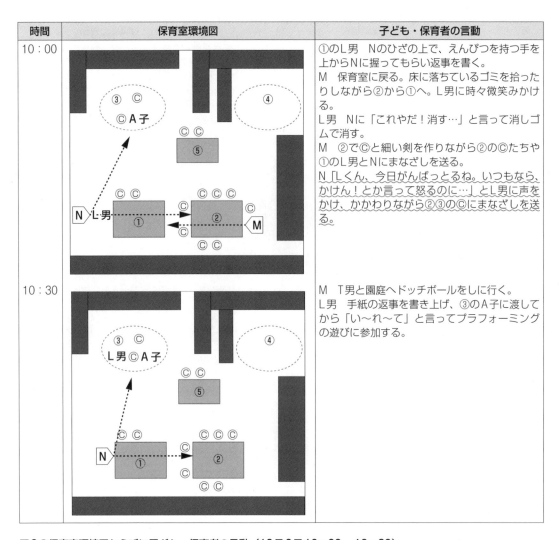	①のL男　Nのひざの上で、えんぴつを持つ手を上からNに握ってもらい返事を書く。 M　保育室に戻る。床に落ちているゴミを拾ったりしながら②から①へ。L男に時々微笑みかける。 L男　Nに「これやだ！消す…」と言って消しゴムで消す。 M　②で©と細い剣を作りながら②の©たちや①のL男とNにまなざしを送る。 <u>N「Lくん、今日がんばっとるね。いつもなら、かけん！とか言って怒るのに…」とL男に声をかけ、かかわりながら②③の©にまなざしを送る。</u>
10:30		M　T男と園庭へドッチボールをしに行く。 L男　手紙の返事を書き上げ、③のA子に渡してから「い～れ～て」と言ってプラフォーミングの遊びに参加する。

図3●保育室環境図ならびに子ども・保育者の言動（12月6日10：00～10：30）

時間	保育室環境図	子ども・保育者の言動
9：45		N　L男を誘い戸外へ。 ③では、Y男らがプラフォーミングを家に見立ててヒーローごっこをしている。
10：12	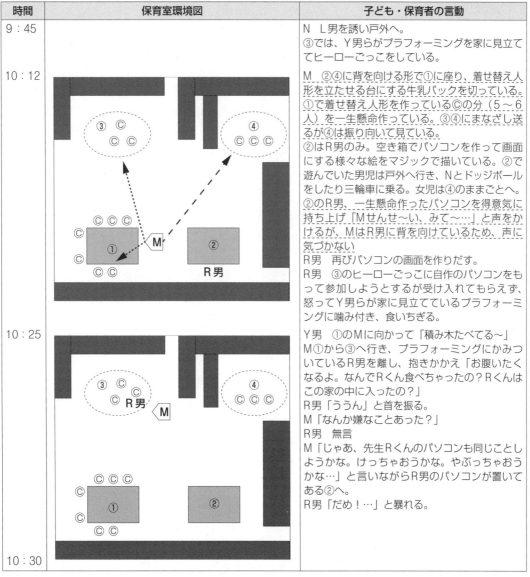	M　②④に背を向ける形で①に座り、着せ替え人形を立たせる台にする牛乳パックを切っている。①で着せ替え人形を作っている⑥の分（5～6人）を一生懸命作っている。③④にまなざし送るが④は振り向いて見ている。 ②はR男のみ。空き箱でパソコンを作って画面にする様々な絵をマジックで描いている。②で遊んでいた男児は戸外へ行き、Nとドッジボールをしたり三輪車に乗る。女児は④のままごとへ。 ②のR男、一生懸命作ったパソコンを得意気に持ち上げ「Mせんせ～い、みて～…」と声をかけるが、MはR男に背を向けているため、声に気づかない R男　再びパソコンの画面を作りだす。 R男　③のヒーローごっこに自作のパソコンをもって参加しようとするが受け入れてもらえず、怒ってY男らが家に見立てているプラフォーミングに嚙み付き、食いちぎる。
10：25 10：30		Y男　①のMに向かって「積み木たべてる～」 M①から③へ行き、プラフォーミングにかみついているR男を離し、抱きかかえ「お腹いたくなるよ。なんでRくん食べちゃったの？Rくんはこの家の中に入ったの？」 R男「ううん」と首を振る。 M「なんか嫌なことあった？」 R男　無言 M「じゃあ、先生Rくんのパソコンも同じことしようかな。けっちゃおうかな。やぶっちゃおうかな…」と言いながらR男のパソコンが置いてある②へ。 R男「だめ！…」と暴れる。

図4●保育室環境図ならびに子ども・保育者の言動（1月19日9：45～10：30）

①環境構成の分析

　まず環境構成から分析していく。コーナー配置に着目してみると、12月6日時（図1〜3）、コーナーは5つ点在していることで、コーナーの拠点性は低い。①と②のコーナーは、それぞれのコーナーで使用する物が①は自然物、②は廃材と素材は違うものの製作コーナーという点では同じであり、「作ることを目的としたコーナー」であるといえる。したがって、コーナーの拠点性を高めるならば、②の製作コーナーのみにし、壁を背にして机を横長に配置させ、保育者が壁に背を向けるとよい。この方法論は小川が推奨しており、その根拠について、小川（2010b）は「縦長であると、部屋の中央に向かって開かれたスペースから外へと出て行きたくなる衝動が強くなり、落ち着かない。これに対し、横長の机は、このスペースに安定したいという落ち着き感が大きくなる」としている。これは、単なる机上の空論ではなく、筆者も実際にこのように机の配置を横長に変え、保育者が横長の机が配置された製作コーナーで壁に背中を向けて製作の作業に没頭している（ように演じる）ことによって、子どもたちの製作コーナーでの遊びが安定していく事例を観ている。

　⑤ホットケーキ屋さんごっこは、中央に位置している。中央にコーナーがあるということは、幼児の自発的な遊びを促す観察学習を可能にする「見る⇄見られる」状況を意図的に設定する意図はうかがえない。したがって、⑤ホットケーキ屋さんは、④ままごとコーナーと同じ「物を通してそれをいろいろな物に見立ててごっこの世界を楽しむ」というくくりで、④ままごとコーナーに合体させるか、②製作コーナーのあたりにホットケーキ屋さんごっこのコーナーを設け、製作コーナーを①の場所のみにまとめるという選択肢もあるだろう。その場合、ままごととホットケーキ屋さんを一つの大きなコーナーとみなし、①製作、②ごっこ、③基地作りと構成することで、コーナーの拠点性が高まることが予測される。この場合の①製作コーナーでも、壁面に背を向ける形で保育者が座ることで、全体把握の位置取りを確保することができることに気づくことが求められる。

②保育者の身体の向き

　次に保育者の身体の向きに着目してみると、新任Mは、図2の9：45〜50ではL男に、図4の10：12〜25ではR男に背を向ける形になっている。図4より、新任Mは①と③のコーナーはしぜんな形で視野に入れることが可能だが、②と④は振り向きながらでないと把握できない。そのため、R男が「Mせんせ〜い、みて〜…」と新任Mに声をかけていることに気づけず、また、R男のパソコン製作の過程の把握やR男が③に足を向けプラフォーミングをかみちぎるに至るまでの経緯や③で遊ぶ子どもの遊びのイメージを把握し、援助の手立てを得ることが困難になっている。これらのことから、日常的に保育室全体を把握することへの認識が弱いと推察される。一方、補助Nは、図2において、常に壁面に背を向け、全体に視線を飛ばしていた。この点については、後日インタビューにおいて、補助Nの意図をたずねているので、後項でその整合性を確認する。

③理想とするコーナー配置ならびに保育者の位置

　これらの考え方に基づいて、図4の1月19日のコーナー配置や保育者の位置、援助を再検討してみると、図5が望ましい形であるといえよう。なぜなら、コーナーの拠点性ならびに「見る⇄見られる」状況を保障するためには、大別すると「作る」「構成する」「見立て遊びをする」という3つのコーナーになる。したがって、図4にある2つの製作コーナーを合体させ、そのコーナーを構成する机を横長の配置にしたのである。また、保育者が製作コーナーの壁に背を向ける形で位置することにより、全体把握を可能にする。援助においては、新任Mが気になるとしているR男と横に並び作業をすることにより、動きの同調性が生まれれば、R男にとって保育者との関係の深まり

や楽しめる遊びの発見につながっていく可能性もあるのである。

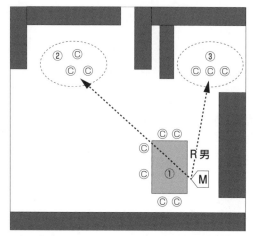

図5●理想とするコーナー配置ならびに保育者の位置

④身体的援助

　身体的援助という点では、観察者である研究者の読み取りが浅く、観察記録に詳細に表れていないため、新任Mならびに補助Nの身体的援助の詳細については分析できない。例えば、12月6日、1月19日両日とも観察記録図2～4において、それぞれのコーナーでの子どもたちの遊びのようすが時系列で詳細に把握できていない。保育の概略にて、「①②③⑤のコーナーはほぼ同じメンバーで遊びが1時間以上続いていた」とあるが、その遊びの質（遊びへの集中度、遊びの発展性、子どもの自発性等）が把握されていないため、本当に遊びとして成立し、継続していたのかが不明である。また、保育者の援助についても、例えば、図2において、補助Nが①から③のコーナーへ移動する際、①の製作コーナーでの子どもたちの遊びの集中度（作業において手と目の協応があるのか等）はどうだったのか、その遊びの状態になるまでの補助Nの身体的援助は具体的にどうだったのか、補助Nは作業をしながらどのように他のコーナーや個々の子どもに視線を送っていたのか等がもっと詳細に捉えられていれば、その記録を基に、新任Mへの気づきを促すことが可能になっていたと推察される。図2における子ども・保育者の言動の内容は、ほとんど保育者M、Nと接した時の幼児の言動のみしか記載されていない。また、図4においても同様であり、保育者と離れて行動する幼児の記述が皆無である。新任Mが着せ替え人形を立たせる台を作っているときに、同じコーナーで製作をしている子どもたちの遊びの集中度はどうだったのか、新任Mの動きのモデル性に影響を受けている部分はあるのかどうか、新任Mが視線を送ったコーナー③と④の遊びの状況は、子どもたちが群れて継続的に遊びを進めているのか等が記されていれば、保育者とその記録を共に観る際、保育者と研究者の理解のズレが生じ、保育を振り返るきっかけとなった可能性もある。

⑤新任Mの保育課題

　これらのことから、図2～4より明らかとなった新任Mの保育課題は、全体把握と個への援助を同時に成立させるための、全体把握を可能にするコーナー設定や保育者の身体の向きである。しかし、先述したように、この記録をとっていた研究者（筆者）の保育診断の視点の中に、保育者の

身体的援助や「子どもが遊び込んでいる」という状態への理解が弱かったために、全体把握と個への援助の連関を成立させる身体的援助の視点が読み取れていない。それは、インタビューにも表れているので、次項で触れたい。

2）新任Mと研究者との「対話」分析と考察
①インタビュー
　12・1月の素データより関連部分を抽出する。省略した部分は（略）と記す。新任Mの保育に対する思いや意図：傍線、研究者の共感・同調：波線、客観的事実による分析・説得：二重線、研究者による意図的発話・発問：破線と示す。
　　担任：Ⓜ、研究者（筆者）：Ⓢと記す。

≪12月≫

Ⓢ：12月に入ってから、何かこのへんが変わったなとか子どもたちの姿で変化が見られたなとかありますか？
Ⓜ：12月ですか？
Ⓢ：うん。
Ⓜ：発表会が終わって、時間に余裕とかゆとりとかができたこともあると思うんですけど、すごいねえ、いろんな場面で、あ、すごいな成長したなと感じる場面があって、片付けとかもさっとできたりとか…₁
Ⓢ：観察に行ったときも片付けがとてもスムーズだったよね。それはびっくりしたんだよね。この観察した日、先生は外にいて、多分、片付けの時、一回、保育室に顔を出して「お片づけね」みたいな感じで、そこの記録にもあると思うんだけど、で、お願いしますねみたいなことを言ってったら、先生はその場にはいないんだけど、さーっと動いて、シートまでたたんじゃって。₁
Ⓜ：N先生、いてくださいましたよね。その時。
Ⓢ：うん。N先生いたけどね、とくになんにも言ってないんだよね。だから、これって子どもたちの成長とか先生の日ごろの積み重ねの努力もあったと思うんだけど。₁
Ⓜ：すごい、片付けも子どもたちだけでやれるっていうか、製作とかの片付けは手伝ったりしますけど、積み木とかはもう全然、私がやらなくても自分たちでできるし、きれいに。使ってない子もやってくれたりとか、ささささっと最近片付けができるようになって、時間もだいぶかからなくなって。

Ⓢ：さっき言ってた話を聞くっていうこととかは？
Ⓜ：だいぶ、前より聞けるようになった。前より、前よりですよ（笑）
Ⓢ：お～すごいじゃ～ん。₂
Ⓜ：うん、前よりは聞けるようになったし、何となくですけど。
Ⓢ：Tくんが話にわ～っと入って来ちゃうっていうのは？₂
Ⓜ：（笑）ありますけど～前よりは（よくなった）。前は一言しゃべるとTくんの言いたいことをば～っと出したけど、私も聞いちゃうっていうか、そこで、え～これって～って思って。それで、他の子もザワザワってありましたけど、でも、最近、Tくんもちょっと聞くっていうか、まだまだ自分の言いたいことを話の途中で言ったりしますけど、でも、前よりも関係ある内容だったり、そこまで、場が壊れるんじゃなくて、関係ある内容になってきた気もなんとなく…
Ⓢ：Lくんは？₃
Ⓜ：Lくんも、最近はあんまり怒ることもなく、今はN先生がLくんについてくださる、一緒に遊んでくださるので、そのお陰もいっぱいあると思うんですけど、Lくんも最近、激しく怒ることはそこまでないかな。
Ⓢ：この日さあ、本当に、Aちゃんが手紙を書いてくれたことがものすごくうれしくてしょうがなかったんだよね。かわいいくらいね。私なんか今までLくんとしゃべったことないのに、とにかく誰でもいいから（うれしさを）伝えたくって、これ、Aちゃんがくれたんだよ、僕かっこいいって、

かっこいいってって。もう、かわいくってかわいくって。そうなんだよかったねーって。₁
Ⓜ：もう、うれしくてうれしくて。もう一日中もだし、次の日もうれしい気持ちで、なかなか皆とやれなくても、あ、次の日かな？もうその日以来、Ａちゃんのこと大好きになっちゃって。
Ⓢ：そうだよね〜₃
Ⓜ：それまでは、Ｍちゃんっていう子が大好きだったんですけど、それからはＡちゃんが大好きで、もうゴザの上座るにも、もうＡちゃんの隣に座って、給食の席もＡちゃんの隣って。
Ⓢ：この日も遊んでたもんね。いっしょに。<u>返事をＮ先生と必死で書いて、プラフォーミングのところで遊んでたＡちゃんのところに持っていって、10時過ぎだと思うんだけど、で、手紙を渡してから、い〜れ〜てって、Ｌくんが自分で言って。きっとこれで、後でこのつながりがでてくるんだろうなって。</u>₂ 先生とのかかわりはどう？₄
Ⓜ：Ｌくんですか？
Ⓢ：う〜ん。Ｌくん、Ｔくん、双子ちゃん？
Ⓜ：Ｔくんは、最近、関係はよくなってきたように思う。前よりはよくなってきたように思う。Ｔくんは、最近すごく友だちに目が向いてきて、ドッチボールがやりたいやりたいって言って。で、やって。でも、ボールが取りたくて取りたくて、一回一回止まっちゃうんですよ。もう横取りになっちゃう。そういうことがいっぱいあるんですけど、前だったら、ドッチボールなんて入ってこなかっただろうし、でも、最近は寒いから、他の子がドッチボールよりもお部屋の中で遊ぶようになっていて、Ｔくんもドッチボールがやりたいんだけど、一人じゃできないから、結局、3歳児クラスにブロックをやりに行っちゃうことがまた最近あって。₂
Ⓢ：ふ〜ん。ブロック好きだもんね。
Ⓜ：ブロックがやりたくて、やりたくて。で、もも組さんに行くと、だってブロックがやりたいんだもんって。
Ⓢ：まあ、純粋に好きなんだろうね。
Ⓜ：でも、前よりはすごく友だち。Ｒくんとｙくんと遊びたいのかなって思ってるのかなって感じる場面があって。やっぱりＲくんとＹ1くんはももも組さん。Ｙ2くんは誰とでも、Ｔくん嫌だとか言ったりしますけど、でも、遊びの中では受けいれてあげられるから、Ｒくんとしては遊びたいのかなと思いつつ。
Ⓢ：そのへんで、先生の援助っていうか。₅
Ⓜ：ドッチボールを…本当に止まるんですよ。一回、一回。もう毎回で。ほんと持ってるのに、横取りするんですよ。でも、やりたい気持ちを認めて、怒れちゃうっていうか、Ｔくんもやりたい気持ちはとびきりあるので、それをわかりながら、Ｒくんたちもすごくドッチボール大好きなので、他の子も結構、入ってきたりするので、Ｔくんには絶好のチャンスかなと思いつつ…₃
Ⓢ：なるほどね。他に何かこう気づいたこととか心がけたとか。₆
Ⓜ：この日はどうかわからないですけど、先生、Ｍちゃんってわかります？がね、なかなか、Ｍちゃんも外で遊んだりとか、鬼ごっことかがすごい大好きなんですよ。で、遊ぶとなると、Ｙ1くんとＲくんと鬼ごっこやったりだとか、ドッチボールに入ってきたりして、なかなか女の子との中でこの子と遊ぶっていうのがなくて。一人でいるっていうか、何かやりたい遊びがあると、必ず私を誘ってくるんですよ。はないちもんめやろう、ドッチボールやろうって言って。で、行ってあげて他の子も一緒にやれたらいいなと思ってるんですけど、毎回は行けなくて。Ｍちゃんと他の子の友だち関係ができなくて。最近、すっごい、女の子同士のケンカで口調がきつい時があって、もうちょっとしたことで「もう！ダメなんだよー！！」って。それが、最近、すごく見てて多いし気になる。その口調で相手の子と仲良しになれるとは思わないっていうか。₄
Ⓢ：言う子は決まってる？
Ⓜ：誰にでも言う。けど、よくケンカしてるのはＫちゃんかな。ケンカっていうか、本当に些細なことなんだけど、すごい怒ってて。
Ⓢ：あ、でも、いるよね。何でそこまで言う？っていう子。₄
Ⓜ：本当、大したことじゃないのに怒ってて。それがすごい気になるし、どうしてかなーって。思ったっていうか。最近、それが著しく増えてる気がして、園長先生にもそういう記録を書いたら、やっぱり友だち関係がうまくいっていない気持ちか

第2章　保育者の「葛藤」の質的段階に応じた主体的変容の可能性【研究3〜6】　113

ら焦りとかいろいろなんじゃないって。そうかなーって思いつつ。₅

Ⓢ：そうだね。今、見てると、仲良しの子がいて、結構落ち着いて一つの遊びを長時間やるっていう姿があったよね。この日も。ままごととか。Aちゃんも目がくりくりの、ほんとうにいい顔で、誰かが誘ったんだよね。おままごとやろーって。₃

Ⓜ：Kちゃん？ KちゃんとCちゃんかな。

Ⓢ：うん。そうしたら、すっごい嬉しそうに行って、4月5月の姿からは想像できんよね。よーくまわりの様子をじーっと見てた子が。他にこう、遊びとか、かたまりとか、個々で何かこう。でも、激しいトラブルとかが減ってきたもんでそういう女の子の強い口調が気になるんだよね。今までだったら、そこまでいかないもんね。₄

Ⓜ：LくんRくんTくんばかりを見てたというか。最近は前よりはずっとなくなってきて。₆

Ⓢ：本当、落ち着いてたもんね、この日も。₅

Ⓜ：本当ですか？ この日って発表会が終わってすぐ次だからとか。たいてい、月曜とかはすごい落ち着かなくて。給食とかはすっごいです。月曜は大盛り上がりです。

Ⓢ：でも、火、水と行くと多少は変わる？

Ⓜ：そうですね。月曜がとにかくすごいですね。なーんかわかんないですけど。

Ⓢ：これで、大きい行事がなくなるじゃん。年長に向けてっていうことになると思うんだけど、この冬休み明け、こんな遊びが深まっていくといいな、とか、こんな友だち同士の関係とか、先生と子どもの関係が…前、Mちゃんが大分寄ってきてくれるようになって…もうちょっと親しくなれるといいな、距離を縮められるといいなっていう子って。₇

Ⓜ：Yちゃんかな。

Ⓢ：すごくよく見てて、遊びを…

Ⓜ：でも、大分、違ったというか。4月に比べたら、やりたい遊びには、自分から近づいて見たりしてるし。

Ⓢ：してる、してる。この日も10時過ぎくらいから、参加してるじゃん、しっかりと。この時点で先生を追ってたりするともっと前の段階なのかなって気がするけど、先生というよりも、やっぱり、遊びとか友だちにすごい関心があって、ここにも書いたけど、視線をこっちやこっちに送って、10時過ぎになると、ネックレス作って、N先生にあげてみたり。動いてるからね。この子なりにあれなのかなって。₅ じゃあ、遊びはどう？ ここの中は、ホットケーキ屋さんがあって、ネックレスがあって、製作があって、プラフォーミングがあって、ままごと。₈

Ⓜ：遊びは3学期からがんばりたいなと思ってます。環境を。₇

Ⓢ：3学期からこうしていきたいっていうのある？ 遊びでもいいし、クラス全体でもいい。₉

Ⓜ：最近やっと何となくわかってきたんですけど、援助にしても、環境にしても、用意する量にしても、私が考えてるのは少ないし、もっとたくさんあった方が子どもたちがもっとできるし、私が考えてるより、4歳は援助が、作ったりするのも、子ども任せじゃないですけど、任せてるわけじゃないですけど、作るときでも思い思いに作れればいいんじゃないかって思ってたんですけど、武器作りでも、自分で思い思いに箱くっつけて満足してれば、それはそれで私はいいんじゃないかって思ってたんですけど、でも、それだけじゃないですけど、保育者が提案してもっと格好いい物とか、そういう援助が足りないことに最近気づきまして…とにかく、援助が足りないことに気づいた。₈

Ⓢ：引っ張るわけじゃないけど、ちょっと刺激を与えた方がいいんじゃないかなっていうことかな？

Ⓜ：刺激っていうか。

Ⓢ：こんなのやるともっとこんなふうになるんだ。じゃあ、もっとやってみようっていうか。₁₀

Ⓜ：そうそう。っていうのを、今まで、できなかったっていうか、そういう気持ちもなかったっていうと言いすぎですけど、武器を作ってることで、楽しく作ってるからいいんじゃないかって。でも、子どもたちは一生懸命作ってるんだけど、遊びを見つけられずに作ってることもあるかもしれないし…なんかまだ、作ったぞーっていう気持ちを感じてないっていうことがようやくわかったっていうか。₉

Ⓢ：Ⓜ先生がいて、N先生もいて、お部屋の中で子どもたちとじっくり遊ぶっていうの、私初めて見たと思うんだけど、多分、N先生が入ってすぐの

時って劇があったし、っていう感じで。自由遊びの中で、Ⓜ先生もN先生もいて子どもたちがじっくり遊んでるっていうのを見て、ちょっと気づいたことがあるのね。先生ってさあ、立ち位置って気にしてる？ 11

Ⓜ：あんまり…10

Ⓢ：N先生って多分気にしてるじゃんね。で、N先生はいつも全体が見えるところに立つじゃんね。例えば、（記録の環境図を見せながら）ここプラフォーミングなんだけど、ここにピアノがあって、で、プラフォーミングに入る時も、奥に座って、すごい目線を送ってるのね。6

Ⓜ：あ～あ～うんうん。11

Ⓢ：で、動いて、Lくんといっしょに、手紙書いたりするときも。7

Ⓜ：うん～なるほどなるほど。12

Ⓢ：必ず、外は見えないよ。でも、ここに座ることによって、こっちも見える、まあ、ここには目線は送ってなかったようだけど、こっちも見えるっていうことで、目線を送ってたじゃんね。8

Ⓜ：わーすごーい。13

Ⓢ：で、これは、意識すると違うかなって。

Ⓜ：うん、うん。すごい。

Ⓢ：で、Ⓜ先生も目線を送ってはいるんだけど、例えば気になるLくんがここ（ホットケーキ屋さん）でやってるときに、先生がどかんってここに立っちゃって、向こう向いてずーっとやってた時があったのね。そうすると、Lくんがおもしろいつぶやきとかしても多分聞き取れないと思うんだけど、もしこれがここに立って、同じかかわりをしたら、ここも見れる、ここも見れる…っていうふうになるのかなって思った。9

Ⓜ：うん。なるほど。14

Ⓢ：で、これは試してみる価値があるかなと思うことがあって、製作コーナーを壁に寄せて、壁に背を向ける形で先生がそこに入るとそこを拠点としてクラス全体が見渡せる。10

Ⓜ：なんか、製作コーナーから、材料を取りにいくのが、すごく、手間取っちゃうっていうか、子どもが。作ってて、材料はこっちにあるから、材料を取りに行ってる間に戻ってみたら、誰かが自分の場所に座ってるとか、結構あって。そういうのも感じてたんですけど。でも、材料って動かせな

いっていうイメージが自分の中にあって。ワゴンを壁にくっつけちゃうんじゃなくって、ワゴンを出し入れするようにしちゃえばいいんですかね。15

Ⓢ：あ～ふ～ん。ワゴンをこういうところにやって、子どもの動線を少なくすると、動くとやっぱりガサガサするんだよね。6

Ⓜ：そうそう、立つと崩れるし…16

Ⓢ：こっちのワゴンのそばにいたら、武器が作れるかな、こっちのワゴンのそばにいたらお面ができるかなとか。もし、この製作コーナーを試してもらえたら、どうなるのかなっていうのと、立ち位置を意識したらどうなるのかっていうのが。11

Ⓜ：私も立ち位置を気をつけようとは思ってるんですけど、その時になると何にも考えられない。17

Ⓢ：そうそう、私もそうだったもんね。7
（略）

Ⓜ：N先生が入ってくださってから、クラスが本当に落ち着いた。全然違う。N先生がすごい上手にかかわってくださるから。18

Ⓢ：そりゃあるよね。私も新任で４歳もったとき、ここの前の園長先生が主任先生としてほとんど毎日入ってくれて、すっごい助けられた。一人じゃ大変だよ。8

Ⓜ：すごくクラスが変わっていくのを外側から見てしまう。あ、N先生、すごーいと思って。19

Ⓢ：そうだよね。生のモデルだもんね。勉強になるよね。9

Ⓜ：うん。勉強にもなるし、でも、子どもたちも、Ⓜ先生も好きだし、N先生も好きって言ってくれるのがそういうのが、嬉しい。N先生のことも大好きになってる皆のことも嬉しいし。

Ⓢ：具体的にN先生から学んだっていうことある？12

Ⓜ：Lくん、Rくんが片付けで、時間もだし、じゃあ、もうこれ１個やって止めようねって言ってるんだけど、もっとやりたいって怒れちゃうときに、他の子には、片付けだよって言って、止めさせてるっていうか、やりたい子もいっぱいいると思うけど、皆はそれが我慢できるとか、後からまたやろうっていう気持ちになれる子には、もう止めさせてるっていう言い方は悪いですけど…

Ⓢ：まあ、けじめをつけてる？

Ⓜ：うん。けじめを無理やりつけさせるときがあるのに、Lくん、Rくんに対して、どこまで許していいのか。特別扱いみたいに感じちゃってて。それはいいのかなって。他の子とは、違うけど、1個やって、気分よく過ごせるなら、その方がずっといいっていうのが、わかった。それは、特別扱いじゃなくって、個への配慮じゃないけど、違っていいんだっていうのが最近、やっと納得して、N先生のを見たら納得して。そうやって考えたら、すごい、なんか怒ることもあるし、Lくん、Rくんが皆といっしょにできないこともあって当然かなって思えるようになって。で、N先生が、私がちょっと前とか、Lくん、Rくんになかなか片付けだよって言って、できなくって、でも、止めさせようじゃないけど、なかなかもう1個ってやってあげられなかったときに、もう1個だけやってあげたらって声をかけてくださって。一人だったら、言ってしまうのも、N先生がちょっと客観的に声をかけてくださったりするから、そういうところで。20

≪1月≫

Ⓢ：この日、Rくんは、ここでパソコンを作るって言って一生懸命やってて、遊びこんでて。画面にするって言っていろんな紙にいろんなのを書いてて、それを張り替えると画面が変わるっていうふうにして、で、ここ（記録）にもあるんだけど、で、Ⓜ先生がこっち向きで座ってるときに（R男には背を向ける形で他の製作コーナーに参加している）Rくんは先生を何回も呼んでたんだよね。12

Ⓜ：え〜呼んでたんです？21

Ⓢ：見て一見てーって。すごい多分パソコンができたのがうれしくて。でも、彼はここに一人だったのかな。でもずーっと作り続けていて。で、私はこの辺で（ⓂとR男の間あたり）観察してたから、「まあ、この人でもいいか」って感じで「ねえ、見て見て〜」って私にいろいろ説明をしてくれたんだよね。これはペンギンで、この画面はこれで、ここにはキーボードがあって…って。で、それができたのがうれしくて、それを持ってプラフォーミングのところへ行ったら受けとめてもらえなかったっていう流れがあったんだよね。13

Ⓜ：うんうんうん。
Ⓢ：その後どう？Rくんは
Ⓜ：相変わらず…う〜ん。
Ⓢ：先生の立ち位置みたいなところは？13
Ⓜ：Ⓢ先生が観察に来てくださったときも、自分でここに座りながらすごく気になっていて、だけど、製作コーナーが二つあるうちお家のことをやるのにこっちに持ってきている暇もなくそこに立ってどうなんだろうと思ったんだけど、結局、そっち側（R男が見える位置）に回ればよかったんですよね。22

Ⓢ：まあ、ここか、向こうか。でも、全体が見えるとなるとここだよね。14

Ⓜ：うんうん。外も見えてた方がいいんですか？23

Ⓢ：外も見えた方がいいけど…でも、とりあえず、ここに座っちゃうと（家作りコーナーで、R男に背を向けた位置）ここと（R男の製作コーナー）ここ（ままごとコーナー）は全く死角になっちゃうもんね。でも、Ⓜが（自分の背後を）気にしてるなっていうのはわかったよ。こうやって見てたから。でも、振り向きながらみるよりも、ここに座ると体をそんなに動かさなくても、視線だけを送れるよね。15

Ⓜ：（家作りコーナーに）二人が座ってたんで。CちゃんとKちゃんがここに座ってて、私がその隣に来たんですけど、私は後ろにまわってもいいし。

Ⓢ：うんうんうん。どうなんだろうね。なんかね。見てた園とかだと、大体先生はここにいるみたいな。壁面の真ん中って。だから子どもも、なんか先生に用事があるとちらっとそこを観ると、もちろんいないときもあるけど、大体そこが拠点になってる。もちろん、私はここだからねって決めちゃわなくてもいいんだけど、なんかそういうのが定着していくといいのかなって。もし、全体が把握できる場所に子どもが座ってても、みんなのお顔が見たいから、ちょっとここに座っていい？とか。16

Ⓜ：なるほど〜。24
Ⓢ：で、その後どう？R男。14
Ⓜ：う〜ん。暴れるのは全然なくなってはいないので、でも、何て言うんですかね。遊ぶときもあるし、ていうか、遊べるんですけど、ちょっとした

ことでカーっとなっちゃって。でも、遊びじゃなくてもLくん、Rくん二人がまだフラフラフラフラしてて。今日も園長先生と話してて、まだ、友だちとどうのこうのっていうよりも、心の安定だから、まだ二人は。だもんで、先生が手をかけてあげるしかないって。それはわかってはいるんですけど、怒っちゃうともう、手がつけられないし、でも、怒るからっていって、やらせておくと、他の子がけがしないかっていうくらい物を投げたりしちゃうから、最近は、押さえて（R男の両腕を⑩がもつ形）、ずっと力対決じゃないですけど、Rくんが疲れるのを待って、お話が聞けるようになるまで、ずっと押さえてるんですよ。25

Ⓢ：あのとき（観察日当日、R男が怒って⑩が押さえていたとき）も長かったもんね。17

⑩：それがしょっちゅう。

Ⓢ：で、あれはどうなったの？プラフォーミングのRくんが噛みきっちゃったやつ。直すとかなんとか言ってたよね。

⑩：Rくんは、紙張ってマジック塗ればいいって言うんですけど、直してないですけど。

Ⓢ：うんうん。

⑩：終わった後は、一応ごめんねとは言えるんですけど、毎回、昨日噛んでごめんねとか。で、噛みがすごくて、ぎゅーってずーっと噛むんですよ。友だちにはなくなってきましたけど、噛んだりはしなくなりましたけど。

Ⓢ：友だちにも噛んでたの？

⑩：うん。前はありましたけど。でも、今はさすがに友だちには噛まなくなりました。私に怒ってるんじゃなくても、私が（トラブルの仲裁に）止めに入れば、私に。園長先生でもそうだし。怒ってる相手にやるっていうわけではなく、本当に周りに。まだ、そんなことがいっぱいあります。

（略）

⑩：Rくんの方はだいぶ物に当たらなくなったんですよ。前はあったけど、最近は、怒れちゃうと寝転んでわ〜って泣いてってなるけど、物は投げたりしないもんで、ちょっと悔しかったねって声をかけたりするんですけど、まあ、声をかけても気分はすぐに変えられない。

（略）

Ⓢ：そうすると、Rくんなんかが怒っていない、パニックになっていないときは、製作とかやってるの？15

⑩：いっつも作ってます。でも、作るんですけど、Rくんって思いがあるっていうか、ちょっと言い方悪いんですけど、こだわりがあるんですよ。製作しててもけっこうこだわりがあって、そのこだわりからお友だちから違うこと言われても怒れちゃうし、自分がいろいろ作るんです。食べ物、おでんとか、ぱーっと紙を切って、いっぱい作るんですけど、それをお店屋にしたいって言ってくるときがあって、こうやって机があったら、もうここには出せないじゃないですか、じゃあ、Rくんここにしとこうねって言っても、ここがいい！って怒れちゃったりとか、でも、ここにはもう机があるから、お客さん来ないよ、ここじゃ並べないもんねって言ってもここがいい！って怒れちゃったりとか。これ（机）をどけて、Rくんの思いを叶えてあげれば怒らないかもしれないですけど。ねえ、どうしようかなっていう。結局、怒らないようにすべてやっちゃえば怒らないのかもしれないですけど。本当、すべて思い通りにやっちゃえば…ある程度は、テープなんかでも、ちょっと譲るっていうのをやってきて。26

Ⓢ：そうだよね。やってるんだよね。だから、どこに境界線をもってくるか、どこまで譲るかっていう話だよね。10

⑩：Rくんも、結局テープをあと3回って言っても、それでずっと通ると思ってるんですよ。普通、他の子っていうか3回で我慢できたから今日はやらずにやろうねっていう段階っていうかで進むかなって思ったんですけど、でも、R君は（3回）できると思ってて。27

Ⓢ：Lくん、Rくんがパニックを起こさないときって、先生ってこの子たちを意識的に見てる？16

⑩：Lくんは今、けっこうドッチボールで遊んでるし、Rくんはほとんど製作なんですけど、パニックを起こさないときっていうか、Lくんはドッチボールでちょっと前までは当たると毎回パニックだったんですよ。毎回。でも、戻ってきて、また当たって、また泣いて、ていう感じで。Rくんも作ってやってるときはいいんだけど、なんで怒ってるかわからないときもあるし。でも、怒らないとき…28

Ⓢ：きっと製作してるときなんかもすごい集中してやってるから、怒ってないときって接点がなくても過ぎちゃうっていえば過ぎちゃう？17
Ⓜ：そんなことないですよ。反対に怒ってないときは、Rくんの遊びをみんなとかかわらせたいって思ってたんですけど、Rくんが作った物をお店屋にしようよってしたいっていう思いがすごいあったんですけど、Rくんってすごいこだわりががあるもんだからそれが逆効果になっちゃうっていうか。何て言うんだろう。29
Ⓢ：せっかく他の子が入ってきてもそこがまたトラブルの場になっちゃう？18
Ⓜ：なるし、私がもうそうやって言った時点で「ううん。違うのこれは…」前は空き箱で犬を作ったんですよ。すごい本当に犬みたいにできていて、で、いろいろすごいいいじゃん！とか言って、顔も描いてもいいんじゃない？っとか言って、いろいろ言っちゃうじゃないですか、だけど、「ううん、いいの」とか言って、そのときは犬の気持ちふうらしくて。
Ⓢ：（爆笑）
Ⓜ：私がご飯とかもあったらいいんじゃない？とか言うと「ううん。今、お腹空いてないって言ってる」みたいな。
Ⓢ：独特な世界が自分の中にあるんだね。
Ⓜ：で、私もいろいろ言っちゃって、1個だけ乗ってきてくれたのが、犬がよくくわえてる骨とか作ったらいいんじゃない？とか言って、アルミホイルを巻いて作ったんですよ。それだけはね、一応受け取って、くわえさせてやってましたけど。
Ⓢ：うんうんうん。
Ⓜ：でも、後は、ううん、いいの、今、寝るとこだからって。で、だめで、私も何かしなきゃっていうか、何かしなきゃっていう思いがあったんですけど、マンツーマン指導の先生と話して、まあ無理にそこまでしなくても、作ってるんだから、今はまだいいんじゃない？先生もそこにこだわりすぎてるんじゃない？ってお話になって。確かに、まあ、Rくんはまだ、今日の話じゃないですけど、友だちとっていうよりはまだ自分の思いだから、今は言うのをやめて認めるっていうか、いいのができたねって。
Ⓢ：うんうんうん。ずーっと作ってたけど、まわりに子どもいたけど、ああいうときってあんまり他の子どもとのかかわりはないの？
Ⓜ：でも、Rくんはけっこう、それいいねっとか言われるとあげたりとか、作ってあげたりとか貸してあげたりっていうのはできるんですよ。認めてくれるときはノリノリでいけるんだけど、1個否定っていうか友だちから言われたときにはもうバーンって怒れちゃう。ちょっと自分の思いとずれるとまだ言葉でも言えないし、そのずれてる思いを怒ることでしか表現できないっていうか。
Ⓢ：幼いのかな…
Ⓜ：私も本当にわからないんですよ。なんで、どうして…
Ⓢ：先生とのやりとりを見てて、幼いのは幼いと思うんだよね。
Ⓜ：Lくんもこだわりっていうか、私たちはコマだったら斜めに塗っていったりするじゃないですか、それが塗りたくて、でもそれができない！って怒ってて、で、N先生がたまたまえんぴつで線書いてあげるからってやって、ちょっとはみだしたらガーンって怒れちゃう。もう本当、なんかそういう細かいところにも怒れちゃう。他の子なら満足するじゃないですか、でも…30
Ⓢ：けっこうさあ、この間のときも、こっちの製作はこっちの製作ですごく充実してたと思うんだよね。長い時間さあ、子どもたちが着せ替えみたいなの、お家だったっけ作るやつ。で、プラフォーミングのところは、Yくんたちが3人でやってたよね。遊びの群れみたいのは大体こんな感じ？ここかここで製作して、あの時はここで製作してた女の子たちが途中でままごとに流れて…18
Ⓜ：うんうん。そんな感じかな。女の子がここで…男の子が戦いごっこの武器とか作って、走り回って。
Ⓢ：ここでパズル一人やってた子。
Ⓜ：Mちゃん？
Ⓢ：Mちゃんかな。この子、前、インタビューの時に先生が気になるって言ってた子？
Ⓜ：MNちゃんですかね。気になるって言ってたのは。Mちゃんは皆Mちゃんのことが大好きで、MNちゃんも先生、友だち関係は？って書いてくださったんだけど、MNちゃんもMちゃんAちゃん遊ぶことが多くて。MNちゃんもたまにプイっ

て、何て言うんですか、なんかあるとプイって怒っちゃって行っちゃって構って欲しいんですよね、きっと。でも、すごい素直で、MNちゃんって、先生にもおんぶしてもらって降りるよって言ったらありがとうって。

Ⓢ：まあね。

Ⓜ：でも、MNちゃんも一人で遊んでるわけじゃないですよ。

Ⓢ：今、全体としては落ち着いてるもんで。

Ⓜ：うん、他の子はトラブルも減ってきたしだいぶ

Ⓢ：自分の遊びたい遊びを見つけて、けっこう遊びこんできてるよね。

Ⓜ：Tくんも、友だちとかかわれるようになって。

Ⓢ：あの日もドッチボールに入ってて、当たっても、復活してやってるってN先生も成長したねって。じゃあさあ、試しっていうか、<u>だいぶ群れてきてるから、その中の充実度を高めるために、先生が全体を把握できる位置っていうのをちょっと心がけてみるっていうのと、ちょっとあそこ手薄になってきてるなっていう、それが別に他の遊びにエネルギーが向かっているならいいんだけど、なんかとにかくばらばらばらってしちゃったときに。</u>₁₉

Ⓜ：停滞っていうか。

Ⓢ：そうそう。そのときにもし先生が動いて、そこにかかわって、また、拠点にしてるところにもどってくるっていうそういうパターンができてきたら、何か変化があるのかとか、全体が見えてきたら、Rくんが何で怒ったのかっていうのがつかみやすくなるんじゃないかっていう気がするんだよね。例えば、あの時だったら、ここで、作ってて、あそこ（プラフォーミング）に動いていったじゃん。そうすると、あそこに入るんだなって思ったんだよね。で、多分、パソコンを自分はしたかったのと、あっち思いが違ったんだよね。₂₀<u>あのときって先生いたっけ？もしかしたらいない？</u>₁₉

Ⓜ：それが記憶ないんですよね。

Ⓢ：<u>もしも、ここにいて、子どもの動きが目に入って、あ〜今、新たな接点の場ってトラブル起きやすいよなっていうので見てて、わらわらわら〜ってなったときにすぐに入らなくてもいいんだけど、彼の気持ちが代弁できれば、相手はこう思ってるのかっていう摩擦がちょっとは。</u>₂₁

Ⓜ：てことは、怒り出してからじゃ遅いってことですよね。

Ⓢ：いや、でも、その場を全部つんじゃうんじゃなくて、なんで怒ってるのかっていうのを先生がわかっていないと…わかってると代弁できると相手の子にもRくんの気持ちが伝わるし、Rくんもわかってくれたっていうことで次につながるかなって。落ち着いてるから、先生の動きも動線が多くないからガサガサしてなくて、おちついて見ていられた。4月5月の私はどこにいたらいんだろうっていうのはないから。だから、立ち位置と動きを意識するとどうなるかなって見てみたいなって。あと、感じたことを聞きたいなって。あと、片付けのときに皆自分で片付けることができるんだけど、ちょっと試してみて欲しいんだけど、<u>片付けのときの視覚的に大きい物を先生がリズムよくノリよく片付けていくとそのノリが子どもたちに波及していく。</u>₂₂

Ⓜ：ちょうど、あの時もそうだけどプラフォーミングの所で遊んでたYくんがいつも片付けない。なかなか。₃₁

Ⓢ：<u>Yくんを巻き込むためにも、プラフォーミングって大きいから、視覚的にも入りやすいじゃん。で、先生の動きもよく見えるから、先生が「じゃあ、片付けようかな〜」って言って「はい！Yくん、はい！はい！」って（プラフォーミングを手渡す動作）やってくと、それが波及してくっていうのがあると思うんだ。</u>₂₃

Ⓜ：そうですね。やってみます。Yくんはお家でもできないみたいで（笑）₃₂

Ⓢ：あ〜そうなんだ。でも、それはそれで子どもらしいっていえば子どもらしいかな。甘えん坊ちゃん？

Ⓜ：遊びたくて遊びたくて。もうずっと武器をもってねえ。

Ⓢ：そうか〜ふ〜ん。じゃあさあ、ちょっとそれやってみてYくんがどう変わっていったかとか、クラスにどんな影響があったかとか教えて。片付けと先生が全体が把握できる位置。あ、そうそうあと、N先生が入らなくなったんだよね。どう？どう？

Ⓜ：子どもたちはN先生は？とか遊びたいとか言ってますけど、まあ、そんな子どもは不安定にはな

らなかったかなって。ちょっと心配だったんですけど、N先生にいっぱい助けてもらったんで。でも、それほどは。N先生も園の中で姿が見えるから、子どもたちもそんなには。
Ⓢ：そうか。落ち着いてきてるもんね。あとは、Lくん、Rくんか。ちょっと巻き込めるといいよね。そのあの子たちの安定が大切なんだけど、そのかかわりの中で、嬉しいから（作った物を）あげるよっていうのがあるってことは、どこかでそういうのを求めてるっていうのがあるからだもんね。

②分析と考察

　新任Mとの「対話」において、研究者（筆者）は、新任Mの「葛藤」を明らかにすることに重きを置いているため、どのような「対話」が新任Mの具体的「葛藤」解決の糸口になるのか、また、保育者が自身の保育課題に気づくにはどんな問いをどのようなタイミングで行うとよいのかという思考が十分に働いていない。その点を認めた上で、保育者の自己形成を支える「対話」ア～ウに基づいて研究者と新任Mの「対話」分析を行い、具体的にどのようなタイミングでどのような発問をすべきだったのか等について考察していく。

ア　「対話」の必然性

　研究者の共感や客観的事実に基づいた発話により、新任Mが研究者に悩みや「葛藤」を語るという傾向は認められる。例えば、新任Mの語りに対して、研究者が「そうだったね。…」等と研究者が観た事実とすり合わせながら語ることで、新任Mに共感を示したり（分析・説得1～5）、R男が新任Mに自分の作ったパソコンを見て欲しくて何度も新任Mを呼んだが、新任MはR男に背を向けて作業をしていたためそれに気づけなかったという場面（分析・説得12・13）や補助Nが全体把握を意識していた援助等について観察記録を見せながら伝えることで（分析・説得6～11）、新任Mより「そうそう」とか「なるほど」という共感、同調、納得の言葉が語られており、こういった研究者と保育者の関係の上に、新任Mの悩みや「葛藤」が語られている（傍線3～5，15，25～30）と考えられる。しかし、12月のインタビューにおいて、**研究者の発問が幼児個々の内容に偏っている**（発問2～5，7）ために、新任Mの語りもそこで留まってしまっていることは否めない。したがって、個々の幼児に対する新任Mの語りに対して、その状況がなぜ生まれるのかといった問いを「葛藤」の客観的条件に照らし合わせながら対話に盛り込んでいくことにより、対話の必然性は一層高まり、保育課題への意識化へとつながっていったと推測される。この「葛藤」の客観的条件の詳細については、ウの項で述べる。

イ　客観的事実による保育課題分析

　12月は補助Nの援助を基に、その援助の意味づけを行い、新任Mの保育課題を研究者は伝えている。例えば、観察記録を見せながら、補助Nの立ち位置を伝えることで、全体を把握するという視点と具体的に新任Mが今後どうしていったらよいのかという提案を行っている（分析・説得7～10）。その視点を基に、新任Mが実際に困っている製作コーナーの動線について具体的に研究者と保育者が検討し合っている（傍線15，16，同調6，分析・説得11）。1月も同じく、R男が新任Mにパソコンを見て欲しいと声をかけていた事実となぜそれに新任Mが気づけなかったのかという問い（発問12，13）から、新任Mが自身の立ち位置を具体的に反省する語りを経て、自己のかかわりの新たなプランを提案している（傍線22）。しかし、前項でも触れたように、研究者の発問が、L男やR男ら個々の幼児と新任Mとのやりとりに留まりがちなため（発問2～5，7，13，14）、新

任Mの保育課題の自覚化に向け、なぜ気になるL男やR男の遊びを把握できないのか、把握するためには、クラス全体の遊びはどうなるとよいのかといった**遊びの群れと保育者の援助の関係性に対する「問い」**が必要であったと考えられる。例えば、新任Mの「私も立ち位置を気をつけようとは思ってるんですけど、その時になると何にも考えられない17」という語りに対して、研究者は「そうそう、私もそうだったもんね」（同調7）と返しているが、ここは同調するのではなく、「なぜ何も考えられないのか」「どうしたら考えられる状況ができるのか」という「問い」を意識的に行うことが必要である。それらの「問い」があることで、L男・R男のようすを把握するためにもクラス全体の遊びが安定、つまり遊びが群れとして持続しなくては、個別の配慮が必要な子ども個々への援助はできないということや、遊びが群れとして持続するには、保育者のどういった援助が大切なのかという発想への保育者自身の「気づき」が期待できるのである。また、

　Ⓜ：Lくん、RくんTくんばかりを見てたというか。最近は前よりはずっとなくなってきて。6
　Ⓢ：本当、落ち着いてたもんね、この日も。5
　Ⓜ：本当ですか？この日って発表会が終わってすぐ次だからとか。たいてい、月曜とかはすごい落ち着かなくて。給食とかはすっごいです。月曜は大盛り上がりです。

というやりとりにおいて、研究者が「落ち着いていた」とする根拠が示されていない。ここで、L男やR男がどこでだれとどのような遊びを展開していたのか、L男らがいたコーナーやそれ以外のコーナーでの遊び、クラス全体の遊び状況はどうだったのか、そこに保育者がどこでどうかかわっていたのか等を時間を追って、連続的に伝えることで、どういう状況が落ち着いていると判断できる遊び状況で、その時の保育者の援助と遊びの全体状況との関係性、ひいてはL男らの状況との関係性が明らかになり、新任Mにとって自覚化されていた意図的な援助と無自覚だった言動を振り返り、「気づき」につながるきっかけとなったかもしれないのである。同様に、分析・説得18・19において、「製作ですごく充実してた」や「（幼児が）群れてきている」と研究者が語っているものの、その根拠となる客観的事実が語られていないために、どういう状況を具体的に「遊びが充実している」とか「幼児が群れて遊んでいる」と判断するのかが不明である。そこを明確にすることで、保育者が自身で今後の援助における具体的援助のあり方を自覚化できるのである。

ウ　保育課題の自覚化

　新任Mは12月のインタビューデータで、補助Nが入ってからクラスが落ち着いたと語っている（傍線18）。新任Mの保育課題を自覚化する場合、補助Nの援助の何が具体的にクラスの落ち着きを生んだのかを丁寧に検証しなくてはならなかった。インタビュー中の研究者の語りは、保育者の立ち位置にのみ終始しているが、後の補助Nの語りにある将来的に子どもが自分たちで遊びを継続的に発展していくことを見通した身体的援助については全く触れていない。補助Nが語った身体的援助を引用すると次の通りである。

最終的に子ども同士で遊びが広げていけるように心がけている。折り紙なら、3～4人でやってて、子どもが「ここがわからない」と言ったら、ある程度は教えるけれど、そういうのが得意な子に「教えてあげて」と振ることで、子ども2人の会話が始まり、3人の会話になると私はすーっとその場を抜けて、他に援助が必要かなというところに入る。そうなると、私がいない方が子ども同士がつながるかなと思う。難しくて動作の多い物を折ってと子どもが言ってきたときは、「うわ～こんな難しいのよう作らんわ～」と言って、本をペラペラめくり、子どもでもできそうな物を選ぶ。そうしないと、私もそれに集中してしまって全体が見えなくなるし、子どもが自分でできない物だと私がその場を抜けたときに遊びが終わってしまうから。これが5歳児であれば、自分たちで難しい物もできるので、また違ってくるけれど。戸外の花いちもんめなら、最初は私が真ん中にいるけれど、「～ちゃんが欲しい」というやりとりをしているうちに端にいき、だんだん自分の存在感を薄くしていって、子ども同士で流れができてきたらしぜんに抜けていく。そうすると結構子どもたちだけで長い時間遊んでいる。

　つまり、「葛藤」の客観的条件である「人・物・場」に当てはめれば、コーナー設定、保育者の立ち位置だけでなく、それぞれのコーナーで遊ぶ子どもたちの遊び状況（物とかかわっているか、人とかかわっているか、同じ遊びで継続的発展的であるか）、そこにかかわる保育者の身体的援助がどのような影響を与えているか等自己省察の視点も重要なのである。例えば、研究者の発問において、遊び全体やそれぞれのコーナーについて触れたことで（発問8）、その後、新任Mが個々の幼児と保育者とのかかわりではなく、環境構成について触れている（傍線7～9）。その新任Mの語りの中で、幼児が各々に製作を充実させられる援助として、教材の量を増やすことや保育者による作り方の提案という形で言及しているが、具体性に乏しい。つまりここで必要なことは、幼児の製作がより充実するための保育者の動作モデル的役割について、補助Nの援助等を基に触れるということである。また、新任MはR男に対して、遊びを通して他児とかかわらせたいという思いを持っているが、R男のこだわりの強さがそれを困難にさせていると捉えている（傍線29）。しかし、保育者自身がR男のイメージがつかめておらず、またR男の動きに同調することもできていないため、R男自身の遊びを深めることも、他児への身体モデルになることもできていない。観察記録において、補助Nの身体的動作レベルの援助が把握できていないが、この点についての問いを研究者が意識的に行うことにより、モデル的役割の自覚化を促すきっかけになったと考えられる。
　最後に、片付けについて、L男とR男ができないという語りが12月になされている（傍線20）。この悩みに対して、1月時、研究者より保育者自らモデルとなり、片付けのノリを波及させることを提案している（分析・説得22, 23）。この提案が、「<u>（略）N先生が、私がちょっと前とか、Lくん、Rくんになかなか片付だよって言って、できなくって、でも、止めさせようじゃないけど、なかなかもう1個ってやってあげられなかったときに、もう1個だけやってあげたらって声をかけてくださって。一人だったら、言ってしまうのも、N先生がちょっと客観的に声をかけてくださったりするから、そういうところで。[20]</u>」という新任Mの語りの後にされていれば、よりタイミングが適切だったといえる。
　以上のことから、新任Mの「葛藤」の質的段階は、無自覚的段階である。しかし、研究者の保育診断がまだ不十分な点があるため、「葛藤」の段階の診断に基づいた「対話」となっていない。

その結果、「葛藤」の客観的条件にかかわる「問い」が意図的にできていないということが、記録ならびにインタビュー結果より明らかとなった。そしてこのことは、観察者の保育記録の記述内容とかかわってくるのである。

3）新任Mの「葛藤」

インタビュー結果より、保育者の思いと実際の保育とのズレを語った部分を「葛藤」と捉え、それを抽出し大意が変わらない程度にまとめたものが表2である。

ただし、3月のインタビューでは「葛藤」は見出されなかった。

表2●新任保育者の保育における「葛藤」

月	葛藤内容
4	手が出る子がたくさんいて困るがどうしようもない。園長先生は手が出る子を受け止めてあげるようにと言われるが、私は何もしていないのに手を出された子の方が気になっている。
5	かみつくという行為が続いたS男とじっくり遊びたいが、S男は遊べてしまう。園長先生にも気になる子は一緒に遊ぶようにアドバイスをいただいているが、結局呼んで来る子とかかわってしまう。
6	園長先生も気の合う子を見つけてあげれば楽しくなるからと言ってくださり、自分も全員に対して、そうしたい気持ちはあるのにできない。
7	今、子どもがして欲しいことをしてあげられるよう心がけているが、できないことが多い。まわりのようすがよくわかるM子は、私が忙しいと自分の要求を言わないから気になるが、手がかかる子とのかかわりが多くなってしまう。
9	クラス全員で何かやろうという時に、T男がわざと勝手な行動をしたり、迷惑とわかっていてそれを楽しんでしまっている。かまって欲しいのもわかるがうまくかかわれない。園長先生との話の中で友だちがいないことも原因ではないかとブロックをしまったが、他児とのかかわりは長続きしない。
10	隣のクラスはきちんと保育者の話が聞けるのに、自分のクラスは聞けない。指導に入ってくださる先生が給食の時であれば、今日のメニューに関心が持てるような言葉をかけるとよいと言ってくださったが、自分なりにはやっているつもりがうまくいかない。
11	園長先生の言葉を借りて言うと、怒ると手がつけられなくなるL男、R男は、クラスにまだ居場所がない。L男、R男を怒らせる前にちょっと譲って気分を乗せていくようにしているがうまくいかない。
12	クラスは落ち着いてきた。 M子の友だちとのかかわりが広がるようにするには、保育者とM子のところに他児が加わる形が望ましいが、M子が保育者を誘う時に毎回必ずは行けない。M子の他児に対するきつい口調が気になる。園長先生に友だち関係がうまくいかない焦りなどが原因ではと言われ、そうかなと思いつつどうしていいかわからない。
1	R男は製作が好きでよく作っているので、R男の製作物を使ったお店屋さんごっこを通してR男と他児をかかわらせたいと思ったが、こだわりがあるから逆効果でトラブルになる。
2	全体が見える立ち位置を意識しても、周りのようすをじっと観る余裕がない。R男、L男の姿が視界に入っていても、なぜ怒り出したかがわからないときがある。なぜ怒っているのか言葉に出さずにいきなり相手をたたいたりするから相手の子もわからないようす。

表2より、新任Mの「葛藤」は、個に対するもの（4月、11月）、全体と個に対するもの（6月、7月、9月、12月、1月、2月）、園長など指導者の発言と自分の実践のズレによるもの（5月、10月）であり、具体的な内容で分類すると、次の4点である。①手のかかる子への援助に集中するあまり、他児とのかかわりが十分もてない、②手のかかる子と他児が一緒に遊べるようにする手立てがわからない、③子どもたち一人ひとりに手がまわらない、④園長や指導教諭からのアドバイスが生かせない（傍線部分）。集約すると、個への援助と子どもたちのインフォーマル集団での遊びの援助との「葛藤」である。

4月から12月までは、園長や指導教諭からのアドバイスが生かせない「葛藤」が述べられているが、1月以降はL男、R男に対して新任M自身が援助を工夫してみたがうまくいかないといった内容になっており、これは、「葛藤」が質的に変化したといえる。

　12月のインタビューで、新任Mより**「クラスが落ち着いてきた」**というコメントがあった。「クラスが落ち着いている」という状態を客観的に捉えるには、コーナー遊びに参加している子どもの人数とその遊びの持続時間に着目する、それぞれの遊びコーナーに参加している子どもの言動を分析し集約するという方法が考えられるが、ここでは、群れを成している子どもが持続的に遊びを行うことには、遊びの充実度との連関があるという理解の基に前者の方法を用いる。その方法に基づいて、12月6日のデータを図示したものが図6であり、各遊びコーナーに参加している人数とその遊びが持続している時間を図式化し、その持続時間を矢印↓で示した。

　図6の③は10：30からL男が加わったことを示す。コーナー同士を行き来する子どもの動きは多少あるものの、図6より、比較的に子どもたちが群れを成して、それぞれの遊びを持続的に行っていることが認められる。表2の1月以降の「葛藤」が新任M自身の課題意識に基づいているのは、クラス全体が落ち着き、自分がかかわらねばならない対象（L男、R男）が絞られたことが関連していると考えられる。つまり、「葛藤」の質的変化は、以前に比べて新任Mがクラス全体を把握できるようになったことが影響しているといえる。

コーナー＼時間	①ネックレス作り	②空き箱製作	③基地作り	④ままごと	⑤ホットケーキ屋さんごっこ
9：15	3～5人	7～11人	2～3人		2～3人
9：40	↓	↓	↓	3～4人	↓
10：05	↓	↓	↓	↓	
10：30	↓	↓	+L男	↓	
11：00	↓	↓	↓		

図6●遊びコーナーにおける参加人数と遊びの持続時間（12月6日）

4）新任保育者の「葛藤」とその起因から保育の手がかりを探る

　表2の「葛藤」—個への援助と子どもたちのインフォーマル集団での遊びの援助—を解決するには、幼児全員を把握可能とする保育者の位置や幼児が群れを成して遊びを深めていくことのできる環境の工夫といった方略を構想する必要がある。小川（2010b，pp.142-143）は、保育方略の必要性を述べており、「この方略とは、具体的なtacticsを認知的にコントロールするための行動方略である」としている。具体的な方略の1つとして、保育者が製作コーナーを拠点とすることを挙げており、その理由を以下の2点としている。

① 「人間関係を結ばなくとも物とかかわれる場所」であり、「そこに保育者がいることで、幼児にとって人と物と空間が結びついた幼児一人ひとりにとっての環境を主体的に構成しやすい場である」
② 「幼児たちがもっているイメージを理解する手がかりが、物やその扱いにあって、会話だけの場合よりわかりやすい」ため、「保育者は製作コーナーにいる幼児一人ひとりの活動を個別に見取りやすい」

そしてこれらのことは、保育者が幼児の遊びに言葉でかかわることを通例とする保育観を変換する契機にもなるとしている。これに関連し、補助Nが10月下旬より新任Mのクラスに入った後、クラスは落ち着き始め、子どもたちは群れて自分たちの遊びを持続的に行う姿が観られるようになった。観察を行う中で、補助Nが全体を把握するために自分の立ち位置を工夫し（図3の環境図ならびに事例中の波線部分）、最終的に子どもたちが自分で遊びを広げ、子ども同士がつながっていくことを目標として遊びに入るタイミング、抜けるタイミング、L男やR男など個へのかかわり方を意識的に行っていることがうかがえた（図2事例中、手紙をくれたA子に返事の手紙を書いて渡すことに対する補助Nの援助をきっかけとして、L男が③の遊びに入っていく姿など）。それは、インタビューから整合性が得られたので、以下にその関連部分を抜粋し、大意が変わらない程度にまとめて記す。

全体把握と個の援助の連関に関する補助Nのコメント内容

① クラス全体が見えるところに自分がいないと、けがなどの安全面の問題もあるし、子どもたちのようすが把握できない。全体が見えていると、すぐ隣にいなくても、ここをちょっと手伝ったらスムーズにいくというところがわかる。全体が見えるところに座る際、大体、だれがどこにいて、今、何をしているかをインプットする。そして、製作だったら何を作ろうとしているのか、イメージがはっきりしているかどうかなどを離れていてもできる限り把握できるようにして、あとで声がかけられるようにしている。

② 全体を見ながら、とくに、L男、R男、T男の姿を目で追って、ここで手助けすると遊びが続くかな、ここを褒めると気分よく過ごせるかなと考えている。でも、べったりではいけないし、私と二人だけの世界ではないからそこが難しい。

③ 最終的に子ども同士で遊びが広げていけるように心がけている。折り紙なら、3～4人でやってて、子どもが「ここがわからない」と言ったら、ある程度は教えるけれど、そういうのが得意な子に「教えてあげて」と振ることで、子ども2人の会話が始まり、3人の会話になると私はすーっとその場を抜けて、他に援助が必要かなというところに入る。そうなると、私がいない方が子ども同士がつながるかなと思う。難しくて動作の多い物を折ってと子どもが言ってきたときは、「うわ～こんな難しいのよう作らんわ～」と言って、本をペラペラめくり、子どもでもできそうな物を選ぶ。そうしないと、私もそれに集中してしまって全体が見えなくなるし、子どもが自分でできない物だと私がその場を抜けたときに遊びが終わってしまうから。これが5歳児であれば、自分たちで難しい物もできるので、また違ってくるけれど。戸外の花いちもんめなら、最初は私が真ん中にいるけれど、「～ちゃんが欲しい」というやりとりをしているうちに端にいき、だんだん自分の存在感を薄くしていって、子ども同士で流れができてきたらしぜんに抜けていく。そうすると結構子どもたちだけで長い時間遊んでいる。

新任Mの「葛藤」に対して、小川の戦略や補助Nのインタビューより、全体把握と個の援助の連関に着目した具体的方策を提案したい。まず、全体把握の視点から、先述したように、図5のコーナー配置や保育者の位置が理想的であろう。12月のインタビューにおいて、新任Mは、12月6日の観察記録（図2・3）を観ることで、全体を把握しながら個々に対する援助を検討することの必要性を感じ始めていたが、全体が把握できる位置を意識しても、「周りのようすをじっと観る余裕がない」とコメントしている（表2　2月）。つまり、全体が把握できる場所に位置しても、全体にまなざしが向けられないということである。遊びのコーナーとしては多くはなく（基本的に図4のコーナー設定が主である）、図6に示したように、12月6日のコーナー遊びの持続時間はコーナーごとに差はあるものの、ままごと以外はどれも1時間以上であり、コーナー遊びが充実していることが予測され、そのような状況の中であれば、保育者は全体を把握しやすいと考えられる。だとすると、保育空間や遊びの持続時間の問題ではない。図2～4の新任Mの姿から、作業や子どもたちの要求に追われ、全体を観ることができなくなっていると推察される（図2・4破線部分）。このことから、補助Nがコメントしたように、保育者が最終的にはその場を抜けても子ども同士で遊びが続けられ、楽しめるようにするという目標のもと、子どもが自分で遊びを継続し、発展できる人的・物的環境を設定していく必要がある（補助Nのコメント③）。全体把握が可能になれば、個々に特に配慮が必要なL男やR男のようすをまなざしで追うことも可能となり、「Mせんせ〜い、みて〜…」という声に応えることや、L男やR男とかかわる子どものようす、遊びのイメージを把握し、援助の手立てやそれを講じるタイミングが見えてくる可能性が生じてくると考えられる。

　具体的な保育者の援助と子どもの姿として、12月6日のデータから、補助Nが①9：40→③9：45→①9：50とコーナーを移動をしても、常に全体にまなざしを送っていること、補助Nの移動によるそれぞれのコーナー遊びの持続時間への影響はほとんど見られず、自分たちで遊びを進めていく形になっていること、9：50にL男からA子への手紙を書くよう要求されるが、補助Nと共に書く提案をし、その手紙が書きあがるとL男は③のA子に渡しに行き、それをきっかけにL男、A子らの遊びが10：30～11：10まで持続していることは注目すべきである。ここには、補助Nがインタビューで語った「最終的に子ども同士で遊びが広げていけるように」という見通しや、L男、R男らとのかかわりについて「私と二人だけの世界ではいけない」といった意識が反映されている。一方、新任Mのみの勤務であった2月のデータ【研究4】より、9：15～9：40まで新任Mが参加した結婚式ごっこは、新任Mが神父役となり、終始遊びのイメージをリードする形であったため、新任Mが抜けると遊びは停滞していき、参加していた6人の子どもはままごとやカルタ取りに流れていった。ここには、子ども同士のつながりや子どもが遊びを発展させていくことに対する見通しはあまり感じられない。この事例の詳細な分析は【研究4】で行うが、このことから、保育者の遊びに対する参加の仕方と子ども同士で遊びを発展させていくこととの関連性が明らかになった。

　このように、新任保育者は保育そのものに向かうまでに、さまざまな不安等があることは当然だが、だからこそ、そこにかかわる研究者は、新任保育者の多岐に渡る保育課題に対して、できないところを責めるのではなく、客観的事実からできているところを具体的にほめ、その保育行為が子どもたちや遊びにどう影響を与えていくのかを丁寧に意味づけていく必要がある。その行為を行うためにも、実際の保育を「観る」ことが重要であり、その上での「対話」が求められるのである。

　実際に、「葛藤」を保育者自身が自覚化し、向き合っていく上で、コーナー遊びの安定性は「葛藤」の主体的変容に大きな影響を与える要因の一つであると推察される。なぜなら、集団保育において、

複数の幼児の遊びを一人の保育者が把握し、援助の優先順位を決め、援助を行う必要があるとするならば、それぞれのコーナーで幼児が群れて遊ぶ、つまりコーナー遊びが安定していることにより、「葛藤」の質的変容が予測されるからである。その「葛藤」の質的変容を追跡する上で、「葛藤」をあまり感じていない保育者の事例に着目することが有効であると考える。なぜなら、「葛藤」をあまり感じていない、つまり無自覚である保育者が「葛藤」を感じるようになるとすれば、それは、「葛藤」の質的変容の欠かせない第一歩であり、かつ自然発生的に保育者自身が「葛藤」の質を変容することが困難なステージだからである。そこで、次節において、「葛藤」をあまり感じていない保育者の事例分析を通して、コーナー遊びの安定性と「葛藤」との関連性について述べる。

付記　本節は、拙稿2006　保育における新任保育者の「葛藤」に関する研究―全体把握と個の援助の連関に着目した具体的方策の検討―　乳幼児教育学研究, 15, 35-44. を引用、一部修正している。また、本節でのデータ使用については、A幼稚園の承諾を得ている。

3.「葛藤」を感じていない保育者の保育課題解決の可能性　【研究4】

(1) 目的

　これまでの保育研究は、先述してきたように「葛藤」を個人の内的プロセスとしてのみ捉えてきたため、保育者が悩みとして自覚していない部分には注目してこなかった。しかし、集団保育は人・物・場の関係性によって成立していることを考えると、自覚していない部分に保育課題が潜んでいる可能性が大いにあることが推察される。つまり、「葛藤」を感じていない保育者であっても、保育課題を抱えている可能性はあるのであり、その保育課題に自ら気づくための方策を探ることは、保育実践の質的向上を目指す場合、大変重要であるといえる。

　そこで、本節【研究4】では、前節【研究3】を受けて、保育者の「葛藤」とコーナー遊びの安定性との関係性、つまり、人・物・場の関係性をコーナー遊びの安定性に着目して、具体事例より明らかにする。そして、「葛藤」を感じていない保育者の保育課題に対し、保育者自身が向き合うための具体的方策について関係論的に検証することを目的とする。

(2) 方法
1) 対象

　前節【研究3】と同様、愛知県の3年保育を実施している公立A幼稚園（3歳児：1クラス、4・5歳児：2クラスずつ）の担任新任M。新任Mは2005年4月より新卒の保育者としてA幼稚園に勤務。2005年度は4歳児クラス（26名在籍）の担任、2006年度は5歳児クラス（27名在籍）の担任である。筆者は2003年11月より継続的にA幼稚園において保育観察ならびに保育者へのインタビューを行い、新任Mに対しては2005年4月より月に1度の保育観察とインタビューを行っている。筆者は、継続的にA幼稚園でのフィールドワークを行うことで、新任Mだけでなく他の保育者、用務員さん、園長先生とも園の保育や園児について語り合うことを重ねることができた。新任Mとは具体的な保育データを基に、全体把握と個への援助の連関を探るという課題を意識したかかわりを積み重ねた。

2）データ
　観察や記録の取り方、インタビューの方法についての詳細は、「1．具体的な研究方法」を参照されたい。
①観察記録
　2005年4月～2007年3月の間、各月に1回計24回、幼児が登園してから食事の準備までの保育観察（自然観察法）を行う。必要な場合は、ビデオ撮影も行う。訪問時の特徴は、自由遊びのようすが観察できる日である。一斉活動を行う日ではなく、自由遊びを行う日を事前に園より教えていただき、観察日とした。
　本節で使用したデータは、4歳児3学期、5歳児1学期・2学期の中から紙幅の都合上、一事例ずつ抽出した。それぞれの事例は、特別な事例として取り上げたのではなく、保育が比較的に安定し、毎日の保育が恒常的になってきた時期の日常的な事例の一つとして使用した。その事例が日常的な事例であるということは次項の保育者へのインタビューにより確認している。
②インタビュー
　観察記録を文書化後、10日以内に観察記録ならびに保育観察時に撮影したビデオを持参し、約1時間程度のインタビューを行う。

3）分析方法
① 観察記録ならびにビデオ撮影によるデータから、コーナー遊びの安定性の変容とその要因を明らかにする。
② インタビューデータより、まずは研究者の「対話」のあり方について評価分析する。その評価基準は、前章で示した、保育者の自己形成を支える「対話」ア～ウ（渡辺，2010a）とし、これらア～ウにおいて、研究者は保育者の「葛藤」の質的段階を判断し、①に挙げた保育の実践についての診断や保育者の反省的思考を引き出す「対話」ができたかを分析する。
③ 研究者の「対話」能力の診断後、保育者の語りより、どのような意図の基に環境を構成し援助を遂行しているのか、新任Mが抱えている「葛藤」の視点から明らかにする。また、保育者が自身の身体的援助や環境構成と幼児の遊びとの関係性についてどれだけ自覚していたかを観察記録との整合性を通して考察する。
④ ①～③より「葛藤」の質的段階とその段階における保育課題とを明らかにし、保育者が主体的に保育課題を変容させるための具体的方策を検証する。

(3) 結果と考察
　本節の事例は、4歳児2月、5歳児6月・10月を対象としているため、幼児同士の育ちや発達に応じた人間関係の深まりもコーナー遊びの安定性に関係していると考えられる。しかし、第2部第2章【研究1】で示したように、環境の再構成が遊びの群れや遊び状況に影響を与えることは明らかであるため、本節では、同じ担任保育者の援助とコーナー遊びの安定性との関係性に着目して考察を行う。

1）コーナー遊びの安定性の変容とその要因

①保育の概略

図7は、2006年2月8日の観察記録を基に作成した保育室環境図、表3はその環境内にあるコーナー遊びの概略である（以下、図8・9のコーナー遊びの概略も同様）。同様に事例1は保育者や幼児の言動を時間の経過と共に追ったものである（以下、事例2、3も同様）。事例中の保育者をⓂ、幼児をⒸと記す。環境図中の┄▶はまなざしの行方、━▶は幼児の動線を示す。

表3●遊びコーナーの概略

	図7（2月8日）	図8（6月20日）	図9（10月25日）
①	大型積み木・結婚式ごっこ	大型積み木・マリオごっこ	大型積み木・ドミノ倒し
②	指輪作り	お店屋さんごっこ	お店屋さんごっこ
③	カルタとり	絵描き・製作	絵描き・製作・紙飛行機作り
④	製作（剣・車）・色塗り	設定なし。ゴザを敷いたり、イスを持って来たりして柔軟に遊ぶ空間	ハンドベル
⑤	ままごと		
⑥	マクドナルド屋さんごっこ		

【事例1】（2006年2月8日）※図7参照

晴天。登園した幼児たちは、持ち物の始末をしてから、9：15の時点では、①で大型積み木をバージンロードに見立てた結婚式ごっこが始まっており（A子、A美、M子、R男、R太ら）、⑥のマクドナルド屋さんごっこでは、④でごっこに使用する物を作りながら⑥と④を行き来して遊んでいる（K奈、Y男、Ry児ら）。④では、剣や車を作っており（T男、Ry男、Ry児）、②では、指輪作りを行っている（M香、N美、K子）。①の結婚式ごっこは、保育者も参加し、9：15～45頃までは継続するが、保育者が⑥のマクドナルド屋さんごっこに移動すると遊びが消滅していく。結婚式ごっこで遊んでいた女児は⑤のままごとで遊び、男児は③でカルタとりを始める。保育者はマクドナルド屋さんごっこの後9：50から④にかかわったり、戸外と保育室内を行き来する。

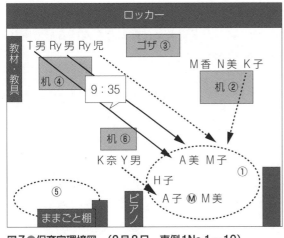

図7●保育室環境図　（2月8日　事例1No.1～10）

事例1●子ども・保育者の言動 （2月8日） ※図7参照

時間	No.	子ども・保育者の言動
9：15	1	Ⓜは①でままごと用スカートをはき、ベールを頭につけて、結婚式ごっこに参加。「先生、神父になるわ〜」とⒸらに声をかける。
	2	A子、M子が花嫁になる。M美が泣いている。M美のようすを見て、H子、A子は戸惑った表情。
	3	ⓂはM美とA美と衣装についてやりとりをしているよう。
	4	Ⓜ「R太くん、結婚式始めますよ〜」と呼びかけながら、A美らに「いっぺんに結婚できないから…」と提案している。
	5	結婚式ごっこが始まると、Ry男やT男も参加してくる。
9：35	6	神父役のⓂが新郎新婦役のⒸに「〜を誓いますか？」などとセリフを言うと、A子やRy男はとてもうれしそう。
	7	Ⓜ「それでは新郎新婦入場してください…タタタターン…あなたはA子を愛することを誓いますか…」と、Ⓜの神父の進行でごっこが進んでいく。その流れの中で、①のⒸらは拍手をする。
	8	その①のようすを②④⑥のⒸは目で追っている。
	9	Ⓜ「さあ、それではダンスパーティーです。素敵〜花嫁さんきれい〜」などⓂが①で声をかけるたびに⑥のⒸは①を観る。
	10	Ⓜ「わ〜今日の結婚式すてきだったね。結婚式終わったからマクドナルド行こう」と①のⒸらに声をかけると、A子がⓂに「まだ結婚式するよ…」とつぶやく。
9：43	11	Ⓜは①から⑥へ移動。Ⓜ「わ〜マクドナルド、いいにおいがする。ジュースは…」と立って大きめの声でお客さん役を始める。
	12	①の女児5人は花嫁衣裳を着ているが、遊びは盛り上がらず、絵本を読んだりして過ごす。
9：58	13	女児は⑤のままごとや③のカルタとりに移動する。

【事例2】（2006年6月20日） ※図8参照

　晴天。登園した幼児たちは、持ち物の始末をしてから、9：12の時点では、②（A子、B子）または③（保育者とM子、M美、C子、D子。小学生が幼稚園に来るため、小学生あてに絵を描いたり手紙を書いたりしていた）のコーナーで遊ぶ子、コーナーのない空間④で遊びのイメージを共有している子（大型積み木を持つR男とそこにめがけて折り紙で作ったしゅりけんを飛ばすY男。この後、9：35〜10：20まで続く①でのマリオごっこにつながる）、園庭に竹馬をしに行く子と分かれた。マリオとはテレビゲームの主人公である。マリオが悪者に捕らわれているピーチ姫を助けるために、レンガなどを積んだりつなげたりして道を作って冒険を続けるというゲームである。

　室内で遊ぶ子は10人前後だった。③の製作コーナーにいた保育者Ⓜは壁に背を向ける形で座り、自ら製作をしながら①や②のコーナーにも視線を送っていた。

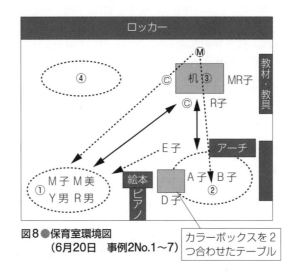

図8●保育室環境図
（6月20日　事例2No.1～7）

事例2●子ども・保育者の言動（6月20日）　※図8参照

時間	No.	子ども・保育者の言動
9：35	1	Ⓜは③で製作や絵描きをしている子のようすを見ながら①と②にも時々視線を送る。
	2	9：35過ぎたころ、戸外の竹馬遊びのようすを見に行くことを保育室内のⒸに伝え、園庭へ行く。
	3	①でR男が大型積み木を塔のように積み上げ、②のお店屋さんに顔を出していたY男に「Yくん、来てよ～」と声をかける。①に来たY男はR男が積み上げた積み木にしゅりけんを当てると、R男が「ここにしゅりけんが当たるとこう開きます」と言って積み木が変形していく。そこから、「鍵がいる」「地図がいる」というアイデアが2人から出てきて、③の製作コーナーと①とを行き来する。
	4	そこに③で小学生への手紙を書いた後、折り紙でせんすを作ったM子とM美が移動し、しばらくR男とY男のやりとりを近くで見た後、イスを並べ観客のように座って見ている。二人でせんすを見せ合ったり、顔を近づけ合ったりしながら、R男らのようすを見て楽しんでいるよう。
	5	②のお店屋さんはA子とB子がお店屋さんになり、メニュー、飲み物、お菓子、食事をE子、D子にだす。E子、D子はお客さんとしてテーブルを囲んで座り、メニューを見て注文をしたりたべる真似や会話を楽しむ。
	6	E子は遊びに参加しながらもY男らのやりとり目で追う。
	7	②のお客さんに③の女児も加わり、2～5人の行き来が②と③の間にある。
9：50	8	お店屋さんのⒸら③へ移動。絵を描いたり、お店屋さんで使うごちそう等を作る。
	9	R男、Y男、M子、M美らは変わらず①におり、塔に加えて、積み木を飛び石のように床上に並べ、道や橋を作り始める。お城、探検の道というイメージで、③で探検に必要な物を製作しては①に戻るY男、R男。
	10	③のY子は①を目で追いながら製作をしている。
10：10	11	R男、Y男が「お茶休憩しよう」と言って③へ移動するとM子とM美も③へ。
	12	MR子とR子は③で絵を描きながら①のR男らが気になるようで何度もちらちら見ている。しばらくしてからR子がY男らに積んでいる大型積み木が崩れると危ないと①へ言いに行く。Y男は怒ったようになにかをR子に言うが、R子は何度も危ないと訴える。
	13	R男らは地図等を作るために③と①を行き来し、③でのマリオごっこが盛り上がる。
10：20	14	R男がM子らに「ピーチ姫になって」と声をかけるとM子らは喜んで参加する。
	15	Ⓒが中心となってⓂと片付け始める。

【事例3】（2006年10月25日）　※図9参照

　晴天。登園した幼児たちは、持ち物の始末をしてから、9：00の時点では、①で大型積み木や小型積み木を使って、ドミノ倒しを作り始めるY平とH男。③の製作コーナーで剣作りもしているので、①と③を行き来しているが、拠点は①のようす。③では、絵描き（L子、R香、K子）や新体操のリボン作り（A菜、A香）、紙飛行機作り（L男、Y男、Ry児）、④では、ハンドベルを演奏している（R男、H子、Y男）。N子は③や④のようすをながめながら遊びを探しているようすだったが、A菜らと一緒にリボンを作り、踊りを楽しむ。踊りの女児らは、その後10：00よりハンドベル演奏を10：30の片付けまで楽しむ。紙飛行機作りの男児らは「こうやって折るとよく飛ぶよ」「うまくできない」などとやりとりをしながら10：15より戸外へ紙飛行機を飛ばしに行く。

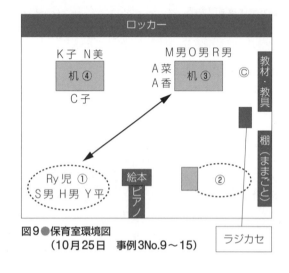

図9●保育室環境図
　　（10月25日　事例3No.9～15）

事例3●子ども・保育者の言動（10月25日） ※図9参照

時間	No.	子ども・保育者の言動
9：00	1	①でY平が大型積み木で門のような物を作り、H男が門の隣で小さな積み木をドミノ倒しのように並べている。
9：17	2	①のY平、H男は③の製作コーナーで牛乳パックの剣を作ったりしながら行き来しているが、拠点は①のよう。Ry児は③で牛乳パックの剣作りをしている。
	3	L子、R子、K子は絵描き、A菜、A香は新体操のリボンを作っている。
	4	N美は③と④の間で、裏白の紙をもって、③や④のⒸのようすをながめている。
	5	戸外でドッチボールをしていたⓂが保育室に戻る。
9：24	6	ⓂがN美の元へ行き、「Nちゃん何作るの？」とたずねると、N美はうれしそうに丸めかけた紙をⓂに見せる。Ⓜ「Nちゃんも音楽かけてAちゃんみたいにひらひらやる？」と声をかけ、カセットデッキの操作方法をN美、A菜らに教える。
	7	音楽を流し、それに合わせてA菜、A香が②と③の間の空間でリボンをくるくるとまわしながら踊る。
	8	Ⓜは戸外へドッチボールをしに行く。
	9	①ではY平、R男、H男、S男が大型積み木で門を、小さい積み木を並べて道のようなドミノ倒しを作っている。
10：07	10	Y平、S男、Ry児でドミノを倒す。Y平「ドミノ倒しするものよっといで〜」と声をかけるが、それぞれの遊びコーナーでⒸらは集中しているよう。
	11	④のK子がN美に「Nちゃんもやろー」とハンドベルをいっしょに演奏するよう誘う。C子「ちょっと（N美には）難しいよ」と言うと、K子は「教えてあげればいいよ」と言う。N美はうれしそう。
	12	①のY平が門を指して「これを壊していろんなふうにしようよ」とRy児、S男に提案。3人で変形させていく。手には③で作った牛乳パックの剣を持っている。
10：15	13	②の紙飛行機製作のⒸは戸外へ行き、園庭で紙飛行機飛ばしを楽しむ。
	14	③のN美は担当の「ファ」の部分をK子が「はい！ファ！」と合図するとなんとなくリズムにのって音をならせるようになってきた。
	15	①では、S男、Y平、Ry児が大型積み木で坂を作り、小型積み木を転がしたり、でこぼこ道のようにするために大型積み木の下に小型積み木をはさんだりと3人でアイデアを出し合って遊びを進めている。小型積み木をドミノのように並べていく。 →ドミノ倒しをし、「やったー！」と喜ぶ3人。Ry児「やったね、Yくん。成功したね…」
10：30	16	Ⓜが戸外より戻る。①のY平らへ「お外の子、片付けて戻ってくるよ…」

②事例1〜3の比較分析（コーナー設定）

　コーナー設定を比較してみると（図7〜9）、事例1はコーナー数が多く、保育室中央に⑥のコーナーがあるという点が事例2・3との違いといえる。コーナーが中央にあるということは、保育者が中央のコーナーにかかわる際、全体を把握することが困難であると同時に、幼児が中央のコーナーで遊ぶ際、幼児にとっては「見る⇄見られる」状況が成立しにくいことになる。この「見る⇄見られる」状況の重要性の詳細については、第1部第3章を参照されたい。そこで、小川は「**左右コーナーが向き合うトライアングルの形にすることで人工的な円形の集い空間を形成し、遊びを成立させるにあたって欠かせない観察学習を可能にする「見る⇄見られる」環境を創り出し相互認知を可能にする**」ことが、幼児の自発的な遊びを保障するコーナー設定であると指摘している。また、コーナーが多いということは、幼児が分散するか、空き家になるコーナーが存在しやすくなる。幼児が分散したり、空き家ができたりするということは、先述したコーナー間相互のにぎわい感は薄れると予測される。実際に事例1において、保育者のコーナー移動に伴って①の結婚式ごっこが遊びとして消滅し、その消滅とともに、今まで空き家だった③のカルタ取りや⑤のままごとに幼児が

流れている。これら一連の遊びにおいて保育者はごっこのイメージをリードしており（事例1No.4、6、7、9、10）、一見、遊びが盛り上がっているかのように見えるが、保育者が抜けると遊びは消滅し（事例1No.12、13）、にぎわった感じは保育者の発言などによりつくり出されており（事例1No.6～11）、幼児同士でつくり出す持続性、発展性は乏しい。これらのことから、事例1においては、新任Mは、遊びが消滅することを問題視していないと考えられる。

一方、事例2、3の共通点はコーナー設定がほぼ四隅にあるという点と大型積み木のコーナーと製作コーナーがつながりながら（事例中傍線、図8・9）、それらのコーナーだけでなく、他のコーナーも遊びが持続的であった点である。その遊びの中で、保育者は事例1のように遊びをリードする形ではかかわっておらず、全体が把握できる位置から全体にまなざしを送り各コーナーのようすの把握に努めている（事例2No.1、図8）。こういった援助の基で、保育者が遊びから抜けても遊びの状態に変化はなかった（事例2No.2～14、事例3No.9～15）が、この記録には、保育者のモデル的役割としての身体的援助が記されていないため、保育者の身体的援助と遊びの状態との関係性は分析できない。ここに、研究者の「観る」力の不十分さがうかがえる。

③事例1～3の比較分析（コーナーの安定性）

コーナーの安定性という視点から考察すると、事例1は、保育者の言動に追随する形で1つのコーナー遊びに幼児が集中したり、逆に保育者が移動することで一気に閑散としたりしていることから、安定性が高いとはいえない。一方、事例2、3は、①の大型積み木を用いたごっこや②のお店屋さん（事例2）と③の製作コーナーがつながりながら、①、②（または④）、③それぞれのコーナーが遊びを持続している。コーナーごとの特性により、幼児同士でイメージを共有し、やりとりを楽しみながら遊ぶもの（事例2のマリオごっこ、お店屋さんごっこ、事例3のドミノ倒し、紙飛行機作り、ハンドベル演奏）、やりとりはあまりなくともその場のリズム（ノリ）を共有しているもの（事例2、3の製作）とあるが、どちらも「にぎわっている」状態と考えられる。しかし、「にぎわっている」と診断するだけの客観的事実が研究者の記録に乏しいことは否めない。例えば、製作での幼児の遊びの充実度を、目と手の協応のようすやごっこの言葉のやりとりのリズムや反復等により診断しなければならないが、研究者がその視点を「観る」ことを意識していなければ、詳細に記録には表れてこないということである。客観的事実が不十分ではあるが、「にぎわい」はコーナーが四隅に設定されていることから「見る⇄見られる」関係が成立し、影響を与え合っていることは、少なからず推察できる。つまり、事例2・3のコーナー遊びの安定性は事例1に比べて高いといえよう。

以上のことから、コーナー遊びの安定性の要因としては、コーナー同士、幼児同士が見えるよう四隅に設定されたコーナーや、そのコーナーの中で、全体把握を可能にする保育者の位置を確保しながら、最終的には幼児同士で遊びを進められることを目標とした保育者の遊びへの参加が挙げられる。これは、「葛藤」の客観的条件（物的・空間的・時間的条件）と同様である。

2）新任Mと研究者との「対話」分析と考察

前項より、2月時の新任Mは、「葛藤」の客観的条件である、コーナーの位置や数、保育者の身体的援助への意識が弱く、遊びが消滅したことを問題視していない、つまり「葛藤」を感じていないと考えられる。そこで、2月時の新任Mと筆者との「対話」を分析することで、本当に新任M

は「葛藤」を感じていなかったのか、またそうであれば、研究者の「対話」のあり方はどうあるべきかを検証する。2月の素データより関連部分を抽出する。省略した部分は…と記す。新任Mの保育に対する思いや意図は傍線、研究者の共感・同調は波線、客観的な事実による分析・説得は二重線、意図的発問発話は破線で示す。担任：Ⓜ、研究者（筆者）：Ⓢと記す。

≪2月≫

Ⓢ：…最初、あれって結婚式ごっこ？

Ⓜ：あれは急に、前の日にやってたとかじゃなくって。

Ⓢ：そうなんだ。結婚式ごっこをやってるときは絵本側にいれば全体は見えるかなって感じで、その後に、マクドナルドごっこのところに行ったよね、で、ちょっと気になったのは、ここで先生がお客さんになってどーんと立つと、結構目立つっていうか、ま、ここもだけど、結婚式ごっこのときもだけど、先生がちょっと盛り上げようじゃないけど、抑揚つけてちょっと大きめの声を出すと、この辺の子たちもだけど、ままごとの子や製作の子も皆じーっと見てるんだよね。参加したいのか、まあ、ちょっと気になるのかなっていう感じで、で、マクドナルドのときはこうなるんだよね（実際に立ってみる）。保育室の真中で先生がどんと立ってるのが気になったかな。でも、その後、カラーボックスが置いてあって、あれは食べるコーナーなのかな。₁

Ⓜ：あ、そうそう。

Ⓢ：あそこの向こう側に座っていたから、あそこに座れば全体が見えるんだよなって思って見ていて。こっからだね、3枚目の10:17から先生が大体こら辺（製作コーナーの全体が見える位置）に座ってずっといて、一回くらい離れたけど、ずっとここでやってたのかな。この辺で変化っていうか。₁

Ⓜ：一応、気にはかけてますけど、でも、気にはかけてるだけで、そこまで何がどう変わってるかまで、見てる余裕がないんですよ。そこに座ることは気にかけてるんですけど、周りのようすをじっと見てる余裕もなく、結局。₁

Ⓢ：あ〜そうか。落ち着いてきたとはいえ、Lくん、Rくんってどこできっかけができるかわからんっていうのがあるわけじゃん。そこで、保育の流れもだいぶ変わると思うんだよね。彼ら2人のちょっとした行動で。で、先生がここ（製作コーナー）に座ってて、Lくん、Rくんって作ることが好きだもんで、この辺にいることが多いとすると、その動きっていうのは先生の視界に入りやすくなるとは思うんだけど、それはどう？₂

Ⓜ：そうですね。うん。

Ⓢ：前だとさあ、観察記録でも見せたけど、先生がLくん、Rくんが気になるんだわって言って、気になるんだけど、でも、実際保育が始まってしまうと、彼らがいるところにずっと背中を向けて他の子たちの援助をしていたりっていうのがあったでしょう？あそこは多少意識することで。₃

Ⓜ：でも見てても、なんで怒り出したのかわからない時があるんですよ。会話がないんですよ。₂

Ⓢ：会話がない？

Ⓜ：他の子だったら、なんとかくん、〜しちゃいけないんだよ、だって〜したいんだもん、えーだめなんだよ！っていうやりとりがあって怒れちゃうんならわかるんですけど、相手が一言、言ったことに対してすぐにガン！っていっちゃうもんだから。Rくんが自分の思いを言う前に怒り出すことが多くて。

Ⓢ：あ〜だから、相手にしてみると何で怒ってるのかわからないっていうこともあるのね。₁

Ⓜ：そうそう。なんでたたかれた？怒りだした？って。で、私も見てても、ずーっと見てるわけじゃないですか、やりながらだったらたまには観るけど、気にはかけてますけど、席は、でも、わかんないときがある。なんで怒り出した？って。でも、あれですよね。怒り出したときには、気づけますもんね。₃

Ⓢ：うん。なんとなく、こんなことをしてた延長上の出来事かなくらいはね。₂

Ⓜ：変化って聞かれると、自分ではわからないです。でも、他の子たちが落ち着いてるし、自分たちで動いてくれるから。₄

Ⓢ：うん。よーく遊んでるし、かたまって遊ぶ時間が長いでしょう、遊び込んでるっていう感じがすごくするもんで、先生よくがんばったなって思うよ。3
Ⓜ：いやいや、Lくん、Rくんが怒ったりすると、他の子もわかるじゃないですか、話せないっていうか。
Ⓢ：うん、まあ、しょうがなかなっていうね。
Ⓜ：だから、私が外にいく、Lくんがお部屋で怒ってると（他の子が）呼びにくるし。
Ⓢ：ある意味、統合保育じゃないけど、その子は特別じゃないけど、特別扱いじゃないけど、この子はこういう子だから、先生は自分と対応が違うんだってわかってるんだよね。
Ⓜ：今日は、給食のときに、Rくんが食べ終わって、フラフラし始めて、Rくんが積み木を出し始めたんですよ。その前に、Lくんが私のところに来て、抱っこかおんぶしてたのかな。給食のときに。N先生いわく、Lくんが私に抱っこされてるのを見たら、Rくんの目がきらっとなって、それまで上手に座ってたんですけど、だけど、急に本当に。N先生は、Lくんが構ってもらってたら、もう自分も…っていうのがあるんじゃない？それでRくんが積み木を出し始めたんですよ。そしたら、Y男が座るとかっこいいよかなんか言ってくれたから、私が、Rくん、Yくんが座るとかっこいいよって言ってるよって伝えたら、Rくんが座ったんですよ。でも、積み木が出しっぱなしだったから、Yくんが積み木を片付けてくるともっとかっこいいよって言ってくれて、片付けたらはなまるあげるよって言ってくれて。
Ⓢ：ふ〜ん。なんか大人みたいだね。あのYくんがね（笑）
Ⓜ：そうそう、Yくんすごいなって思ったし、今日、入ってくる新入園児のためにパッチンかえるに絵を描いたんですよ。で、みんなはどんな絵をもらったらうれしいかだよね、さらさらぽいっていうのをもらってうれしいのか…そしたら、Yくんが心を込めて描くんだよって言ってくれて。で、結局、皆すごい上手に作ってくれて、最後は自分のを1個作って、その後ちょっと遊んだんですけど、最初はただやってただけなんですけど、ちょっと積み木を立てて、橋みたいにしてそれを超えれるかみたいにやってたんですよ。そうしたら、RYくんとYくんが僕が先だってすごいもめだして、RYくんはYくんじゃなくて私に言ってくるんですよ。でも、私はしらんぷりしてて、二人とも一番っていうのは、もうどっちかが譲ってあげればいいじゃんって言ったら、Yくんが譲ってくれて。Yくん、今までのYくんとは違うわって思って。
Ⓢ：なんか一皮むけちゃったのかな。
Ⓜ：なんかYくんは今までそういうのは、僕が一番！ってなってたし、座るござの場所も。
Ⓢ：ある意味すごい子どもらしい子だよね。あの子って。片付けしなーいって言ってたのはどう？
Ⓜ：Yくんです？やらないときはあるけど、でも、前よりは気にならなくなったかな。
Ⓢ：そういえば、N先生の話を出してくれて思い出した。ここに書いたんだけど。他の子たちは、先生が大げさに花嫁さんのところでパフォーマンス的なことをやって注目するっていうことはあるんだわ。だけど、先生が動いたくらいだと、他の子たちは自分たちの遊びが楽しいから、あと、友だちとのかかわりが楽しいから、先生を目で追うことってないんだわ。でも、LくんとRくんって、先生が動くと必ずとは言わんけど、目で追うんだわ。それが気になったっていうか、この子たちって、まだ、ちょっと幼くって、3歳児の2学期くらいまでといっしょで、まず先生を独占したいとか、まず先生と自分とのかかわりっていう段階なのかなって思ったんだわ。4
Ⓜ：うんうん。最近、本当にそう思います。私が考えてた以上に、私や大人にかかわって欲しいんだな、それは半端なもんじゃないなって思って。とにかく構ってほしいんだってことがようやく最近わかった。5
Ⓢ：でも、私もそれが見てとれたのは、他の子がすごく落ち着いて群れて遊んでるから多分、余計見えるようになったんだと思うんだよね。前のときは、他にも先生を求めてる子とか、そういう段階の子がいたから、あたりまえのことだったんだけど、記録に2回くらい書いたんだよ。5
Ⓜ：2ページの真中くらい。Lがちらちら…
Ⓢ：もう一つあるよ。
Ⓜ：4ページ目の…移動するMをLが目で追う。

Ⓢ：そうそう。両方、Lくんだったんだ。
Ⓜ：Rくんは、見てないっていうか、とにかく、作ってるときは没頭してるんですよ。ただ、何回も見せに来るかな。
Ⓢ：うんうん。そうね。そうやって考えると、さしあたって、N先生が入ってくれるとまた違うかもしれないんだけど、継続的に全体が見えるっていう場所を先生が意識しながら、あそこならあの端とかね。N先生に聞いてみたら、N先生の記録取るとそれを意識してるなっていうのがわかって、視線も先生に比べると、首は動かさないんだけど、視線はとんでるじゃんね。プラフォーミングのところなら、奥に座って、全体が見えるようにして、ちらっちらって視線が動くんだよね。N先生って意識してやってる？って聞いたら、後に子どもがいると純粋に見えないから気持ち悪いからそうしてるだけで、深い意味はないんだよなんて言ってたんだけどね。6
Ⓜ：そうですね。

ア 「対話」の必然性

　記録にある具体的な客観的事実を基に、研究者は保育者の立ち位置についての発問や分析を行っており、立ち位置の話を切り口に、新任Ⅿの「葛藤」が語られている。例えば、結婚式ごっこやマクドナルドごっこでの立ち位置について、研究者が語り（分析・説得1、発問1）、それをきっかけに新任Ⅿは自身の立ち位置を意識しているものの、「周りを観る余裕がない」（傍線1）と語っている。しかし、前節と同様、研究者の意識が「立ち位置」に偏っているため、「周りを観る余裕がない」（傍線1）、「他の子たちが落ち着いている」（傍線4）といった新任Ⅿの語りに対して、なぜそういう状況が生まれるのかという「問い」を研究者は投げかけておらず、「対話」の必然性としては、高いとは言いがたい。この「問い」が有効となる具体的な客観的事実の詳細については、ウの項で述べる。

イ 客観的事実による保育課題分析

　2月の観察記録（事例1）より、新任Ⅿの課題は、「葛藤」を感じていない、つまり遊びの消滅に問題を感じていないところである。しかし、2月の「対話」時、研究者自身がそのことに無自覚であったために、結婚式ごっこの場面に触れても、立ち位置（分析・説得1）についてのみ語っていたり、新任Ⅿが「パフォーマンス的なことをやって」と述べつつも（分析・説得4）L男・R男と新任Ⅿの関係性につなげるに留まってしまっている。先の新任Ⅿの課題を自覚化させていくためには、新任Ⅿのパフォーマンスによって、幼児の遊びにどう影響を与えたかという客観的事実について研究者は語る必要があった。つまり、ここからわかることは、観察をしている研究者自身が保育者の身体的援助が幼児の遊びに影響を与えるという自覚に乏しかったということである。また、新任Ⅿの「周りを観る余裕がない」（傍線1）、「（L男R男以外の）他の子たちが落ち着いている」（傍線4）という語りに対して、なぜ周りを観る余裕がないのかという「問い」を客観的事実と共に追究していかねばならなかった。例えば、立ち位置を意識していても、周りを観る余裕がない時、保育者は幼児とどうかかわっているのか、幼児は保育者とどうかかわっているのか、保育者に周りを観る余裕があるということは幼児がどういう状況であることが望ましいのかを問いていき、最終的に、幼児が自立的に遊びを継続的に進めていくことが保育の目標であるとともに、保育者が周りを観る余裕も生じさせるのだと保育者が気づけるようにしていかねばならない。これに関連して、「（L男R男以外の）他の子たちが落ち着いている」（傍線4）という状況についても、どういうときに落ち着いているのかという具体的な客観的事実を研究者が提示することにより、幼児が落ち着

いて遊びを継続していくための援助を自覚的に行う思考が働くことが期待できるのである。

ウ　保育課題の自覚化

　イで述べたように、新任Ｍの保育課題である「遊びを消滅させてしまった保育者の言動」について、保育者自身が気づき、自覚化し、今後の保育にそれを反映していかねばならない。そのためには、研究者が遊びが消滅した場面の読み取りを丁寧に行い、保育者の援助と幼児の遊びの自立性との関係を分析・説得していく作業が求められるが、この２月の「対話」では、それはできていない。これは、この時点で筆者が「葛藤」要因への理解が不十分だったからである。

3）　保育行為における保育者の「葛藤」の変容過程

　以下、新任Ｍがインタビューにより語った内容から、保育行為における保育者の「葛藤」の変容過程について分析する。
　事例１後に行ったインタビューでは、主としてＬ男・Ｒ男（不安定さ、怒る、手が出る等）に対する援助の困難さについて語っていた。結婚式ごっこ、マクドナルドごっこ（遊びが消滅していった場面）での保育者や幼児の動きについてどう思うか筆者から質問をすると、**「全体が見える場所に座ることを気にかけているけれど、周りのようすをじっと見てる余裕がなくて」**とだけ語ったことから、手のかかる子への援助についての具体的方策が見出せないという「葛藤」が主であり、環境構成や遊びが消滅していったことについては「葛藤」と感じていないことが明らかとなった。
　一方、事例２後のインタビューにおいては、大型積み木、製作、お店屋さんの各コーナーについて、観察日当日までの遊びの変化や、それに関連する保育者の意図的な環境構成・コーナー設定（新任Ｍがお店屋さんとして設定したコーナーに、食べるスペースを加えたら、子どもたちの間でレストランのイメージがふくらみ、メニューを作ったり、お店屋さんとお客さんのやりとりが盛んになった等）や教材の提示についての語りが主であった。当日撮影したビデオを視聴すると、大型積み木場面で、Ｒ男らが地図をどう見立てて遊んでいるのか、その遊びが以前のどのような姿とつながっているのかについての分析を行うと共に、大型積み木のコーナーでのＲ男らの遊びを視線で追っている他のコーナーの幼児への気づきを語った。また、事例３後のインタビューにおいては、「クラスの幼児同士が遊びを通じてつながってきた」という実感を語りながら、「各コーナーをもっと幼児たちで膨らませられるようにしたいが、コーナーの配置や教材提供の内容が難しい」「なるべく隅を使ってコーナーを設定したいが難しい」「あそこにコーナーを設定すると少し奥まっているから他のコーナーから見えにくいがどうしたらよいかわからない」「幼児たちで遊びを広げていけるごっこや製作コーナーの教材をもっと工夫したいが思うようにできない」「仲間の中で育つという関係ができるように援助したいがうまくできない子がいて悩む」という「葛藤」が語られた。
　これらのことから、事例１では、全体状況を把握しようとはしているものの、コーナーの安定性や「葛藤」を成立させる客観的条件についての認識がないため、環境構成やコーナー設定に対する語りや「葛藤」はなく、また、遊びが消滅したことに対する「葛藤」が生じていないと推察される。しかし、事例２では、環境が遊びに与える影響を意識した語りが増え、遊びの変化やつながりについての視点も語られ、さらに、事例３の時点では、自由遊びの中で、幼児同士で自発的に遊びをつなげ、進めていくことを目指し、それを可能にするコーナー設定や教材のあり方という環境が重要であると感じているために「葛藤」が生じており、コーナーの安定性・「葛藤」の客観的条件に対

する意識が事例1に比べて高いといえる。
　つまり、「葛藤」は事例1から事例3に向けて軽減したのではなく、「葛藤」が質的に変化したといえる。その質的変容は、コーナーの安定性・客観的条件の意識化の有無によって生じ、事例1のコーナーの安定性・「葛藤」の客観的条件を意識していない状態においては、環境構成に対する「葛藤」は感じておらず、遊びが消滅していくことを問題として捉えられていないが、事例2、3においてコーナーの安定性・「葛藤」の客観的条件が意識化されてきたことに伴い、遊びを文化として構成しようとする中で「葛藤」が生じたのである。

4）コーナー遊びの安定性と保育者の「葛藤」の変容過程との関連性

　保育者の保育に対する見通しの中で、各コーナーの遊びをその場のみの現象として捉え、その場が楽しそうに見えることで満足していた事例1では、幼児や遊びをつなげていくことへの意識が低いため、全体把握と個への援助が連動して考えられておらず、手のかかる幼児への援助の困難性に対する「葛藤」が主であり、環境構成や遊びが保育者の参加の仕方や移動により消滅することに対する「葛藤」が生じなかった。それは、コーナー数の多さや、保育室中央にコーナーを設けていることから、事例1のときの新任Mは、保育者にとって全体を把握しやすく、同時に幼児が「見る⇄見られる」関係を保障するという意識があまりなかったことが推察される。一方、事例2、3では、幼児同士で遊びを発展させていく力やつながっていく力があるという理解の基に、保育者がどのようなコーナー設定や環境構成、援助をするとより一層その力が伸ばせるのかといった意識化がみられ、その意識化は先述したように「葛藤」の客観的条件の意識化でもあり、**「各コーナーをもっと幼児たちで膨らませられるようにしたいが、コーナーの配置や教材提供の内容が難しい」「なるべく隅を使ってコーナーを設定したいが難しい」**といった「葛藤」として語られていた。その「葛藤」ならびに「葛藤」の客観的条件の意識化により、四隅にコーナーを設け（図8・9）、コーナー同士が刺激を受け合える環境の中で、保育者が主役となるのではなく、保育者がその遊びを抜けても幼児同士で遊びを進め、広げられる援助を心がけるようになっていったと考えられる。つまり、コーナー遊びの安定性は、保育者の意図的な環境構成や援助によって獲得されるといえる。

　本研究で取り上げた事例に添えば、全体把握と個への援助の連関を確立させることを目指し、事例1から事例2・3にかけて「葛藤」の客観的条件が意識化されていくことに伴い、保育者が全体の状況を把握でき、同時に、幼児同士で遊びが発展させられるコーナーの数や配置（四隅）、保育者の位置取り、援助のあり方（保育者主導から幼児主導）等が意識されていったことがうかがえる。

　これらのことから、「葛藤」の客観的条件を意識化することにより、コーナー遊びの安定性（持続性、にぎわい感）が得られること（事例2、3）、また、コーナー遊びの安定性が高まるには、幼児同士で遊びを持続的に進めていくことへの意識化とコーナー遊びをその場の遊びのみとして切り取って捉えるのではなく、他の遊びやコーナー、他児とのつながりの延長上にあると捉える、すなわち「葛藤」の客観的条件を総合的に意識していく必要性が示唆された。このことは、保育者の視野がクラス全体を一つのパースペクティブとして捉えられることを意味している。

付記　事例2のデータは、拙稿2007　保育における保育者の「葛藤」起因となる客観的条件の解明　名古屋学芸大学紀要　創刊号, 39-46. で使用したデータの一部である。また、データ使用については、A幼稚園の承諾を得ている。

4．無自覚と表層の往復運動段階にある「葛藤」の主体的変容の可能性 【研究5】

　本節【研究5】では、無自覚と表層の往復運動段階にある「葛藤」の主体的変容を可能にする具体的方策について検証するために、第2部第2章【研究1】で取り上げた実験的事例―物的環境の変化にみる「葛藤」―における保育者と研究者との「対話」分析を中心に行う。なぜなら、実験的に環境構成を再構成したこと、つまり、人・物・場の物と場を変化させたことにより、保育者の無自覚的段階の「葛藤」が、表層的段階との往復運動を開始した事例だからである。詳細は次項以降で触れていくが、環境を再構成し、コーナーの拠点性をより明確にしたことによって、それまで空き家だったコーナーで子どもたちの遊ぶ姿が見られるようになったという事実により、保育者が遊び状況と環境との関係性を自覚化し始めたのである。したがって、分析対象とするデータは重複するが、再度、本節でも取り上げる。なお、対象の概要やコーナー移動の変化に伴う遊びや幼児の群れの変化との関係性についての分析等については、第2部第2章【研究1】を参照されたい。
　従来の保育研究では、「葛藤」を保育者と特定の子どもとの関係性にのみ着目しており、上述した視点はなかったのである。保育実践ならびに「葛藤」を人・物・場との関係性によって捉えることによって、「葛藤」の主体的変容の可能性があるのであれば、「葛藤」は単なる個人の内的プロセスではなく、解決可能な保育課題となり得るのである。この点こそが、保育実践の質的向上を目指す上で、大変重要であると同時に、本研究独自の視点である。

(1) 目的
　「葛藤」の無自覚と表層の往復運動段階にある保育者に対して、保育環境を変化させることにより、「葛藤」の質的変容との関連性について検証する。これにより、人・物・場の関係性をどのように変化させることが、「葛藤」の主体的変容を促すことにつながるかが明らかになると考える。

(2) 方法
1) 対象
　岐阜県N幼稚園。対象クラスは、保育室内における自由遊び中の3～5歳児の異年齢クラスN1組。N1組保育室は奥が狭くなっている台形である。異年齢クラス時の担任は2名。この際、どちらかの保育者が保育を行い、残る保育者がその保育のようすを保育室の隅で記録し、保育後の反省の参考にするというスタイルを取っているため、実質的に保育に携わるのは、保育者1名である。異年齢クラスのN1組担任はC保育者（保育経験2年目。通常は5歳児クラスの担任）とD保育者（通常はフリー。非常勤職員）。3歳児18名、4歳児12名、5歳児12名の各年齢を異年齢クラスの際はN1組とN2組で各21名としている。

2) データ
①観察記録
　2007年10月～2008年3月の間、N1組で異年齢保育が実施された日（13：00～14：00）計5回の保育を自然観察法で観察し、ビデオ撮影を行う。記録化する対象は限定せず、全体状況の中において人・物・場の関係性を見出そうとするものである。観察記録には、保育室環境図、保育者・幼

児の言動、幼児や保育者の位置、身体の向き、遊びの流れを時間を追って記す。

本研究で使用したデータは、2007年10月18日（木）13：40～13：53。データは、コーナーの安定性を高めるために、小川博久氏（園内研究指導者）が実験的にコーナー移動を行った際の遊びの群れの変化が顕著に表れた事例である。

②インタビュー

2007年10月18日（木）観察日当日の保育終了後ならびに12月26日（水）、C保育者に計1時間弱のインタビューを行う。

3）分析方法

① 10月18日（木）の観察記録、ビデオ撮影によるデータならびにインタビューデータから、C保育者の保育の実践力として、保育行為と環境構成が幼児の遊びと関係しているということをどれだけ自覚しているかといった身体的援助のレベルや、幼児個人やクラス全体、環境について反省する能力を診断する。

② インタビューデータより、研究者の「対話」のあり方について評価分析する。その評価基準は、前章で示した、保育者の自己形成を支える「対話」ア～ウ（渡辺，2010a）とし、これらア～ウにおいて、研究者は保育者の「葛藤」の質的段階を判断し、①に挙げた保育の実践についての診断や保育者の反省的思考を引き出す「対話」ができたかを分析する。

③ ①～②より「葛藤」の質的段階とその段階における保育課題とを明らかにし、保育者が主体的に自身の「葛藤」を変容させるための具体的方策を関係論的に検証する。

（3）結果と考察

1）観察記録

①保育室の概要

・廊下側の入り口から保育室に入ると、奥が狭くなっていく台形の保育室。
・ままごととブロックのコーナーの下には、ウレタンマットが敷いてある。パズルのように組み合わせ、大きさや形を柔軟に変えられる。

②保育室環境図

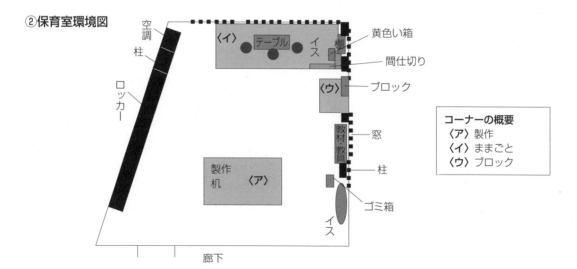

③コーナー移動の前後のようす

※13：45〜13：47にコーナー・物の移動。
※動線を◄─►、まなざしの行方を⋯►で示す。子どもたちが群れているコーナーの状態を〇実線円、空き家または群れていない状態を〇破線円で示す。
※C保育者をC、幼児を①②…と示す。

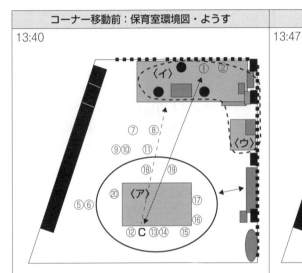

コーナー移動前：保育室環境図・ようす	コーナー移動後：保育室環境図・ようす
13:40	13:47

・〈ア〉〜〈ウ〉のコーナーが独立している。
・〈イ〉のままごとコーナーの間仕切は高さ約50cmで、コーナー移動前は、手前が黄色、奥が赤色だった。柱に隠れ、間仕切自体が〈ア〉からは見えにくい。
・〈ウ〉のブロックコーナーは、ブロックが柱と柱の間に置かれており、マットもその周辺のみ。〈ア〉からブロックは見えにくい。
・Cは〈ア〉を拠点としているよう。広告で剣を作ったりしながら〈イ〉のようすを見ている。〈イ〉の①が「せんせい、だめよって（〜くんが）言ったよ」と声をかけたため、〈ア〉と〈イ〉を行き来する。行き来する際、〈ア〉の上の色えんぴつをケースに戻したり、床に落ちている広告などを拾ったりしている。〈ア〉で遊んでいる幼児たちは、Cが〈ア〉を抜け、〈イ〉に移動しても、Cを目で追ったり、Cを追って〈ア〉を抜けることはなかった。〈イ〉に入っても、壁に背を向けて座り、広告で剣を作りながら全体を見ている。
・〈ア〉と〈イ〉の間にいる幼児ら（⑤〜⑪）は、製作コーナーで作った剣などを手に2〜3人で戦いごっこをしたり、剣を作り直したりしている。
・〈ア〉に幼児は集中している。〈イ〉にも幼児はいるが、ままごとというよりも①で作った剣であそんでいる。立ったりあたりを見渡したりして落ち着かない感じ。〈ウ〉は0人。
・〈ア〉の幼児らは各々の製作に集中しているよう。時々、教材教具棚に教材を取りに行き来している。

《コーナー移動後の変更点》
・〈イ〉と〈ウ〉のコーナーを合体させる。
・〈イ〉のコーナーを示すマットが左端まで敷かれるが、保育室の角が90度ではないため間仕切との間が空く。右端から左端に間仕切りを移動させ置く。赤い面を〈ア〉の方に向け、その横に黄色い箱を置いたことで、コーナーとしての存在感が強調される。間仕切りと共に棚も移動する。
・製作コーナーの机を少し左に寄せ、コーナーで使う物の場所がはっきりと分散することで、人工的な円形の集い空間が形成された。
・〈ウ〉のブロックが柱の前に出て、見やすくなる。マットを〈イ〉のコーナーとつなげた。

《遊び・幼児の群れの変化》
・〈ア〉の周辺の幼児が〈イ〉・〈ウ〉に流れる。
・ままごとコーナーの間仕切が左端に置かれるとすぐに①②が間仕切りの前にあるイスに座り、道具を探し始める。そこに⑥も加わるが、3人とも立っていたり、あたりを見渡す姿がある。④はままごとのイスに座っているものの、あたりを見渡している。

★コーナー変更後の大きな変化は、〈ウ〉で遊ぶ幼児の存在である。

④**観察記録ならびにインタビューデータによる分析・考察**

　第2部第2章【研究1】で明らかとなった内容を振り返りまとめると、以下の通りである。

　本書p.58図1で示したように、C保育者の「葛藤」の質的段階は、無自覚と表層の往復運動段階である。つまり、無自覚的段階は超えているが、可視的段階には至っていない。それは、C保育者の製作コーナーでのかかわりならびに、それを受けた製作コーナーの安定性が関係している。安定していると判断できる根拠は、製作コーナーでのC保育者の援助は、剣を作ったり、折り紙を折る等、作業中心であり、C保育者が＜イ＞へと移動した際の記録にも示されているように、C保育者の移動に対して幼児が影響を受けずに、遊び（作業）を継続しているからである。そして、その安定性を基にC保育者が全体把握を意識し視線を他のコーナーに送っているために、「**ブロックコーナーで遊ぶ子がいない**」（傍線★）という悩みが可視化されたのである。つまり、遊べていない状況を把握していたからこそ、「葛藤」は生じたため、その「葛藤」は自覚的であるといえる。つまり、無自覚的段階ではないのである。このように、C保育者は製作コーナーでは、どっしりと全体を見渡せる場所に位置取りし、作ることに専念していたため、動作レベルのモデル的役割を果たしていた。しかし、ままごとコーナーでは言語的なやりとりにより遊びを盛り上げねばという意識が働いたため、「**何も言えずどうしようかと思って**」（傍線12）という発言があったのだと推察される。つまり、ままごとコーナーにおける保育者の動作によるモデル的役割に対する意識の欠落が、ままごとコーナーのイメージを幼児のなかに定着させていけない要因であると推察される。これらのことから、C保育者は遊びを俯瞰する意識はあり、製作コーナーでは動作レベルのモデル的役割を果たしているが、それが他のコーナーへのかかわりには応用できず、保育者のモデル性に対する認識が十分ではない状態であるため、可視的段階には達していないのである。したがって、C保育者の「葛藤」は、無自覚と表層の往復運動段階といえる。

⑤**C保育者と研究者との「対話」分析と考察**

　素データより関連部分を抽出する。保育中の担任保育者とインフォーマルなやりとりの後、フォーマルなインタビューデータを得ているため、すでに担任保育者が筆者に語っている内容を振り返るやりとりが存在している。10月18日に小川氏がコーナー移動をする前は、C保育者は「**ブロックコーナーで遊ぶ子がいない**」と語っていた。★

　C保育者の保育に対する思いや意図は傍線、研究者の共感・同調は波線、客観的事実による分析・説得は二重線、意図的発問発話は破線で示す。担任：Ⓒ、研究者（筆者）：Ⓢと記す。

Ⓢ：10月にコーナーを移動してから、何か変化はありますか？あと、先生が意識していることとか。

Ⓒ：この空間（ままごととブロックコーナーのあたりを指して）を使うっていうところで、ままごととブロックが今混ざっちゃう₁っていうか。

Ⓢ：そこの辺に居ても、なんか、ちょっとバラバラ…遊びがバラバラっぽいっていうのが気になっている所なんですね。₁

Ⓒ：はい。そう、いつも気になって。私も絶対製作に最初は居るんですけど、やっぱり、こっち（ままごとやブロックのコーナーを指差して）が目に入る。（製作が）落ち着いてるからとかだと思うんですけど、それで、こっちにすごい目がいって、₂すぐ動いて、何も考えずに取りあえず入らなくちゃっていう気で入るから余計、入った後に、「入っちゃった、しまったな。」とかって、₃もうすぐ、ままごと入ってすぐ製作に戻って、作ってから入るっていうことはしちゃいけない気もするし、1回入ったからには、ちょっとそこで何

らかの遊びをして、してから、「ちょっと行くね。」って言って抜ければいいんですけど、きっと。そこの、入り方にも問題がきっと私には。やっぱ、作ってから、それから入って、そっから広がれば。₄
Ⓢ：私、こうね、（ビデオを）撮らせてもらってると先生（ままごとやブロックコーナーを）見てますもんね、ちゃんとしっかり。見てますよね。気になってるんだろうなぁっていうのは思っていて、でも、ただ見ているだけじゃなくて、その気になるところがあるんですよね？₁ブロックと混ざっちゃうとか、逆にままごとの子たちがなんとなくブロックで遊んじゃっている、一応ブロックコーナーとなっているところで遊んじゃっているとかっていうのが気になっているってことですよね。
Ⓒ：うんうん。
Ⓢ：で、ブロックが、ここの所からこっちへ動いた（柱の陰で見えなかったブロックのカゴが柱の前に出た）ことで、人はこっちで遊ぶようになったってことですね、₁奥で。

Ⓒ：はい。人はすごい集まったので。ブロックのコーナーがまあ、ちょっと出来たなっていう。₅
Ⓢ：あぁ、なるほどね、奥に移動したことで。…ビデオ見て思ったのは、前ってままごとのこれ（間仕切り）が、黄色の面が手前で確か向こうに置いてあったんですよ。それがこっちに赤を出して、こっちに移動したじゃないですか。…そうするとね、すごいここが派手、映えるんですよね。ここが何かままごとだよー！！っていう何かすごい強烈なインパクトがあって、なんかそれもなんとなく、この端にままごとコーナーがあったよっていうすごいメッセージになってるのかなっていうのは見ていて思って。すると流れましたもんね、子どもが。₂
Ⓒ：はい、びっくり、えーと思って。
Ⓢ：ね、面白ーいと思って。小川先生が「なんか気になる、なんか気になる。」って言って動かしたら、あーって流れ出したから、すごいなって思ったのと。
Ⓒ：私もびっくりしました。物ひとつでそんなに変わるのかと思って。₆

ア 「対話」の必然性

保育者からは、ブロックコーナーで遊ばないという悩み（傍線★）や、その悩みが解決された後にはままごとコーナーでの遊びの質に関する悩みが語られている（傍線1～4）。このことを研究者が受け止めようとはしている（同調1）が、保育者の保育実践やそれに伴って構成される幼児の遊び状況についての分析や説得が不十分で、「この保育者の悩みは自分（研究者）の観た事実とどう関連しているのか」という研究者自身の省察がないため、それが保育者との「対話」に反映されず、保育者の「葛藤」の自覚化や悩みの共有に至っていないと考えられる。具体的にどのようなタイミングでどのような分析・説得等を行うことが効果的だったのかについては、ウの項で述べる。

イ 客観的事実に対する保育課題分析

研究者は、C保育者が意識的に全体把握しようとしているところを認めたり（分析1）、コーナー移動後の変化について、物の置き方一つでコーナーの存在感や拠点性に影響を与えることを分析している（分析2）。しかし、前項でも触れたように、この「対話」には、分析・説得が少ないため、保育課題の分析も不十分であった。コーナー移動の前後の客観的事実を基に、丁寧にそこにある環境―人・物・場のかかわり合い―について研究者が解説することで、保育者自身の「葛藤」がより明確になったと予想される。その具体的な内容については、次項ウで触れたい。

ウ 保育課題の意識化

C保育者はブロックコーナーで子どもたちが遊ばないという「葛藤」を抱いていたが、コーナー

を移動させたことで、ブロックコーナーが機能し始めたことに気づく。しかし、これは表層的な課題解決にすぎない。つまり、「ブロックコーナーで遊ばない」という特定の「葛藤」は解決したものの、なぜそれまでブロックコーナーが機能しなかったのか、子どもたちが自発的継続的に遊びを発展させていくための「環境」とは何かについて保育者自身が理解しなくては、保育者自身の「葛藤」の自己変革にはならない。研究者は、この保育者の気づきに対し、「環境」を変化させたことの意味を解説する必要があった。それが十分にできていないのは、インタビュー時に研究者自身が環境を変化させたことについての理解が不十分であり、また、研究者が環境を変化させたことを保育者に意味づけすることに無自覚であったことが原因である。では、具体的にどのような「対話」が保育者の「葛藤」の主体的変容を可能にするのだろうか。大別して以下の3点が考えられる。

　　◆コーナーの存在感≪物的環境≫
　　◆応答的な環境作り≪物的環境≫
　　◆保育者のモデル的役割≪人的環境≫

　コーナーの存在感については、<u>分析2</u>で触れているが、保育者の「葛藤」を解決する表層的な物的環境にしか言及していない。また、応答的な環境については、先の小川の論に従えば、人工的な円形の集い空間を意図的に設けることで応答的な環境を作り、「見る⇄見られる」関係の中で、子どもたちが自発的に遊びを継続させられることをねらったことを解説する必要があった。具体的には、**「人はすごい集まったので。ブロックのコーナーがまあ、ちょっと出来たなっていう」**（傍線5）というC保育者の語りの後で、ブロックとままごとが大きな一つのかたまりとなり製作と対面的に位置することで、向き合う位置取りができ、製作に集まっていた幼児の流れを生んだ。しかし、そのコーナーの機能を子どもたちのイメージの中に具体的に根付かせていくには、保育者のモデル的役割とリンクさせて語る必要がある。C保育者が製作コーナーでしているように動作レベルのモデルとしてままごとやブロックコーナーに参加することで、そのコーナーに動作の共鳴・共振が起こることが予測され、共鳴・共振が起これば、また新たにC保育者の「葛藤」は質的に変容し、質的段階が変わっていくと考えられる。保育者は、自ら作業をすることで、動作レベルのモデル的役割を果たしつつ全体把握に努めることが可能となる。言語でのやりとりよりも、作業に気持ちも目も向けることで、その場を共にする複数の幼児との動きの共有ができる。この動作レベルのモデル的役割により、幼児と保育者が同じ道具・材料を用い、ノリを共有することで共鳴・共振関係が生じ、最終的には保育者がそのコーナーを抜けても幼児同士のノリの共有で遊びが継続・発展することが予測される。それは、保育者の**「ままごととブロックが混ざってしまう」**（傍線1）という「葛藤」が語られた際に、「なぜそうなるのか」「なぜ製作コーナーでは子どもたちが自分たちで遊びを継続させているのか」などの問いから「保育者の言語的かかわり」ではなく、人的環境としての「保育者の動き」ひいては「保育者のモデル的役割」につなげていくことができたのではないだろうか。つまり、「ブロックコーナーで遊ばない」といった表面的な悩みから「ままごとコーナーでの遊びを充実させたい」「ままごととブロックが混ざってしまう」という遊びの質やコーナーの拠点性についての「葛藤」に変容したことを研究者の観た事実に基づいて言語化し、その「葛藤」に対する具体的方策を保育者と共に見出すというスタイルを戦略的にとる必要があったと考えられる。

5．表層と可視の往復運動段階にある「葛藤」の主体的変容の可能性【研究6】

(1) 目的

　「葛藤」を自覚しつつある保育者には、保育に対する悩みはないのだろうか。本書p.58図1において示したように、「葛藤」は完全に解決されることはなく、質的に変容していくと考えられる。質的に変容をしていく「葛藤」を具体化し、一層、可視化していくことにより、保育実践の援助と環境構成が身体知化されていくことになる。

　これは、従来の「葛藤」概念の捉え方と相反する。なぜなら、従来は「葛藤」することに意義があるとされ、悩んでいる本人が自身の主観で省察するというその行為そのものに意義を見出していたからである。しかし、本研究で繰り返し述べているように、悩むことのみに意義があるのではなく、「葛藤」が質的に変容していかねば、保育実践の質的向上は望めない。つまり、「葛藤」概念の捉え直しが必要なのである。具体的には、「葛藤」を関係論的に捉えることにより、質的変容の可能性を見出すことが本研究の目指しているところである。

　そこで、本節【研究6】では、表層と可視の往復運動段階にある「葛藤」を抱える保育者の保育課題に対して、保育者自身が向き合うための具体的方策について関係論に着目して検証する。「葛藤」が表層と可視の往復運動段階にあるということは、「葛藤」の中身が明確になりつつあり、自身の「葛藤」と人・物・場との関連性に対する意識も高いことが考えられる。従来の保育研究であれば、自覚化されている「葛藤」について保育者が分析的であることで十分意義があるとされてきたが、それでは、保育課題の実際的な解決にはならない。つまり、表層と可視の往復運動段階であっても「葛藤」を関係論的に分析することによって、保育実践の質的向上を目指すことを本研究は重要視しているのであり、これが、保育現場にとって具体的方策を示すことであると考える。

(2) 方法

1) 対象

　前節【研究5】と同様岐阜県N幼稚園。保育室内における自由遊び中の3～5歳児の異年齢クラスN2組。N2組保育室は奥が広くなっている台形である。N2組担任は、G保育者（保育経験3年目。通常は3歳児クラス担任）とH保育者（保育経験5年目。通常は4歳児クラスの担任で主任）である。3歳児18名、4歳児12名、5歳児12名の各年齢を異年齢クラスの際はA組とB組に等分（21名ずつ）している。N2組の担任保育者は、先述した「葛藤」の客観的条件を比較的に意識化していると思われるため調査対象とした。「葛藤」の客観的条件を意識化しているという判断は、継続的な保育観察やインタビューによって、保育者が常に全体を把握しながら、幼児が主体的に遊びを発展させることを意識した身体的援助（小川のいう見守りとかかわり等）ならびに全体が把握できるコーナー配置への思いがうかがえたからである。

2) データ

①観察記録

　2007年10月～2008年3月の間、N2組で異年齢保育が実施された日（13：00～14：00）計5回の保育を自然観察法で観察し、必要な場合は、ビデオ撮影を行う。記録化する対象は限定せず、全

体状況の中において人・物・場の関係性を見出そうとするものである。観察記録には、保育室環境図、保育者・幼児の言動、幼児や保育者の位置、身体の向き、遊びの流れを時間を追って記す。

本研究で使用したデータは、2007年10月18日（木）13：23～13：39。データは、特別な事例としてではなく、日常的な事例の一つとして使用した。これは、インタビューにより確認している。

②インタビュー

2007年10月18日（木）観察当日にG保育者に対し、立ち話的にインフォーマルインタビューを実施した。フォーマルなインタビューとしては、2007年12月26日（水）に1時間弱行った。

3）分析方法

① 観察記録ならびにビデオ撮影によるデータから、G保育者の保育の実践力として、保育行為と環境構成が幼児の遊びと関係しているということをどれだけ自覚しているかといった身体的援助のレベルや、幼児個人やクラス全体、環境について反省する能力を診断する。

② インタビューデータより、まずは研究者の対話のあり方について評価分析する。その評価基準は、前章で示した、保育者の自己形成を支える対話ア～ウ（渡辺，2010a）とし、これらア～ウにおいて、研究者は保育者の「葛藤」の質的段階を判断し、①に挙げた保育の実践についての診断や保育者の反省的思考を引き出す対話ができたかを分析する。

③ 研究者の対話能力の診断後、G保育者の語りより、どのような意図のもとに環境を構成し援助を遂行しているのか、G保育者が抱えている「葛藤」の視点から明らかにする。また、G保育者が自身の身体的援助や環境構成と幼児の遊びとの関係性についてどれだけ自覚していたかを観察記録との整合性を通して考察する。

④ ①～③より「葛藤」の質的段階とその段階における保育課題とを明らかにし、保育課題に対して保育者自身が向き合うための具体的方策について検証する。

（3）結果と考察

1）観察記録分析と考察

①保育室の概要ならびに保育室環境図

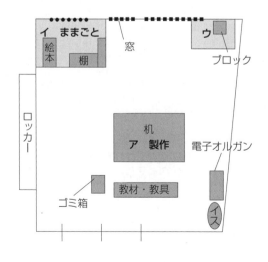

②保育者の援助ならびに幼児の遊びや群れの変化

※G保育者をG、幼児をⓒまたは①②…と示す。まなざしの行方を┄►で示す。◻はG保育者の身体の向きを示す。幼児の群れの状態を○で囲む。

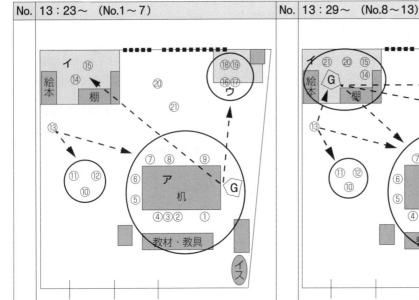

No. 13:23～ (No.1～7)	No. 13:29～ (No.8～13)
1　Gはアの製作コーナーに座り、広告で入れ物を作りながら時々ウやイのコーナーに視線を送る。	8　Gはアの製作コーナーから離れ、ウのブロックコーナーへ行き、床に落ちているブロックを拾ってかごに入れる。この際、アのⓒはそのまま自分の活動を続けている。
2　製作コーナーでは、①～⑨のⓒが広告や色画用紙を使って、剣や飾りを作っている。⑳、㉑も、広告で剣等を作っては、コーナー以外の空間でⓒ同士でごっこのイメージを共有したり、それぞれのコーナーに立ち寄り、自分が作った物をそのコーナーにいるⓒやGに見せながら声をかけている。	9　ウでブロックを拾い、ブロック入れに戻すとすぐにイのままごとコーナーへ行くG。⑬と目が合うとニコリと微笑みかけ、ままごとコーナー入り口に脱いであるシューズを整頓してからコーナーに入る。
3　イのままごとコーナーでは、アの製作コーナーで作った広告の剣などを手にした⑭⑮⑳㉑がいるが、他コーナーへの行き来が多く、立った状態であたりを見ていることが多い。	10　Gは、イのコーナー内に落ちている絵本などを元の場所に戻しながら、フライパンを手にして座る。
4　ウのブロックコーナーでは、⑯～⑲が頭を寄せ合いながらブロックを組み立てている。時々アの製作コーナーで剣などを作ってウに戻ってくる姿がある。	11　Gはアへ広告を取りに行ってすぐにイに戻る。ずっとイにいた⑭⑮や⑬と少し会話を交わし、広告をちぎってごちそう作りを始める。手を動かしながら、時々他のコーナーに視線を送る。
5　アとロッカーの間の空間では、⑩～⑫の男女児が魚の図鑑を広げ、頭を寄せ合うようにして図鑑を指差すなどしている。	12　イの⑭⑮のところに、⑳が自身で作った剣や飾りをつなげた物を見せに来ると、⑭⑮はその製作物についてことばをかける。このときはままごとの棚に身体をもたれかけているだけで、何かを手にもったり、手を動かしたりはしていない。
6　女児⑬は、絵本棚に背をもたれかけて座り、No5の男女児やGのいるアの製作コーナーを見ている。	13　イのGのところに、アの④⑥⑦が自身で作った剣や飾りをつなげた物を見せに来る。④⑥⑦らは、Gと少し会話を交わすとまたアに戻り、教材を手にして製作を再開する。
7　Gは席を立ち、教材教具の棚から広告を1枚取り、床に落ちている広告などを拾い、元の場所に戻しながら席に再び戻る。	

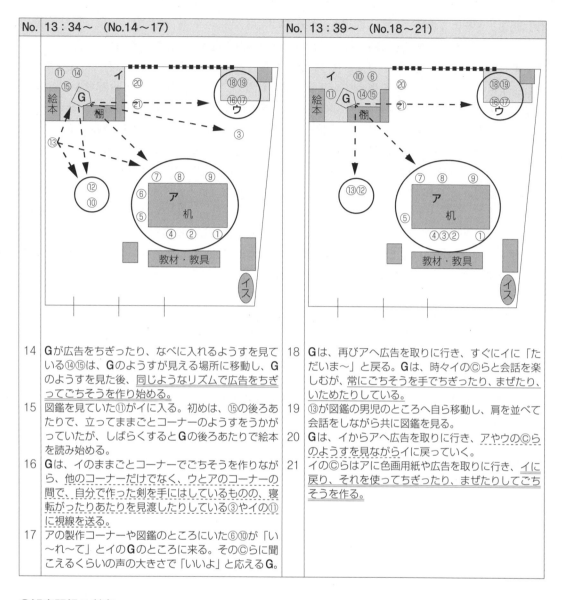

No.	13：34～ （No.14～17）
14	Gが広告をちぎったり、なべに入れるようすを見ている⑭⑮は、Gのようすが見える場所に移動し、Gのようすを見た後、<u>同じようなリズムで広告をちぎってごちそうを作り始める。</u>
15	図鑑を見ていた⑪がイに入る。初めは、⑮の後ろあたりで、立ってままごとコーナーのようすをうかがっていたが、しばらくするとGの後ろあたりで絵本を読み始める。
16	Gは、イのままごとコーナーでごちそうを作りながら、他のコーナーだけでなく、ウとアのコーナーの間で、自分で作った剣を手にはしているものの、寝転がったりあたりを見渡したりしている③やイの⑪に視線を送る。
17	アの製作コーナーや図鑑のところにいた⑥⑩が「い～れ～て」とイのGのところに来る。そのⓒらに聞こえるくらいの声の大きさで「いいよ」と応えるG。

No.	13：39～ （No.18～21）
18	Gは、再びアへ広告を取りに行き、すぐにイに「ただいま～」と戻る。Gは、時々イのⓒらと会話を楽しむが、<u>常にごちそうを手でちぎったり、まぜたり、いためたりしている。</u>
19	⑬が図鑑の男児のところへ自ら移動し、肩を並べて会話をしながら共に図鑑を見る。
20	Gは、イからアへ広告を取りに行き、アやウのⓒらのようすを見ながらイに戻っていく。
21	イのⓒらはアに色画用紙や広告を取りに行き、<u>イに戻り、それを使ってちぎったり、まぜたりしてごちそうを作る。</u>

③観察記録の考察

　G保育者は、観察スタート時、製作コーナーにかかわっていた（No.1～7）。その後、ブロックコーナーに立ち寄るが、それは遊びに参加するためというよりは、床に落ちている使われていないブロックをかごに戻すためであった（No.8波線）。それからままごとコーナーへ移動し、そこでも幼児のシューズを整えたり、コーナー内に落ちている絵本などを元の場所に戻してから（No.9, 10）、広告をちぎってごちそうを作り始める（No.11傍線）。この時も製作コーナーのかかわりと同じく、作業をしながら他のコーナーや⑬児、コーナーには属さず寝転がったりあたりを見渡す③児に視線を送っている（No.11, 16破線）。G保育者は、製作ならびにままごとコーナーでも言語的なかかわりは積極的にしておらず（No.1, 11, 13）、広告を折る、ちぎるといった「動き」によってそのコーナーの幼児とかかわりながら（No.1, 11, 18傍線）、視線を全体に送っている（No.1, 11, 16, 20破線）。これは、幼児とのかかわりが会話中心ではなく、動きの共鳴であるため、視線を全

体に送ることをより容易にしていると考えられる。

　次にこういったG保育者の援助のもとにどのような幼児の遊びや姿が観られるのか抽出してみると、製作コーナーの幼児らは、自分が作った物をG保育者に「みて〜」と見せに行くことはあっても、G保育者に依存的に遊びを進めている姿は見られない。依存的ではないと診断できる根拠は、G保育者が製作コーナーから離れても、そのG保育者の動きに追随する幼児がおらず、それぞれの遊びを継続している点である（No.8二重線）。それは、ブロックコーナーでも同様の幼児の姿が見られ、4人の幼児（⑯〜⑲）が製作コーナーとブロックコーナーを行き来しながら遊びを継続している（No.4）。その遊びのようすは、幼児同士が群れの中央に頭を寄せ合う形で遊びが続いており（No.5二重線）、その遊びに対する幼児の集中度は高いと推察される。また、G保育者が製作コーナーからままごとコーナーに移動した際のままごとコーナーには、⑭⑮の幼児がおり、コーナー内は絵本やままごと用具が床に落ちていた。そこへG保育者が移動し、絵本やままごと用具を元の場所に戻すことでその場の秩序を整えてから、製作コーナーを行き来しながらごちそう作りを始めると、徐々に⑥⑩⑪の幼児がままごとコーナーに加わり（No.15、17）、ままごとコーナーがにぎわっていった。つまり、遊びの群れとして成立していなかったままごとコーナーが群れを成していったといえる。ただ、⑪児はままごとコーナーでの遊びを楽しんでいたとは言いがたい。コーナー外のところで⑩⑫児と図鑑を見ていた⑪児がままごとコーナーに移動してすぐは、ままごとコーナーの遊びのようすをうかがっていたが、徐々に自分がここにいてもいいという感覚になったのか、G保育者の後ろあたりで絵本を読み始める（No.15）。なぜ⑪児はG保育者や他児のようにごちそうを作るのではなく絵本を読んでいただろうか。一つの可能性として、「G保育者の後ろにいた」ということが要因として考えられる。つまり、広告などをちぎってごちそうを作るという作業を共有することが難しく、見て真似ることが困難であったと思われる。G保育者にとって動作による遊びのモデル的役割があまり意識されていないために、振り向いて⑪児に視線を送ることはしても、作業を共有する、ごちそうを作るという動作のモデルを示すという思考が働かなかったのではないだろうか。

2）G保育者と研究者との「対話」分析と考察

　素データより関連部分を抽出する。省略した部分は（略）と記す。G保育者の保育に対する思いや意図は傍線、研究者の共感・同調は波線、客観的事実による分析・説得は二重線、意図的発問発話は破線で示す。担任：Ⓖ、研究者（筆者）：Ⓢと記す。

Ⓢ：先生ってあの、異年齢の自由遊びの時に、なんかこう気を付けていることとかってありますか？
Ⓖ：あんまり手を出さない。₁
Ⓢ：あんまり手を出さない。うん。
Ⓖ：遊びに、口を出したり。なんか、口を出すにしてもボソッと言う感じ。独り言みたい。₂
Ⓢ：あ、例えば？
Ⓖ：「これ作ろっかなー。」みたいな…
Ⓢ：それは、何で？₁
Ⓖ：子どもが「え、何？」みたいな感じで寄って来て、で、子どもが遊びだすから、敢えて「何とかちゃんがこれやってるよ。」とか言っても、あんまり興味を引き出せないのかなと思って。なんか、押し付けてる感じになっちゃうから、子どもが自然に寄ってきた方が子どもも入りやすいのかなぁ？と思って。₃
Ⓢ：あぁ、なるほどね。（略）
Ⓢ：年長さんの女の子（⑬児）が、こうやって座って、あの、なんとなくこう周りは見てるけど遊びださなかった時に、先生は視界には入れてるんだ

けど、そんなに積極的には働きかけなかったじゃないですか。2
Ⓖ：はい。
Ⓢ：それもやっぱり、あのー、さっき言われたような感じのこともあって…？
Ⓖ：はい。その担任の先生の話を聞いてると、あんまり先生が話しても自分からはあんまり話さないというふうに聞いてたし、萎縮しちゃうというのも聞いてたので、担任でもないし、そんな信頼関係もやっぱ年少さんよりはないし、そう思うと、何もこっちから語り掛けない方が良いのかな？と思って、ちょっと見てるぐらいにしたんですけど。4（略）
Ⓢ：うん。で、もう先生がままごとに入っていったら、あのー、その女の子が結構製作の辺を中心にこう子どもたちの動きを見てたんだけど、先生がやっぱりままごとに入っていったら、ちょっとままごとが気になり出して、ちらっちらっちらっとは見ていたんですね。3
Ⓖ：はい。
Ⓢ：でも、入るわけじゃなくて、まだじーっと見てたら、絵本を見てた男の子と知らない間にもう2人で絵本を読んで遊びだしていたっていう感じで。その後も特に先生は別に、その子に話しかけたりはしなかったんですよね。4
Ⓖ：うん。（略）
Ⓢ：製作からままごとに動く時とかって、なんか先生の中で、いつ行こうとかあります？5
Ⓖ：ありますね。製作の時は、自分が製作コーナーにいて、製作コーナーが落ち着いてるなって思ったら、そのままいるか、おままごとかブロックのどちらかがあんまり盛り上がってない、もうちょこっと盛り上がって欲しいなって思ったら、そっちに行くし。5
Ⓢ：ふーん。うんうん。その、落ち着いてるなっていう感覚ってどんなところから？6
Ⓖ：先生気にせずに遊んでる。6
Ⓢ：あぁ。もう自分たちで。
Ⓖ：だから、その時に抜けても誰も追わないし、自分を。7
Ⓢ：先生って、さーっと行くとき、なんか整えていきますよね。それって意識してるんですか？7
Ⓖ：はい。日頃から子どもたちに落とした物は拾うとか、周りが散らかってたら片付けて遊ぼうねっていう話はしてるので、自由遊びのときはそれを言わずに自分がやって、見本になればなと思って。8
Ⓢ：ふーん、なるほどね。先生って製作にいる時は何をされてます？結構こう子どもがやっている様な事を同じ様に作っている？8
Ⓖ：ううん、自分の（作りたい物）。9
Ⓢ：自分が作りたい物？作れる物？
Ⓖ：うん。
Ⓢ：ふーん。例えばここ最近で、あそこで自由遊びがあった時とかだと、どんな物が？
Ⓖ：初めの頃は、やっぱ年少さんもあの、遊び方がわからないっていうこともあったので、広告で簡単に折れる物。10
Ⓢ：ふーん。
Ⓖ：だったり、お絵描きしたり。で、徐々に年少さんも慣れてきたら、廃材を出して何かくっつけたり。くっつけるのも、ただ単にいろんな物くっつけたり、まぁロボット作ろうかなぁと思ったら、ロボットらしい物を作ったり…11 まぁそんな意識はせず。これやろうかな？みたいな。
Ⓢ：あぁぁぁ。あ、でも今の話だと、私を見ている年少さんっていうのは、やっぱ意識しているんですよね。で、見ていて、年少さんでも作れそうだとか描けそうな物っていうのは意識してやってるんですね。1
Ⓖ：はい、はい。
Ⓢ：なるほどねー。
Ⓖ：それがわからなくて。今まで1、2年目の時は、あのーずっと3歳児だったんですけど、自分のクラスだけで保育をしていたので。だから、自分が見本っていう感覚でいたんですけど、今は異年齢で、やっぱ年中さん年長さんを見て3歳児はそういう遊びを学んでいく…とは思うんだけど、やっぱり、今までが自分が見本ってなっていたから年少さんを意識して遊んじゃう。12
Ⓢ：うーん。なるほどね。
Ⓖ：本当は年長さん年中さんから学んで欲しいけど…それがまだ未だに、どうしていいかわからない13です。自分の中で。…
Ⓢ：自分がいないコーナーのなんか落ち着いていない感じっていうか、先生がさっき、製作から例え

ばままごとへ行く時って、なんとなく遊びが寂しいなとか、それは単に人がいないからじゃないですよね？ 9
Ⓖ：じゃないし、やっぱりその散らかり。
Ⓢ：あぁ。
Ⓖ：下がもうおもちゃでバーってなってると、なんか見てても何をしてるのかな？っていうふうに思うし、入って来たい子も入りづらいだろうし… 14
Ⓖ：でも、作った物をバチャーってやった時にどうしよう？って思いますね。子どもがバチャーってやって、バチャーってなったことを楽しんでる時。 15
Ⓢ：はぁはぁ。
Ⓖ：これ片付けた方が良いかな？このままの方が良いのかな？って。
Ⓢ：あー、それをこの子の遊びとして捉えるのか、発展していくような遊びとして捉えるのか、それか、何かあんまり遊びとして発展していかないんだったら、何か違うちょっと…に行ったほうが良いのかな？っていう。2 今まで先生どうされてきたんですか？ 10
Ⓖ：今までは、片付けるか、おままごとだったら、「あ、こぼれたこぼれた、大変大変！」って言って元に戻したり、それを他の物に変えて作ったり。16
Ⓢ：ふーん、うんうん。あ、先生が作ってみて、やっぱりそれを見ながら何か違う遊び方にならないかなって。3
Ⓖ：うん。そうやってやっても、子どもは、「こぼれたこぼれた」って言って、子どもも一緒に乗って、「こぼれたこぼれた」とかってやってくれる子もいるけど、そのまま何もしない子もいるし。
Ⓢ：あー、あれですかね？その、例えば砂山の大きいのを造って、ぐしゃって、せっかく造ったから大人の感覚だとトンネル掘ろうかとか思うけど、それを一気に足でグヴァー！！って潰しちゃうのが何かこう心苦しいというか、「え、これいいのかな？」って思うような感覚なのかな？ 4
Ⓖ：はい。
Ⓢ：でも子どもは何だろう？それで楽しい。
Ⓖ：楽しい。（略）
Ⓢ：うんうん、なるほどね。それでもやっぱり結局スタートは製作、なんとなく製作。そこが落ち着いたら、どっか行くっていうのはパターンとしてあったということですよね。11
Ⓖ：はい。
Ⓢ：それをすると何が良い？ 12
Ⓖ：製作コーナーは一番全体を見やすい。17
Ⓢ：それは何でしょうね？ 13
Ⓖ：うーん。製作コーナーは一人ひとりが遊べてるから。18
Ⓢ：なんかを作ってる。
Ⓖ：うん、自分も何かを作りながら子どもを見れるから。ままごとだと何かを作ってても、やっぱり子どもともいろいろしゃべってるし。19
Ⓢ：そうだよね、あんまりままごとで無言って、あんまり楽しそうじゃないよね。
Ⓖ：うん。なので、あんまり意識したことないからわかんないんですけど。なんとなく製作コーナーが１番。（略）
Ⓢ：じゃあ、最後に、自由遊びで難しいなと思うことは？ 14
Ⓖ：自由の時は、難しいこと…、結果論になっちゃうんですけど、自分が入ってもあまり意味がなかった時に、遊びが続かなかったり、盛り上がらなかったり、自分が抜けた時に遊びが止まっちゃう時とかに、難しいなぁ。20

はじめに、研究者との「対話」分析を行う。

ア 「対話」の必然性

　G保育者が発達段階に応じたモデル的役割をどう果たすべきかわからないという悩みは「対話」の中で引き出しているものの（傍線12、13）、モデル的役割に対する分析・説得がないために、研究者との「対話」を通してこの悩みを解決したいというG保育者の「対話」の必然性は高くないと考えられる。例えば、「ずっと３歳児だったんですけど、自分のクラスだけで保育をしていたので。

だから、自分が見本っていう感覚でいたんですけど、今は異年齢で、やっぱ年中さん年長さんを見て3歳児はそういう遊びを学んでいく…とは思うんだけど、やっぱり、今までが自分が見本ってなっていたから年少さんを意識して遊んじゃう。」(傍線12)の語りには、「見本」つまり、保育者のモデル性に対して触れられているため、保育者の実際の実践を基に、製作コーナーでのG保育者のモデル性を客観的事実に基づいて分析することで、そのモデル性は他のコーナーでもどの年齢に対しても重要であるという説得につなげられたと考えられる。

イ　客観的事実による保育課題分析

「対話」全般に発問（破線）が多く、分析・説得（二重線）がない。これは、G保育者の保育に対する考え方を引き出すことに研究者が重きを置いており、客観的事実に基づいて保育を分析し、G保育者の「葛藤」要因を明らかにしたり、G保育者の「葛藤」の自覚化を促すことに対する研究者の思考が十分働いていないことが考えられる。

客観的事実に基づいて保育課題を分析するための研究者の意図的な発問は、G保育者の動作レベルのモデル的役割を意識しているかどうかを明らかにするもの（発問1、7、8）や、G保育者がコーナー移動の基準とする遊びの状態をどう捉えているかについてたずねるもの（発問5〜7、14）、なぜ製作コーナーに最初にじっくりかかわるのか、そうするとなぜよいのかをたずねるもの（発問11〜13）があった。しかし、3歳児にはモデル的役割を意識しているのに、4・5歳児が異年齢保育で加わるとその役割への認識がなぜうすれるのかということに対する発問がなく（傍線12、13の後）、先の動作レベルのモデル的役割に対する意味づけも不十分なために「遊びのモデルとしての保育者」という視点に結びついていない。例えば、保育者の援助が「私を見ている年少さん」を意識したものであることを研究者は確認しているので（同調1）、その後、具体的に保育者の遊びのモデルが3歳児だけでなく4・5歳児の遊びや動きにどう影響を与えたか等を掘り下げる発問があれば、「遊びのモデル」への意識化がなされたかもしれない。このように保育者の語りから研究者が丁寧に援助の意味づけを行うことで、「葛藤」の要因や保育課題が具体化されたと推察される。

ウ　保育課題の自覚化

G保育者にとっての保育課題は、動作レベルの遊びのモデル的役割を意識化することである。先述したようにその課題を自覚するための研究者の発問がないため、保育課題の自覚化には至っていない。

以上のことから、研究者は観察を通してG保育者の「葛藤」の質的段階を十分に診断できなかったため、保育者の自己形成を支える「対話」に至らなかったと考えられる。次に、G保育者が意識的に行っている援助や「葛藤」を明らかにしていく。

環境、中でもコーナーに関しては、「製作コーナーは一人ひとりが遊べている」（傍線18）ため、「全体が見やすいから製作コーナーから入ることが多い」「製作は自分も何か作りながら子どもを見ることができる。ままごとは、作っててもやっぱり子どもともいろいろしゃべるから…」（傍線17、19）と語っており、観察時も自由遊び開始時13：00からずっとG保育者は製作コーナーで製作をしていたとのことだった。実際に、先の観察記録においても、13：25までG保育者は製作コーナーで自身が製作を行いながら全体に視線を送っていた（No.1破線）。また、ままごと前の絵本

棚に背をもたれてかけていた⑬児についても、積極的に話しかけたり遊びに誘いかけることはなかったが、⑬児がままごとコーナーに移動したG保育者を目で追っていることや、⑬児が図鑑を見ている⑫児らのところに参加した姿（No.19）も把握していることがこの語りよりうかがえた（破線2）。

　現在入っているコーナーを抜けたり、他のコーナーに入っていく基準については、「自分が抜けても子どもたちが（それぞれの遊びに集中して）自分を追わないと思ったら、そのコーナーを抜け」、「あまり盛り上がっていないところ」「コーナー内が散らかっているところ」（傍線5、7、14）に入っていく、「自分が（コーナーに）入って、遊びが続かなかったり、盛り上がらなかったり、自分が抜けたときに遊びが止まるときに保育の難しさを感じる」（傍線20）と述べている。なぜ散らかっているコーナーに入っていこうと考えるのかについてG保育者は、保育者自身が遊びのようすが把握できないということと、幼児にとっては入りづらい、つまり魅力的ではないコーナーであることを指摘している（傍線14）。このように、G保育者が身を置くコーナーにかかわりながら、他の場にいる幼児やコーナーのようすが把握できたり、他のコーナーに対する参加の判断を容易にしている要因の一つとして、保育者の身体的援助が考えられる。先の製作コーナーでの「一人ひとりが遊べている」「自分も何か作りながら子どもを見ることができる。ままごとは、作っててもやっぱり子どもともいろいろしゃべる」という語りから、言語的かかわりよりも身体的援助によって「観る」ことを可能にしていることが明らかとなった。この点については、観察記録との整合性が高いといえる（No.1、11、14、18）。身体的援助という点では、「基本的にあまり手や口を出さないようにしている」「（3歳児については）遊び方や片付けは保育者がモデルということを意識している」（傍線1、8、12）があり、これらの語りからは、保育者が指示を出すのではなく、幼児の選択性を保障したいという思いと、保育者のモデル的役割意識がうかがえる。しかし、その一方で、異年齢保育の場合、3歳児のモデルは4・5歳児であるべきという考えと、3歳児に対しては保育者がモデル的役割を果たしてしまうという「葛藤」が見出された（傍線12、13）。G保育者は、4・5歳児の自然発生的な成長・発達を尊重し、3歳児のように遊びや片付けにおいて保育者がモデル的役割を果たす必要性を重視していないと考えられ、それは先の観察記録においても⑪児とのかかわり（No.15）にそのG保育者の意識が反映されているといえる。

3）「葛藤」の質的段階とその段階の保育課題
　G保育者は、どのコーナーにおいても言語的なかかわりよりも、動きの共鳴によって幼児の自発性や選択性を保障することや保育室全体のようすを把握することは意識しつつも、ままごとコーナーにおいてG保育者の背面にいる幼児や4・5歳児への遊びのモデル的役割に対する無自覚さがうかがえる。しかし、4・5歳児であっても、動きのモデル的役割によって、その動きが想起されたり、慣習化されたりすることはおおいに考えられ、どの年齢であっても保育者の動作によるモデル的役割は必要であるといえる。つまり、G保育者の「葛藤」の質的段階は表層と可視の往復運動段階であり、保育課題は遊びのモデル的役割の自覚化である。
　つまり、関係論的に分析すると、本事例における表層と可視の往復運動段階にある「葛藤」では、人・物・場の物と場についての自覚化は進んでいるといえる。その場において、様々な物を使い、モデルとしての保育者がどうモデル性を演じるのかという部分が求められるといえよう。
　なお、【研究1】～【研究6】は、対象としたクラスと研究者とのやりとりを分析したものである。

しかし、先述したように、「葛藤」は完全に解決するものではなく、質的に変容するものだとすると、保育者が一人でその「葛藤」と向き合うことには、限界があり、また質的変容を目指すことも困難である。だからこそ、日常的に保育現場で現職教育や園内研究が行われているのだともいえる。つまり、保育において最終的に保育者が介入しなくとも子どもだけで遊びが発展・継続することを目指しているのと同じように、保育者集団においても第三者である研究者等がかかわらなくとも、最終的には保育者集団のみで園内研究等で「葛藤」を関係論的に捉え、気づき合い、学び合いをしていくことが求められる。このことは、【研究1】〜【研究6】において保育現場とかかわる中で、実感として得たことである。

　以上のことを踏まえ、次章では、保育者集団が「葛藤」を主体的に変容させていくということについて、「葛藤」を関係論的に捉えることとの関係性によって分析していく。

付記　本節は、拙稿2010b　保育実践上の「葛藤」の質的段階と保育課題に研究者はどうかかわりうるか―実践者との対話についての研究者の省察を通して―　愛知教育大学幼児教育講座幼児教育研究，15号，89-98．を引用、一部修正している。また、データ使用については、N幼稚園より承諾を得ている。

引用・参考文献

西坂小百合　2002　幼稚園教諭の精神的健康に及ぼすストレス、ハーディネス、保育者効力感の影響　教育心理学研究　50　283-290．
小川博久　2010a　遊び保育論　萌文書林　109．
小川博久　2010b　保育援助論復刻版　萌文書林
渡辺桜　2006　保育における新任保育者の「葛藤」の内的変化と保育行為に関する研究―全体把握と個の援助の連関に着目した具体的方策の検討―　乳幼児教育学研究　15　35-44．
渡辺桜　2007　保育における保育者の「葛藤」起因となる客観的条件の解明　名古屋学芸大学ヒューマンケア学部紀要　創刊号　39-46．
渡辺桜　2010a　保育実践に基づく自己形成を支える対話―保育者へのインタビュー方法の批判的検討を通して―　名古屋学芸大学ヒューマンケア学部紀要　4　15-22．
渡辺桜　2010b　保育実践上の「葛藤」の質的段階と保育課題に研究者はどうかかわりうるか―実践者との対話についての研究者の省察を通して―　愛知教育大学幼児教育研究　15　89-98．
山本雄二　1985　学校教師の状況的ジレンマ―教師社会の分析にむけて―　教育社会学研究　40　日本教育社会学会　126-137．

第3章 保育者集団の「葛藤」の主体的変容の可能性【研究7】

　保育と同じく、個々の保育者が各自で保育の質を高める部分もあるが、園内の保育者同士で高め合うには、プレイングマネージャーの役割が大きい。本章では、プレイングマネージャーとしての研究者・園長・主任・リーダーの役割に迫る。

1．プレイングマネージャーとしての研究者の役割

　保育者の主たる職務は、子どもたちの心身の健全な成長・発達を保障することであり、それらを保障するために、日々の保育実践は遂行されている。その実践における援助が、子どもたちの姿に添ったものであるか振り返り、次の実践につなげていくために、指導計画を作成したり、園内研究や公開保育、市町村単位で行われる「～年目研修」が実施されている。こういった現職教育の必要性は以前より指摘されており、保育所保育指針においても第5章職員の資質向上において、「職員が日々の保育実践を通じて、必要な知識及び技術の修得、維持及び向上を図るとともに、保育の課題等への共通理解や協働性を高め、保育所全体としての保育の質の向上を図っていくためには、日常的に職員同士が主体的に学び合う姿勢と環境が重要であり、職場内での研修の充実が図られなければならない」等が明記されている（厚生労働省，2017）。

　これら現職教育を園内の職員のみで行う場合、焦点化すべき点を絞り込むことが困難であったり、「子どもに寄り添うことが大事」「子どもの内面に目を向けて」など、抽象的な精神論に落ち着いてしまうこともある。そのため、園外の研究者を招いて、アドバイスを求める機会を意図的に設けている園があるものの、その研究者の立ち位置も様々で、保育者集団と親交を深めて終わりというケース（吉村他，2008）や研究者の指導を一方的に押し付けて終わりというケースも少なくない。前者については、第3部第1章を参照されたい。このような研究者の現状を指摘しつつ、園内研究における研究者の役割について吉田は、次のように述べている。

> 　保育は身体的なかかわりが中心であるため、実践が直感的で無自覚になりやすい。そこで、園内研究の講師が保育者のパーソナリティーや力量、人間関係に配慮しながら実践の分析や援助の仕方についての説得を行うことにより、最終的には講師がいなくても保育者自身が保育の原則論によって自らの実践をよりメタ認知し、実践の課題を克服することを目的とする。このような研究者の姿勢には、保育者と親睦を深めて終わったり、研究者が一方的に自身の理論を保育者に押し付けるといった次元の内容ではない。
> （吉田，2000，pp.41-45）

　この吉田の主張は、最終的には園内研究講師、つまり研究者がいなくとも保育実践の質を向上さ

せるということを園内研究の目的とした場合、まさに先述した、保育者集団と親交を深めて終わりという研究者のかかわり方（吉村他，2008）や研究者の指導を一方的に押し付けて終わりという形では、その目的を達成できないものであることを示している。なぜなら、保育者は、集団を相手にしており、その集団に存在する様々な遊びの群れに対し、吉田が言うように同時に瞬時に身体的かかわりを行うとするならば、それをその都度自覚的に遂行することは困難だからである。だからこそ、無自覚的になっている保育者の援助行為について、研究者が具体的場面を共有しながら、保育者の援助とその結果として生じる遊び状況との関係性をつなげ、無自覚的援助を自覚的に行えるよう促すことが研究者には求められるのである。

　筆者もこの吉田の述べる研究者のスタンスにより、保育者が自己アイデンティティーを確立させながら、自身の保育を反省的に振り返ることを保障することが重要であると考える。そうだとすると、研究者の保育現場へのかかわり方は、従来の主流となっていた（現在も少なくない）保育者が作成した実践事例の資料やエピソード記述を基に、研究者を交え、保育者の気づきを共有するといった鯨岡（2009）らの手法では、保育者の無自覚的な援助を自覚化させ、保育実践の質を向上させることは、困難であるといえる。つまり、従来当然とされてきた研究者のかかわりよりもより一層戦略的な研究者のかかわりが求められるといえよう。この戦略的な研究者のかかわりという点においては、これまで小川（2004）のみが、その重要性ならびに自身の実践を基にした具体的方略について言及している。

　小川は、保育現場に対する研究者（ここでいう研究者とは、保育研修指導者であるが、以下研究者と示す）のかかわり方について以下のように述べている。

> 保育に参加して、研究者も保育者としての当事者性を体験する必要があるのである。対自的言語を操るだけではこの新しい身体知の創出に参加できない。つまり体験をくぐりぬける必要がある。その意味で研究者はプレイングマネージャー（コーチ）であるべきである。（小川，2004，p.167）

　ここでいう比喩言語について、小川は、「身体についてのイメージ言語」であるとしている。その概念に従えば、例えば、保育者が保育の一場面を捉えて、「子どもたちが遊び込んでいる」と表現した場合、これはまさに比喩言語に当たる。なぜなら、「遊び込む」という言葉には、客観的事実として、どの場所（コーナー）で、何人の子どもがどのような位置で、何をどのように使って遊んでいる状態を指しているのかが不明であり、まさに「身体についてのイメージ言語」に留まっているからである。このような比喩言語に対し、研究者が「では具体的にどのような事実に基づいてそう言えるのか？」とたずねても、保育者が言葉に詰まったり、「子どもたちの目が輝いているから」という感覚的印象的な返答に留まってしまう場合、イメージの域を超えることは、保育者自身では困難なのである。そこで、「遊び込んでいる」という診断基準となる客観的事実としては、小川（2010）の遊び保育論に従えば、「目と手が協応しており、同じ場・コーナーでその動きが同一のリズムで継続している状態」等が挙げられるため、研究者が保育者と共に実際の子どもの姿を見ながら、またはビデオを見ながら「作業している物をしっかり見ながら手を動かしているね。これは今、この遊び（作業）に気持ちが向いていて集中している、つまり遊び込んでいる状態だね。」等と事実との関係性を意味付けていく、つまり客観的言語を発信することで、「遊び込んでいる」

という比喩言語が客観的言語と相互交換されるのである。こういった研究者と保育者のやりとりこそが先述した小川（2004, p.167）の、比喩言語と客観的言語の相互交換である。そして、比喩言語と客観的言語の相互交換をするためには、研究者自身が実際の保育実践の場において、保育者の目線に立って、例えば「こういう場面で自分が保育者だったら、どうするだろうか」とか、もっと具体的に言えば、「保育者が保育室の全体状況に気持ちが向けられない理由は幼児個々への援助に執着しすぎてしまったからではないだろうか。そうであるとするならば、どの保育場面を客観的事実に添って援助と結びつけて保育者に解説するとよいのだろうか（すなわちこれが比喩言語と客観的言語の交換作業）」と自身の体験として置き換えること、つまり、小川のいう当事者性を体験することによって、より保育者が自身で納得して保育実践の身体知を獲得していくことを指摘しているのである。

　これらの吉田や小川の論は、保育者（実践当事者）は直観で保育せざるを得ない状況が多く、保育状況を俯瞰して観ることが困難であるという避けられない現実を前提としている。この前提を認識し、保育者にとって逃れられない現実の困難さに立った上で保育実践の質を保育者自身が向上させていくことを目指すからこそ、研究者と保育者がフィールドを共有し保育者の意図を理解した上で実践を観る当事者性を含んだ第三者である研究者が、保育状況を環境（人・物・場）との関係性から把握し、その視点から保育を観ることができるという研究者の役割の必然性があるのである。

　これらのことを踏まえ、筆者はこの吉田や小川の論を支持する。なぜなら、研究者と保育者がフィールドを共有しつつ両者の役割の相違を前提にして協働を考えているからである。また、保育者の実践を研究者が当事者レベルで体感するということは、一方的に研究者の考えを押し付けるのではなく、保育者の「葛藤」を研究者が理解し、なぜ保育者がそう思うのか、なぜそういう援助をしたのかという具体的な問いが当事者レベルで共有できると思われるからである。すなわち、研究者と保育者の役割の相違を前提にし、保育への具体的な問いを当事者レベルで共有し協働的に進めることで、保育者が自身の保育課題に気づき、自己解決することができると考える。ここに本研究の意義があるのである。

　そこで、本研究では、保育者の「葛藤」を主体的に変容させる研究者のかかわり方に対する仮説生成を試みる。この仮説生成により、将来的には園内のリーダーがその役割を担っていくという見通しも見据えている。その上で、研究者の定義を本研究では、以下のようにする。

　ここでいう研究者とは、臨床教育学における研究者を指す。臨床教育学の特徴について、河合は、以下のように述べている。

　　生きた現象に関わる研究者は、ある程度の見通しを持ちつつも、現象の中で単なる知識だけではなく、その現象をどう捉え、それをその現象の中で生きる人間達とどう共有するのかといった能力も求められる（河合，1995, p.30）

　また、教育実践の場にかかわる研究者として佐藤（1996）は、今日の教育現場における能力主義や偏差値による序列化等の根本的解決のためには、教育実践の様々なものごとの関係の網の目に注目しなくてはならないとし、これを解明していくための研究者の役割は、人間のいとなみを実践の文脈においてみることだとしている。同様に、保育現場にかかわる研究者として津守は、以下のことを指摘している。

「研究者」という語の一般的な用法に、（自然）科学的方法に基づく、という前提や先入観が暗に含まれている。(津守, 1999, pp.158-159)

　その上で、研究者が保育現場に入り、保育現場の現象を明らかにする場合においては、先の前提にとらわれることなく研究者が日常的な保育現場にその身を置いてあるがままの現象を記述することによって現象内の関係性を明らかにすることの有効性を説いている。そしてこの場合、小川（2004, p.167）による研究者にはプレイングマネージャーとしての役割があるという指摘のように、研究者は保育者の当事者性（状況の中にいること）の視点を共有する必要がある。
　これらを踏まえ、本章では園内の保育者集団に対する研究者のかかわり方に視点を当てる。ここでいう保育者集団に対する研究者のかかわり方とは、園内研究などにおいて、研究者も含めた集団が保育について語り合い学び合う中で、保育実践の質を向上させていくことを目指したかかわりを指す。この研究者のかかわりは、前章までで触れてきたように研究者が保育者の実践を診断し、その診断を基にした研究者の意図的な発問・発話が存在することを前提とするが、前章との相違点は、研究者と保育者集団との「対話」にも注目する点である。
　なぜ保育者集団と研究者との「対話」に着目するのかと言えば、保育者が自身の保育課題を自己省察するためには研究者の戦略的な「対話」が必要だからである。保育者は実践当事者であるため、複数の幼児が同時進行的に遊びを進めていく中で自身の保育実践を俯瞰し常に自覚的に実践することは難しい。そこで、研究者が集団保育における保育者の「葛藤」の質を変容させるべく「葛藤」の客観的条件（環境構成、保育者の位置取り、保育者の身体的援助等）を意識した戦略的な「対話」を行うのである。（戦略的な「対話」の詳細は、第３部第１章を参照されたい。）その研究者の戦略が、長期継続的に保育者集団の中で実践されることにより、研究者の戦略的な「対話」を保育者がモデルとし、最終的には園内で研究者がいなくとも保育者同士で保育課題を見出し、保育を高め合うことが期待できる。それは、保育において最終的には保育者がいなくとも幼児が自立的に遊びを継続発展していける援助を保育者が長期的戦略的に行うことと同じであるといえる。そういった保育者集団の文化を形成していくには研究者の継続的で戦略的なかかわりが求められると考える。
　それでは、ここでいう保育者の保育課題とは具体的にどのようなものがあるのか。その詳細については、次節にて触れていく。

2. 研究者がかかわり得る保育者の保育課題

(1) これまでの研究における保育者の葛藤

　保育者の葛藤や悩みについての既存の研究を概観すると、その多くは、経験知に依拠した課題に関するものや保育における集団と個の問題を課題解決と同様の方法、つまり経験知で解決しようとするもの（寺見・西垣, 2000；後藤, 2000；木村, 2006）である。なぜ経験知に依拠した課題やその解決方法が先行研究の多くを占めてきたのだろうか。
　西坂（2002）は、保育者の精神的健康に対するストレスの影響やストレスへの個人特性（コミットメント、コントロール、チャレンジといったハーディネス）の影響を明らかにするために、幼稚園教諭への質問紙調査を行った。その結果、保育者の精神的健康に影響を及ぼしているのは、「園

内の人間関係の問題」と「仕事の多さと時間の欠如」であり、精神的健康に影響を及ぼすほどではないが、ストレス因子として得られたのが、「子ども理解・対応の難しさ」「学級経営の難しさ」であることが明らかとなった。これらの結果を、先に挙げた経験知に依拠した課題や可視的課題と照合すると、前者は職場人であることそれ自体の問題であり、後者は職業上の課題への取り組みの問題である。前者の精神的健康に影響を及ぼすほどのストレスは、経験知に依拠した課題つまり職場が「居場所」として成立し、同僚によって自分らしさを認められているという実感に左右されるといえる。そして、保育者としての専門性が確立し、保育者にその自覚がある場合には、当然、保育実践上の「葛藤」が、保育者の精神的自覚に直結するはずであるが、その専門性が未成熟であるとき前者（職場人であること自体）のみが主要な悩みとなる。そのため精神的健康に対するサポートが優先されるため、保育実践上の具体的問題解決はしばしば副次的となるのである。その場合、精神的健康に影響を及ぼすほどではないが、ストレスとして知覚されているのが保育における個と集団の問題といったものである。しかしそれも職場人としては、職場が「居場所」としての機能を果たせない場合、保育者として解決すべき保育上の具体的問題と向き合えないことは確かである。言い換えれば、保育者としてという以前に、仕事をする人間として最低限の職務が果たせないという可能性もあるのである。それが、従来の保育者の葛藤研究において経験知に依拠した課題が注目されてきた理由であろう。ただ、こうした研究が主流であったということは、保育実践の困難さが保育の専門性の確立にとってネックになっていることも反映している。このことと、職業上の課題への取り組みの問題による課題解決方法の主流が経験知に依拠的であったこととは無関係ではない。

　加えて次のような積極的理由もある。近年、教育・心理・福祉等、人が人とかかわることを仕事とする現場において、「葛藤する」「ゆらぐ」ことが意義あることとして取り上げられている（尾崎, 1999）。例えば、保育者が葛藤し、カンファレンスや自身の記録を通して、自分の保育について振り返る機会を設けることで、葛藤の整理をしたり、自分の保育を再構築することとなることの有効性を指摘するものがその多くを占めている（寺見・西垣, 2000；後藤, 2000；木村, 2006）。これは、葛藤が個人の内面的な解決課題とされており、葛藤をきっかけに変容・発達を生み出す契機と捉えているからであり、この認知が従来の葛藤解決を経験知に頼ってきた理由であろう。しかし、職場人としての悩みをそうしたトータルな人間的問題とするのではなく、保育実践上の問題解決を目指すことで逆にトータルな職場の悩みが解消されることもある。その場合、むしろ「葛藤」は職業的実践上の具体的問題として顕在化させるべきなのである。言い換えれば何とも説明のしようがない多忙感やモヤモヤした感覚に対して、保育実践を具体的にこうすれば子どもとの関係が改善されるという具体的方策が必要なのである。

　ただ、筆者も「葛藤」はあるべきものであると考える。なぜなら、自身の実践を向上させたいと思うからこそ「葛藤」は生じるからである。しかし、「葛藤」は意識されている場合と意識されていない場合とがあり、先述したような新任保育者の「わからないことがわからない」といった心的ストレスを表すコメントには自覚化されていない「葛藤」もある。その「葛藤」起因を特定し、「葛藤」を質的に変化させ、保育実践の質的向上を目指すためには、保育者の語りのみを分析するのではなく、実践上の客観的条件と合わせて分析する必要があるのである。つまり、保育実践における保育者の決定的「葛藤」の質的変容を促すためには、「葛藤」の内面的表出を明らかにする視点と外的行動面で明らかにする環境・動き・時間といった客観的条件との関係の視点が重要であると考える。「葛藤」の内面的表出—保育者の主観としての悩み—と、保育者や子どもとの身体的かかわ

りのあり方や、物や場の位置、人と物や場とのかかわりのあり方、そのかかわりのあり方によって生じる遊びが保障される時間の継続性といった外的行動面の両者を明らかにし、「葛藤」の客観的条件を意識化・自覚化しなくては、保育実践を可視化し、具体的に何をどうしたらよいのかは見えてこないのである。

　従来は、このように「葛藤することに意義がある」と考えられてきた。しかし、具体的な「葛藤」の解決方策が得られなくとも「葛藤すること」を一つの変化のきっかけとして留まるのではなく、知的に「葛藤」を質的変容させる必要がある。そのためには、「葛藤」の質を見極め、その「葛藤」の質的段階に合った具体的方策が得られなければならない。なぜなら、先述したように、保育者がその課題を自身の課題として自覚し、保育実践の質をより向上させるための具体的方策を自ら得て、「葛藤」を知的に変容可能な問題に変換することで、自らの専門性を向上させられるのである。この点において、先述した研究者の役割が重要となるのである。

(2) 集団把握と個への援助の両立に伴う「葛藤」

　保育者の実践上の葛藤には、あらゆる問題が想定されるが、保育者が実践者の立場としてもつ「当事者的直観」や「直観的思考」を知的問題化させること、言い換えれば当事者性を含んだ第三者である研究者と「対話」を共有化することによって言語的に通底可能な悩みに変換することで、経験年数の多少を超えて保育者の保育実践の自己変革を目指すために、本研究で扱う「葛藤」は、主として保育における集団と個の問題に焦点化する。例えば、本研究【研究7】におけるW保育者と研究者（筆者）の「対話」を抜粋する。「対話」の詳細ならびにこれらに対する分析などは、【研究7】を参照されたい。

Ⓦ：（ビデオを見ながら）この日は製作っていっても、お面作りが盛り上がってた感じで。（しかし）作ってもそれをかぶってごっこをする感じではなかった。ブロックの男児たちの走り回ってるところとか遊び込めていない感じが気になってたけど、まずままごとに入ってみた。[1] でも、粘土とか毛糸でごちそう作って猫ちゃん同士のやりとりがしっかりあったから自分はここに必要ないと思ってブロックへ行った。でも、最近ブロックが衰退気味。自分がどうかかわってよいか迷う。[2] この時も「かっこよくしたいけどどうしよう」って（W保育者がつぶやいて）遊びが始まった。この時はこれで子どもたちで遊べていくかなと思って抜けて、製作に戻ったけど、もっとじっくり入っていてもよかったかな。ちょっと速く動きすぎてますね。[3]

Ⓢ：そうだね。（でも）先生、製作が自分たちで遊べるまでじっくりどっしり製作に入ってたでしょ。

Ⓦ：そうそう。

Ⓢ：この（ブロックでの援助の）時ってさ、先生の中にすぐに動くっていうメッセージが身体に表れてるんだよね。（ビデオの中の保育者の姿を指して）ほら、製作みたいにどっしり座ってないでしょう。立膝っていうか。ブロックの遊びが衰退してるなって思ったら、製作のときと同じで、先生がどしっと腰をすえて、自分が作るのを楽しんじゃう。その楽しんでる先生の姿を子どもたちが見てるぞって意識しながら。そこが大事だろうね。[1]

Ⓦ：ってことは、製作が落ち着くのに、あんなに時間かかったから、全部のコーナーが落ち着いていくにはめちゃくちゃ時間かかるよね〜（苦笑）₄

　この研究者と保育者の「対話」は以下のような構成となっている。

① 幼児の実態に基づいた保育者の悩み（傍線1）
② 全体の遊び状況を把握した上でのブロックコーナーの遊びの実態とそこへの援助の仕方に対する保育者の悩み（傍線2）
③ ビデオ視聴により保育者が自身の援助の仕方を反省した語り（傍線3）
④ 保育者の③の語りに対応した保育者の動きと子どもの遊びとの関連性に対する省察を促す研究者の発話（二重線1前半）
⑤ ③④に基づいた研究者から保育者への援助の具体的アドバイス（二重線1後半）
⑥ ④⑤の研究者の発話から生まれた保育者の動きと幼児の遊び状況との関係性に関する保育者の省察（傍線4）

　この研究者と保育者の「対話」からもわかるように、ここでいう「葛藤」は、保育実践上の問題解決的課題に置き換えられるものであるため、本研究では、可視的課題の中でも、集団把握と個への援助の両立に伴う「葛藤」に焦点化する。なぜなら、それこそが保育者の実践上生ずる「葛藤」の主要なものだからである。また、どのような保育実践上の「葛藤」であっても、当事者である保育者がそれを「葛藤」や悩みとして自覚していなければ、主観的な悩みから知的な問題へと発展する可能性もないため、この可視的課題は、経験知に依拠した課題より変換可能な場合に限る。
　集団保育の困難さに対する「葛藤」は、その「葛藤」を生み出す外的要因や客観的条件に対する視点に基づいて課題を自覚する方向に自己省察がなされることである。つまり、研究方法として既存の研究のように、保育者の主観に基づいて保育者の語りのみを分析したり、カンファレンスにより気づきを得ることで留まっていては、保育実践を向上させる本質的な課題は解決されないのである。可視的課題を解決するには、保育者の「葛藤」の段階を診断し（前述「対話」構成①〜③、以下構成と記す）、課題を明らかにする（構成④⑤）必要がある。「葛藤」の段階は、第三者による保育記録や観察によって、客観的な事実とその保育者の主観的な悩みとのすり合わせを研究者が行うことにより可能になる（構成③〜⑥）。また、保育者がその課題に無自覚な場合、その視点を戦略的に自覚化へと導く研究者の存在が重要となる。本研究では、先述したように、集団保育の困難さを克服するための課題解決が明確な「葛藤」に焦点を当て、その「葛藤」を保育者自身が乗り越えるための研究者のあり方を追究する。この目的を達成するために、研究方法は保育観察ならびに保育者へのインタビュー、そしてそのインタビューを研究者の省察という視点から「対話」分析する。研究方法の詳細については、第3部第2章「1.具体的な研究方法」を参照されたい。
　以上のことから、既存の葛藤研究との決定的に異なる点は、保育実践上の「葛藤」を関係論的に捉え、「葛藤」を質的変容させるための研究者のかかわり方を追究するという目的とそれに伴う保育者と研究者の「対話」を研究者の省察の視点から分析するといった研究方法である。

3. 保育者集団の「葛藤」の主体的変容の可能性【研究7】

(1) 目的
本節【研究7】の目的は、保育実践上の「葛藤」を関係論的に捉え、研究者が保育者集団と継続的にかかわる事例をもとに、研究者のかかわり方や「対話」のあり方と保育者の「葛藤」ならびに保育の質の変容との関連性について分析することである。

(2) 方法
1) 対象
愛知県の3年保育を実施している公立H幼稚園（3歳児：1クラス、4・5歳児：2クラスずつ）の担任W保育者を調査対象の中心とする。W保育者は2009年4月より新卒の保育者としてH幼稚園に勤務。研究対象とした2010年度は4歳児クラス（23名在籍）の担任である。

公立H幼稚園は、2010年7月に園内研究講師として吉田龍宏氏を招き、「製作活動を楽しむための環境や援助を探る」というテーマで研修を行った。筆者もその園内研究に同席し、それ以降週に1〜2回保育観察やビデオ撮影、園内研究（事例検討、ビデオ視聴等）に参加する中で、W保育者以外の保育者や園長先生、主任先生とも保育者が作成した事例やビデオデータ等をもとに、全体把握と個への援助の連関を探るという課題を意識したかかわりを積み重ねている。吉田氏は月に1回程度筆者と同じくH幼稚園を訪問している。

本節では、保育者集団と研究者とのかかわりを分析していくが、保育者の実践の質や「葛藤」の変容を追跡するためにも、調査対象の中心となる保育者やクラスを限定する必要があるため、W保育者をその対象とした。

W保育者を対象とした理由は以下の通りである。調査を開始した2010年7月時の担任作成資料においては、本節における「葛藤」の質的段階（本書p.58図1参照）でいうところの無自覚的段階であった。しかし、園内研究を重ねていくことで、「葛藤」の質的変化が見受けられたため、園内研究における研究者や他の保育者との「対話」とW保育者の「葛藤」の質的変化を照合することによって研究者のかかわり方との関連性が明らかにしやすいと判断した。W保育者の「葛藤」の質的変化とは、保育者が保育全体を把握可能にする環境構成（中央にあったコーナーをなくし、機能別に3つのコーナーを室内にバランスよく配置したこと等）や保育者の位置取り、かかわり方（製作コーナーにじっくり作業者としてかかわる等）を意識し始めた点である。これは、筆者の理論に従えば、表層的段階と無自覚的段階の往復運動が始まったと診断できる。それは、筆者の保育観察やビデオデータでも認められるが、W保育者自身の語りにも自己診断的に観られる。例えば、9月7日の保育をビデオ撮影したものを視聴しながらの園内研究（9月13日）において、製作コーナーにしっかり身体的モデルとしてかかわろうと決意したW保育者が「製作に没頭しすぎて、まわりが見えなかったが、製作の子どもたちが自分でよく遊ぶようになってきたので、そこで初めて（全然他のところを見てなかった！）と思い、視線をとばした。そうしたら遊び込めず、ふらふらしている子や、ブロックで遊んでいるけれど時々製作をのぞきに来る男の子等が気になった」と語っている点である。これは、「葛藤」に対して無自覚的であったW保育者が、製作コーナーにどっしりと腰を据えて作業者としてのかかわりに埋没できたことにより、製作コーナーの遊びが安定し、結

果的にW保育者が他のコーナーを把握できる、つまり全体が見える状況を生み出したといえるのである。このことは、遊び状況はどうすると把握できるのかという客観的条件にW保育者自身が気づき始めている姿であり、「葛藤」が質的に変容していると判断できる。

　以上のことから、本節では、W保育者を中心として保育者集団と研究者との「対話」分析を行う。

2）データ

　観察や記録の取り方、「対話」の方法についての詳細は、第3部第2章「1．具体的な研究方法」を参照されたい。

①担任作成園内研究用資料

　2010年7月の園内研究において、W保育者が作成した資料をもとに、この時点でのW保育者の悩みや「葛藤」を分析し、その後の園内研究の積み重ねにより、その悩みや「葛藤」がどのように変容していったのかを明らかにする始発点とする。

②保育観察・ビデオ記録

　2010年7月～2010年12月、各月に4～6回全5クラスについて、幼児が登園してから食事の準備までの保育観察（自然観察法）を行う。必要な場合は、ビデオ撮影も行う。訪問時の特徴は、自由遊びのようすが観察できる日である。一斉活動を行う日ではなく、自由遊びを行う日を事前に園より教えていただき、観察日とした。

　本研究で使用したデータは、2010年9月～2010年12月のW保育者の実践の中から紙幅の都合上、抽出したものである。それぞれの事例は、特別な事例として取り上げたのではなく、保育が比較的に安定し、毎日の保育が恒常的になってきた時期の日常的な事例の一つとして使用した。その事例が日常的な事例であるということは次項の保育者へのインタビューや「対話」により確認している。

③園内研究での「対話」

　保育観察やビデオ撮影をして10日以内に園内研究を行う。W保育者だけでなく、他の保育者についてもビデオ撮影後、ビデオ視聴をしながら1時間程度の園内研究を行っている。2010年9月から11月の間で全5クラスのビデオ撮影→ビデオ視聴をしながらの園内研究を一通り行った。W保育者については、9月と10月に1回ずつ、ビデオ撮影ならびに視聴を行った。

　本研究では、研究者（筆者）を含めた全職員でビデオ視聴をしながら行った園内研究での「対話」を分析対象とする。ビデオ視聴をしながら園内研究を行った理由は、W保育者だけでなく、事例検討における他の保育者との「対話」において、保育者は保育の全体状況が把握できていないからこそ「葛藤」に無自覚であり、漠然と保育がうまくいかないという悩みはあっても、具体的に幼児の遊び状態と保育者自身の援助との関係が把握できていない、つまり遊び状況と保育者の援助との関係性が見えていないために、保育の課題がわからない状態であると感じられたからである。そこで、筆者が保育をビデオ撮影し、そのビデオを視聴しながら園内研究を行うことで、保育の全体状況を客観的に観ることを可能にするだけでなく、保育実践においても保育の全体状況を「観る」という行為の重要性、ひいては「かかわりながら観る」という行為の必要性について自覚し、保育者同士で気づき合う場としたかったからである。

　しかし、ビデオ視聴をすれば、全ての保育者が自身の保育を客観的に見られ、自己省察に結びつくわけではない。なぜなら、自己省察とは自己理解と他者理解が同時に開かれていかねばならない

からである。ここでいう自己とは、保育を実践する保育者であり、他者とは個々ならびに群れとしての幼児の姿である。例えば、保育者自身がかかわっておらず把握できていなかったコーナーの遊び状況についてビデオを観ても、どうしたらこの遊び状況を他のコーナーにいながら把握できるのかという疑問や、自身の環境構成や身体的援助とその遊び状況との関連性について保育者自身が考察しなければ、ビデオ視聴が自己省察の機会とはなり得ないからである。だからこそ研究者の意図的な発問・発話が重要になるが、「葛藤」を客観視するための客観的条件を意識した「対話」を研究者が心がけても保育者によって自己省察につながる場合とつながらない場合とあり、その点は今後の課題ともいえる。その点において、以下、明らかなように、W保育者は研究者の意図的な「対話」が効果的に自己省察に結びついている例であるといえる。

3）分析方法
① 7月のW保育者作成資料から、W保育者の悩みや「葛藤」について明らかにする。
② 保育観察ならびにビデオデータから、W保育者の保育の実践力として、保育行為と環境構成が幼児の遊びと関係しているということをどれだけ自覚しているかといった身体的援助のレベルや、幼児個人やクラス全体、環境について反省する能力を診断する。
③ 園内研究における研究者の「対話」のあり方について評価分析する。その評価基準は、第3部第1章で示した保育者の自己形成を支える「対話」ア～ウ（渡辺, 2010）とし、これらア～ウにおいて、研究者は保育者の「葛藤」の質的段階を判断し、保育の実践についての診断やW保育者ならびに他の保育者の反省的思考を引き出す「対話」ができたかを分析する。
④ 研究者の「対話」能力の診断後、保育者の語りより、どのような意図のもとに環境を構成し援助を遂行しているのか、W保育者が抱えている「葛藤」の視点から明らかにする。また、W保育者が自身の身体的援助や環境構成と幼児の遊びとの関係性についてどれだけ自覚していたかを観察ならびにビデオ記録との整合性を通して考察する。
⑤ ①～④よりW保育者の「葛藤」の質的変容と保育者集団の語り合い学び合いの変容との関係性とを明らかにし、そこに研究者がどうかかわりうるのか検証する。

（3）結果と考察
1）7月園内研究W保育者作成資料
＊保育者の願いやその願いのもととなった子どもの姿を傍線で示す。

> ◎子どもの姿と保育者のねがい
> ①のりを使うことに興味関心を持って欲しい思いから、こいのぼり・母の日・かたつむり製作を楽しんできた。現在は、七夕飾りの製作でのりを経験している。七夕飾りでは、繰り返して何度も作ることや、たくさん作ることを楽しむA児、保育者や友だちと一緒に作ることを楽しむB児、C児、D児、長くつなげることを楽しむE児、F児、色を互い違いにしたり、全色を使おうとする、G児、H児の姿がある。
> ②新聞紙や広告紙を細く丸めて剣にしたり、紙飛行機などを作ることで折ったり折り目をつけたりが経験できるようにしている。広告紙では、剣や銃、爆弾、ステッキ、腕輪を作ったり、新聞紙でベルトやままごとで使う料理などを作ることを楽しむ姿や、保育者の作ったものを見て「僕（私）もここを○○したい」と自分の思いを伝えたり、マネしてつくろうとするI児、J児、H児の姿がある。G児、A児、D児は、何度も繰り返し作ることを楽しんでいる。

③製作物をごっこの中に取り入れることで、ごっこを充実させたり、イメージが膨らんでいくように、保育者が作って提案したり、見立てて遊んでいくようにしている。₁今は、新聞紙や広告紙で作ったものや、ブロックで作った物をままごとや戦いごっこに取り入れて、遊んでいる。ままごとでは、作ったものを、おにぎりやハンバーグなど、身近なものに見立てて遊んだり、「これは○○なんだよ」「バンバン！今せんせい撃ったよ」などと、保育者とのやり取りを楽しむ姿がある。それぞれの楽しみ方で、製作とごっこを楽しんでいるが、作る場所と、作ったもので遊ぶ場が同じになったり、違う遊びの場をごっこの場にするK児、L児、M児、C児、O児の姿がみられ、作る場所と遊ぶ場所は、机を設置したりござを敷くことで範囲を伝えているが、違う遊びをしている友だちとのやり取りを楽しんだり、作ったものですぐ遊びたい気持ちからその場で遊びだしている姿がある。作る場所や他の遊びが落ち着かない様子がある。遊びが落ち着くための環境構成を考えていきたい。₂

◎ご指導していただきたいこと
「製作物を取り入れたごっこ遊びの環境について」

④広告紙で作った、剣や爆弾で戦いごっこを楽しむK児、L児、M児、O児の姿がある。友だちの作ったものをみて、"自分も作りたい"と、製作を楽しんだり、身に付けたり持ち歩くのを楽しんだり、友だちとのやり取りを楽しむ姿がある。ごっこを通して、それぞれの楽しみ方で製作を楽しんでいるので、作る場と遊ぶ場を近くに設定しているが、作る場で盛り上がってしまうことも多く、まだ、作っている途中の子も早く遊びたくて、素材や道具の始末が疎かになってしまう姿がある。₃また、ままごとコーナーや絵本のコーナーに行き、その場にいる子とのやり取りを楽しんだり、その場を基地や隠れる場にすることで、遊びを楽しんでいる姿があるが、他の遊びが中断してしまうこともある。K児、L児、M児、O児は、それぞれ楽しさを感じて遊んでいると感じられるが、ままごとや製作を楽しんでいる場も大切にしていきたいと思う。遊ぶ場をもっと魅力的にすれば、ままごとや絵本のコーナーに流れないと感じる反面、どのように設定していけばよいのか悩んでいるので、ご指導していただきたい。₄

(環境図の構成)

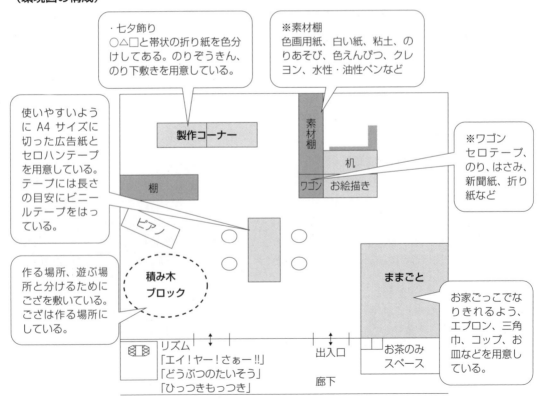

2）W保育者作成資料分析

　園内の研究テーマが「製作活動を楽しむための環境や援助を探る」ということもあり、製作コーナーでの幼児の具体的な姿が詳細に①②に記述されている。これは、保育者が製作コーナーに丁寧にかかわろう、製作コーナーの幼児の遊ぶ姿を丁寧に見ていこうという意識のもとに把握できたと考えられる。また、この資料から把握できる保育者の悩みは、遊びの場をどのように設定すると遊びが落ち着くのか、魅力的になるのかというものが主である（傍線2・4）。具体的には、「作る場所と遊ぶ場所は、机を設置したりござを敷くことで範囲を伝えているが…その場で遊びだしている姿がある$_2$」「作る場と遊ぶ場を近くに設定しているが、作る場で盛り上がってしまうことも多く…$_3$」「遊ぶ場をもっと魅力的にすれば、ままごとや絵本のコーナーに流れないと感じる反面、どのように設定していけばよいのか悩んでいる$_4$」等の記述が該当する。これらの記述から、作る場と遊ぶ場という視点で保育者作成資料の（環境の構成）を見ると、作る場が二つあり、一つは保育室中央に、もう一つは隅にある。遊びの拠点性や「見る⇄見られる」状況性を確保する視点から考えると、作る場（コーナー）は一つで隅の方が好ましい。この点については、保育者の意図をたずねながら、環境の再構成につなげる必要がある。遊ぶ場についても、この担任が作成した資料からは把握できないため、観察や保育者との「対話」により、どこに設定しているか探らねばならない。なぜなら、保育室内のどこに設定するかによって、遊びの拠点性やにぎわい感に影響を与えるからである。次に、保育者の言う作る場と遊ぶ場がなぜ別でなくてはならないのか、また、近くなくてはならないのかの根拠が不明である。例えば、ままごとコーナーでごちそうを作ることはごっこの一環であり、作る場と遊ぶ場が同じである方がしぜんである。また、製作コーナーで作ったごちそうをままごとコーナーで活用するならばコーナーの拠点性を確立するためにも、ある程度、作る場と遊ぶ場が離れていた方が「ここは遊ぶ場所」「ここは作る場所」とイメージしやすいのではないだろうか。この他に、「素材や道具の始末が疎かになってしまう姿がある$_3$」という記述があり、これは、その場を構成している物が作り出す秩序感に関して述べたもので、この感覚は、遊びの停滞や消滅を解消する可能性を生むよい視点である。また、遊ぶ場を魅力的に設定したいとあるが、設定という言葉から、保育者のいう「魅力的」は、場や教材で構成されるものという印象が強いように感じられる。つまり、人（保育者、幼児）、物・場のかかわり合いがその遊び状況を構成するという認識は弱いと考えられる。しかし、ここで欠けている保育者の身体的援助が意図的にされていないわけではない。例えば、「製作物をごっこの中に取り入れることで、ごっこを充実させたり、イメージが膨らんでいくように、保育者が作って提案したり、見立てて遊んでいくようにしている$_1$」という記述である。保育者自身が楽しんで遊ぶ姿を見せ、遊びのモデルを幼児たちに示していくことを自覚的に行っているのである。このモデル性は、先の「素材や道具の扱い方」についても発揮できるものである。

　以上のことから、この保育者の課題は、遊び状況が、人・物・場のかかわり合いによって構成されていることを自覚すること、場の拠点性に対する認識をもつことであると考えられる。これらのことから、「葛藤」の質的段階は、無自覚的段階であるといえる。しかし、保育者の身体レベルのモデル的援助や場に対する認識が全くないわけではないため、人・物・場がかかわり合って遊び状況を構成することに保育者が気づければ、表層的「葛藤」に変容していく可能性が秘められている段階といえよう。実際に保育者がどのようにかかわっているのか観察し、保育者の援助のあり方、幼児の姿と担任の記録とのすり合わせをしたい。

3）9月6日(月)9：30～9：45晴れ　保育観察(吉田氏・筆者)ならびに保育者との「対話」(吉田氏)

①保育室環境図（9：30）
7月の園内研究後、担任が自身で保育室環境を変更。
※立っている幼児：●、座っている幼児：○、W保育者：Ⓦ、筆者：Ⓢ（以下、同様）

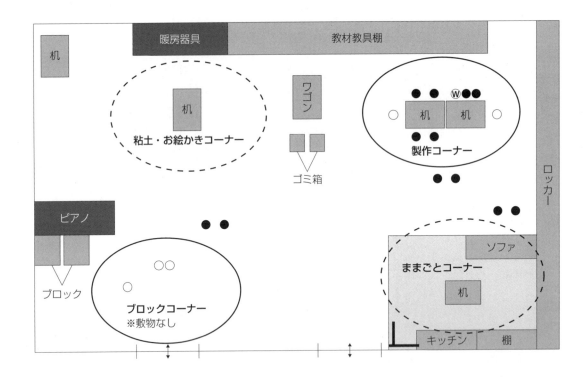

②保育のようす
◆ 7月の園内研後、W保育者が自身で環境を再構成したとのこと。中央の製作コーナーが保育室左奥に移動し、粘土やお絵かきコーナーとなっていた。教材教具の棚は、教材が整理されており、取り出しやすくしまいやすい印象。
◆ 保育者は、製作コーナーに主に入っているものの、何か落ち着かないようすで、製作コーナーの幼児と会話をしているか不安そうに他のコーナーやコーナーで遊ばないで保育室内を歩いている幼児たちを見ている。自身が作業に没頭するようすはない。保育者の周りには、保育者とのかかわりや会話のやりとりを求める幼児（上図●）が集まっており、立ったまま作業をしたり、保育者に話しかけている。保育者がほかのコーナーに行くと、保育者について移動する。座って製作に集中している○の幼児は、保育者が移動しても、影響を受けなかった。
◆ ブロックコーナーの幼児2名は頭を寄せ合って、ポケモンのイメージを語り合いながら継続的に遊びをしていた。少し離れて座っている1名は、ブロックは手に持っているもののあまりそれを見て作るという作業はしておらず、周りを見ている。

③保育者の語り
保育中に筆者Ⓢより保育者に声をかける。

Ⓢ：環境を変えられたんですね。それぞれのコーナーでよく遊んでいますね。
Ⓦ：はい。園内研の後、自分なりに考えてみました。よく遊んでいるんですが、本当にこれでいいのか…
Ⓢ：製作コーナーに入っているのは意識的に？
Ⓦ：そうですね。でも、ままごとコーナーが気になって、あれでいいのか…<u>製作では、子どものイメージをなるべく引き出して私が作るようにしていますが、高度なことを求めすぎていないか悩みます。</u>
Ⓢ：それで、製作コーナーにいるときの先生のお顔や視線が少しそわそわしてたんですね。でも、ほかのコーナーが気になるということは、それだけ先生がほかのコーナーも見ようとしている、見ているということですよね。
Ⓦ：それはそうかもしれませんね。
Ⓢ：あと、落ち着いて見られる全体の雰囲気もあるんでしょうね。

④Ｗ保育者と吉田氏との「対話」
保育時間中に園長先生の配慮で保育者を応接室に呼び、吉田氏と話す時間を設ける。筆者も同席。

Ⓦ：もっと幼児同士で意見を出し合って遊びを発展させてほしいが、リーダー格の子が提案するとそのままそれが通ってしまう。
吉田氏：リーダー格ではない子のイメージを保育者が同じ遊び仲間として引き出したり、認めて他児に紹介するなどしてもよいかも。保育者の仕事は見ることとかかわること。自分をどう見せることが子どもにとっていいのかを考えるとよい。自分の姿や動きで伝えたいことを伝える間接的な援助が大切。「見せる仕事」。

⑤保育診断と語り分析
　製作コーナーに入っているときの迷いの中身について聞きたかったが、保育中の短い時間でじっくり話せないため、あえて作る場が二つあることや場のテリトリー感をより強調するためには、ブロックコーナーに敷物があるとよいこと等には触れなかった。保育者の語りにより、製作コーナーでの保育者のかかわりが言語中心になっている理由が明らかとなった。それは、幼児のイメージを引き出すことに重きを置きすぎているためである（保育者の語り<u>二重下線</u>部分）。また、製作コーナーの遊びが安定していない（じっくり座って自立的に遊ぶ幼児が少ない）のに、保育者の視線がままごとなどほかのコーナーに送られることも、製作コーナーの不安定さの要因であろう。「葛藤」の質的段階でいえば、まだ無自覚的「葛藤」であるが、中央のコーナーを隅へ移動させたことは、大きな変化であろう。なぜなら、将来的にＷ保育者が製作コーナーでの身体的モデル性を自覚的に発揮できるようになった際には、他のコーナーが隅にあることで、遊び状況の把握がしやすくなるだけでなく、コーナー同士の応答性にもかかわってくることが予測されるからである。
　今後、じっくり話す時間があれば、保育者のモデル性についてＷ保育者と一緒に考えられればと思ったが、吉田氏との「対話」において、保育者の身体的モデルの重要性が伝えられたので、Ｗ保育者の保育に何らかの変化が期待できるかもしれない。

4）9月7日（火）9：40～10：10晴れ　ビデオ撮影（筆者）ならびに保育者との「対話」
①保育室環境図（9：40）

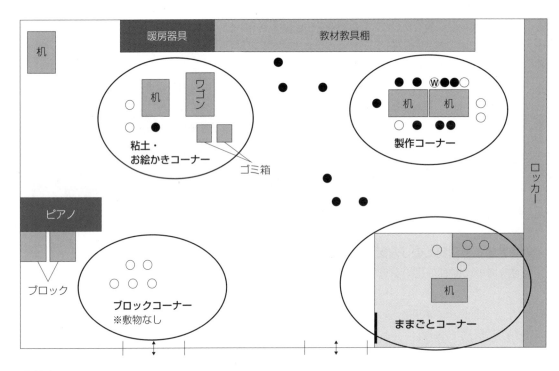

②保育のようす
◆9：40
　保育者は製作コーナー上図の位置でトイレットペーパーの芯を切ったり、つなげたりして製作をしているが、幼児の「こういうふうにしてみたよ」という声に反応したり、長いバス（箱をつなげ、タイヤをペットボトルで作ったもので先にビニールひもがつけてある）をひいて保育室内を歩く2～3人の幼児が、「せんせ～い」と壊れたバスを見せると顔を挙げて作業の手が止まる。1作業に没頭しているという感じではない。保育者は壊れたバスを幼児から受け取り、製作コーナーに持っていき、「修理屋さんしなくちゃね～」「（バスを）おさえとくから誰か（テープで）とめて～」と声をかけながらバスの修理を行う。
　ブロックコーナーでは、ゲームのイメージで「これマリオね」「ニョロニョロマリオ」「プロペラマリオ」「甲羅マリオがこっちから来た～」等と会話をしながら3～6人の男児が継続的に遊ぶ。その場にいる幼児がアイデアを出し合いながら作った城のようなものを囲むようにして座る。その城を拠点として、それぞれがブロックで作った作品を手にしながらやりとりは進む。2時々作品を手にもって、2名ほどの男児が保育室中央に移動することもあるが、すぐにブロックコーナーに戻って遊びを続ける。
　ままごとコーナーでは、薬を作って病院ごっこをしている。テーブルの上には、既製品のごちそうが皿に盛られているが、ビデオ撮影中はそのテーブルを囲んで遊ぶ姿は見られなかった。主にソファに座って女児同士で一緒に絵本を見たり、人形を抱いて「～の薬がいりますね」等のやりとりはあるものの、病院ごっこに必要な物を作るようすはない。言葉でのやりとりが中心。3人形をも

って2名の女児が時々保育者のいる製作コーナーをのぞきに行くが、目的があるというわけでもなく、またままごとコーナーに戻るという繰り返し。

　粘土・お絵かきコーナーでは、広告で箱を作る姿があった。その幼児は箱が完成したらブロックコーナーで遊ぶ。

◆9：55

　保育室中央でバスを走らせる幼児に、色紙で作った道路を保育者が持っていき、また製作に戻るが、それ以降は保育者が何か作るというより、製作コーナーにいる幼児に声をかけ、遊びのイメージを引き出しているよう。保育者は幼児とのかかわりが一段落すると少し手を止め、ままごとコーナーやブロックコーナー、コーナーに入らず遊びを探しているようすの女児に視線を送るが、製作コーナーで座って作業をしている幼児はそれに影響を受けず、自分の作りたいものを作り続ける。

◆10：00

　保育者は製作コーナー→お絵かきコーナー→ままごとコーナーの順に各コーナー内を整えながら移動する。

　製作コーナーの立っている幼児（図中●）は、保育者のようすを見ていたり、製作コーナーの周りを歩いていたりと自身の遊びのイメージは明確ではないようす。[4]座って製作をしている幼児は、箱をつなげたり切ったりしていたり、ステッキに飾りをつける等、目と手の協応があり、保育者が製作コーナーから移動してもその影響は受けず作業を続けていた。保育者が画用紙で道路を作ってバスをひいている幼児に渡したが、幼児は道路の上でバスを走らせるというイメージはあまりないようで、その道路は保育室中央にそのまま置かれていたり、道路に見立てた画用紙を持っている幼児の後ろをバスを持った幼児が追いかける姿はあった。

　粘土・お絵かきコーナーでは、幼児の要望で粘土遊びが始まる。[5]

◆10：10

　粘土・お絵かきコーナーでは、4名の男女が並んで座り、大きな動きで粘土をこね、丸めたり伸ばしたりしていた。[6]

③保育者の語り

　保育中の合間をぬって、短い時間にW保育者と筆者が話をする。

Ⓢ：先生、昨日よりもどしっと製作で遊んでたね。
Ⓦ：そうなんです。もう、えいやって（笑）。まず、トイレロールの芯を持ってきて、切ったりつなげたりしてみたら、子どもたちが「なにやってるの」って集まってきたから、「これでいいものできないかなと思って」って、いろいろ試していたら、子どもの方から「バスにしよう」「二階建てバスがいいよ」って。自分が黙々と楽しんでみました。[7]
Ⓢ：だからか～。昨日は、先生が動くと、一緒になって動いちゃう子や、立っている子が多かったんだけど、今日は先生がどしっと遊びに集中してるから、先生が動いても着いていく子がいなかったんだよね。それに、先生が視線をいろいろなところに送っても、それに影響される子もいなくて、安定感があったよ。
Ⓦ：そうですか。ありがとうございます。
Ⓢ：ところであの左奥のコーナーはなに？
Ⓦ：あ～あれが、製作の課題だなと思ってるんですけど…私はバス作りみたいな製作（紙や箱を切ったり

つなげたりする製作を指すのだと思われる）をいっぱいしてほしいから、粘土はあんまりしてほしくないんです。でも、粘土をしたいっていう子がいるので、仕方なくあそこに。8

Ⓢ：そうなんだ。でもこれだけ遊びが落ち着いてるから、作るコーナーは一つでまとまってた方がもっと作るコーナーがまとまって、にぎやかになっていいような気もするね。9

④保育診断と語り分析

　ブロックコーナーは、安定的であったといえる。その根拠は継続的に幼児が作った城を中心に幼児同士が座って同じイメージで会話をしたり、ブロックでいろいろなマリオを作る姿（傍線2）から診断できる。ままごとコーナーには、既製品のごちそうしかなく、また、製作コーナーで作った物をままごとコーナーで使用するという保育者のモデルがないために、見立てフリの継続性発展性が弱いと考えられる（傍線3）。また、保育者の語りから粘土遊びに対する必要感の弱さが感じられるが（傍線8）、幼児の姿としては、大きな動きで共に粘土をこねる姿があり、遊びとしての魅力を感じているといえる。製作コーナーでの保育者のかかわり方は前日の吉田氏の語りに影響を受けたようで、前日に比べて自身の作業を自覚的に行う場面が増えていた。それは、保育者の語りにもあるように、廃材を使って、保育者自ら製作を進めていく姿に幼児が声をかけてきたという遊びだしにも表れている（傍線7）。しかし、保育者の語りで「…自分が黙々と楽しんでみました7」と語っているものの、ビデオデータより、幼児との会話が多かったり、作業の手が止まることもあり（傍線1）、身体的援助のモデル性に対する自覚は弱いと考えられる。ただ、まだまだ遊びのイメージが不明確な幼児（環境図●）が多いものの、保育者が作っている物に関心を寄せて、製作コーナーに幼児が集まっているという姿（傍線4）からは、保育者がじっくり製作コーナーにかかわる意義を示しているといえよう。

　今後、ようすを見ながら継続的に繰り返し保育者に投げかけたい問いとしては、コーナーの拠点性、粘土遊びの捉え方、ままごとコーナーへの見通しである。粘土・お絵かきコーナーについては、「作る場」として製作コーナーと合体させることでよりコーナーの拠点性が高まると考えられる。それに加え、保育者のモデル性が高まり、製作コーナーが安定してくると、ままごとコーナーのようすを今まで以上に把握できてくるだろう。ままごとコーナーの遊びがより継続・発展する要素はなにか、これだけ製作で遊べる子どもたちなのだから、ままごとでも作る要素が増えると自分たちで遊びを創造するおもしろさが増すのではないか、また、粘土は可塑性が高く、子どものイメージを反映しやすいため、紙などの製作とはまた違う作る楽しさがあると考えられる等といった発問・発話を取り入れていく必要がある。

5）9月13日(月)15：00〜17：00　ビデオ視聴（全職員、吉田氏、筆者）
①W保育者の保育ビデオ（9月7日（火）9：40〜10：10）視聴による「対話」
※共感・同調：波線、客観的事実による分析・説得：二重線、Ⓢによる意図的発話・発問：破線で示す。保育者の心情や意図についての語り：傍線で示す。
※筆者：Ⓢ、W保育者：Ⓦ
（1）筆者より、ビデオ撮影ならびに視聴の意図を説明

（2）ビデオ視聴

（3）W保育者より、当日の保育を解説

Ⓦ：前日、吉田先生より製作にしっかりかかわるよう言われたのを意識した。子どもたちの声、一つひとつに反応しすぎないで、作ることに集中するよう心がけた。

製作に没頭しすぎて、まわりが見えなかった。

製作の子どもたちが自分たちでよく遊ぶようになってきたので、そこで初めて（全然他のところを見てなかった！）と思い、視線をとばした。遊び込めず、ふらふらしている子や、ブロックで遊んでいるけれど、時々製作をのぞきに来る男の子など気になったが、だからといって、そのときどうするかは思いつかなかった。₁

Ⓢ：ビデオを見てみて気づいたことがあれば…

Ⓦ：ままごとが遊べていない。人形は抱いているけれど。ふらふらとしている子が気になる。₂

（4）他の担任よりコメント

・5歳児担任より…製作にどしっとかかわっていて、全体も落ち着いている。ままごとが気になった。₃
・3歳児担任より…全体的にみんなよく遊べていた。₄

（5）園長先生からの問い

（強い口調で）ままごとの人形をもった子が気になったというけれど、そのときその子にどう働きかけようとか思わなかったの？₅

Ⓢ：さきほどの先生の言葉が正直な思いだと思います。₁ 吉田先生の提案に添って、思い切って腹をくくって製作にかかわってみた。作業に没頭して、はっと我に返ったとき、まわりを見たら気になる子がちらほらいたけれど、今、その子にどうかかわるかまでは頭が回らないと。だから、今、冷静に振り返ったときに、次どうしようかなという気持ちになる。その段階だと思う。₁ 次はどうしようと思われてますか？₁

Ⓦ：そう。本当にあのときは、製作にかかわることで、精一杯だった。それで、今、ビデオを見て思うことは、製作に重点を置くこと。でも、他のふらふらしている子や遊べていないままごとが気になって移動すると製作が中途半端になる…₆

Ⓢ：製作を抜けた後の子どものようすは？₂

Ⓦ：バスのときは、子どもたちでできたから「せんせい、せんせい」とならなかった。でも、以前、眼鏡を作ったときには、保育者の援助がたくさん必要だった。きっと子どもたちでできるようにしてから抜けないとだめなんでしょうね。抜けるタイミングが難しい。₇

（6）吉田氏より

製作コーナーで保育者が作る意味は、作ることがおもしろそうだと子どもたちに思わせるモデルになるため。少しずつ子どものイメージを引き出しながら譲っていく。全体をみることと、その遊びにかかわることが同時に求められる保育者。その難しさにW先生は気づいたことがよかった。作りながら他のコーナーへ目線をとばすとよい。ままごともイメージがないわけではなく、人形をもって移動している。ただ、イメージの限界があるから、コーナーを離れる。製作が落ち着いたら、先生がままごとに入って、子どものイメージを引き出したり、子どものイメージにのってあげるといい。個別にかかわるには全体が落ち着いていないとだめ。

ゆったり入ってゆったり抜ける。ブロックはよく遊んでいる。どう判断するか、子どもたちの頭が中央に向かっていることと、目と手がいっしょに動いている。製作で、先生のまわりにいて、立っている子は先生とのかかわりが楽しい。先生と子どものかかわりをいかに先生と物、子どもと物にしていくか。[2]

②ビデオ視聴による保育者集団の「対話」分析

ア 「対話」の必然性

W保育者については、吉田氏の前日のアドバイスを基に、今までよりはしっかりと製作コーナーで作業をする役割を意識して臨んだことにより、ビデオ内の遊べていない幼児が見えてくるという気づきが得られたという語りがあるので、保育実践当事者としての「対話」の必然性はあったかと思われる。しかし、他の保育者の発言は少なく、その要因としては、自身の課題とすり合わせる研究者からの意図的発話がなかったということも考えられる。

イ 客観的事実による保育課題分析

ビデオを視聴しながら、W保育者自身が「製作の子どもたちが自分たちでよく遊ぶようになってきたので、そこで初めて（全然他のところを見てなかった！）と思い、視線をとばした。遊び込めず、ふらふらしている子や、ブロックで遊んでいるけれど、時々製作をのぞきに来る男の子など気になったが、だからといって、そのときどうするかは思いつかなかった。[1]」「ままごとが遊べていない。人形は抱いているけれど。ふらふらとしている子が気になる。[2]」という客観的事実に基づいた保育分析を行っている。その後の筆者からの発問1・2により、「そう。本当にあのときは、製作にかかわることで、精一杯だった。それで、今、ビデオを見て思うことは、製作に重点を置くこと。でも、他のふらふらしている子や遊べていないままごとが気になって移動すると製作が中途半端になる…[6]」「バスのときは、子どもたちでできたから「せんせい、せんせい」とならなかった。でも、以前、眼鏡を作ったときには、保育者の援助がたくさん必要だった。きっと子どもたちでできるようにしてから抜けないとだめなんでしょうね。抜けるタイミングが難しい。[7]」という語りがW保育者から得られていることから、幼児が自立的に遊びを継続発展させるには、幼児の発達段階に合った遊びのモデルが必要であり、最終的には保育者がいなくても幼児だけで遊べるように保育者はかかわるという見通しの大切さや、今後の課題として、コーナーを抜けるタイミングであるというこれら2点がW保育者が自身で見出した保育課題であろう。現段階では、コーナーの拠点性の弱さや保育者のモデル性の弱さなど課題は多々あるものの、今回のように、W保育者の気づきを大切にしながら長期的に自身で課題を見出していく研究者の意図的な「対話」を積み重ねていく必要がある。

ウ 保育課題の自覚化

W保育者は自身の保育課題を製作コーナーにおける保育者のモデル性とコーナーの抜け方と自覚している。これは、研究者との「対話」の後に、そこで示唆されたことを意識して実践したからこその気づきと、ビデオを見て改めて遊べていない幼児の姿に気づいたという両者が保育課題の自覚化に影響を与えていると考えられる。

次に保育者の語りと保育データを照合していく。W保育者の語りより、今回の実践時に製作コーナーにしっかりかかわることの意味—他の遊び状況が見える—を発見できたことがうかがえる

（傍線 1、2）。ビデオデータを詳細に分析すれば、保育者がもっと作業に没頭するモデルを演じることで、座って作業に集中できる幼児が増えるという見通しは必要だが、無自覚的段階から、まずは「作業に没頭することの意義」と「周りが見えること」とのつながりが実感できたことは、W保育者にとって大きな収穫だったといえる。

　一方、3歳児担任の語りより、幼児が遊べていない状況に対する認識の弱さが感じられる（傍線4）。つまり、W保育者が作業に没頭することで、遊べていない幼児の状況がよく見えたという実感や発見について同じビデオを視聴していてもその感覚を共有したり、新たな自身の課題にすることの困難さがうかがえる。

　園長先生の語りには、早く保育をよくしたいという焦りが感じられ、それが表現の仕方にストレートに出てしまう傾向がある（傍線5）。そこで、筆者がもう一度W保育者の語りと状況をなぞって語り、W保育者の心情に同調共感することで、W保育者が今の気づきを次につなげていこうと前向きになるようにした（共感1、分析1）。その上で、次にW保育者がどうしていきたいかという問いをすることで、保育者自身で課題を見出せるようにした（発問1）。その結果、W保育者より、「本当に（略）精一杯だった」という素直な気持ちが語られ、その後、「今、ビデオをみて思うことは」と、自身の保育を省察する語りにつながっていったのだと考えられる。W保育者は、製作にしっかりかかわることの重要性は実感できたが、どのタイミングで抜けて他の遊びにかかわるかという新たな悩みが得られたので（傍線6）、筆者より、製作コーナーを抜けた後の幼児の状態を意識化できるよう「製作を抜けた後の子どものようすは？」（発問2）という意図的発問を投げかけた。その結果、W保育者より、幼児が自立的に遊ぶためには、保育者が永遠に対応するのではなく、幼児だけで考えたり作ったりできる内容が重要であることに気づく語りが得られた（傍線7）。

　以上のことから、今回のビデオ視聴により、W保育者の気づきは、**製作コーナーにしっかり意図的にかかわることで、他の遊び状況が把握できるということと、幼児が自発的に遊びを継続するための保育者のかかわり方である。その気づきによって、新たな悩みとして「抜けるタイミング」**が生じてきたのである。その悩みに対して、吉田氏からの説得（分析・説得2）で締めくくられたが、今回の「対話」は、保育者の語りが少ないといえる。もっと他の保育者の語りが引き出せたら、自分たちの課題としてより実感できたかと考えられる。

　最後に、W保育者の「葛藤」の質的段階としては、無自覚的段階と表層的段階の往復運動が開始されつつあるといえる。人と場の関係性についての認識が高まりつつあるので（傍線1、6）、物と人と遊び状況との関係がより自覚化できるよう今後の保育観察や「対話」を進めていく必要がある。

6）10月5日（火）15：00〜16：45　3歳児クラス事例検討（全職員、筆者）

　3歳児クラスの事例検討時、粘土という素材についての話題が保育者より挙がる。そこで、筆者は、「粘土って年齢が低ければ低いほど子どもの思い通りになってくれる。はさみが使えなくても、のりやテープがなくても、自分の好きな形になるよね。小さい米粒にもできるし、大きな塊にもできる。もちろん4・5歳でもいろんな形になってくれる粘土は製作でもままごとでもありがたいよね。」と伝えた。その際、どの保育者からも「粘土か〜お皿とかにくっつくのとか気になるけどな〜」という声が出たので、「まあ、できるところからやっていこう」と締めくくった。

7) 10月18日（月）晴れ 9：20～9：40　ビデオ撮影
①保育室環境図（9：20）

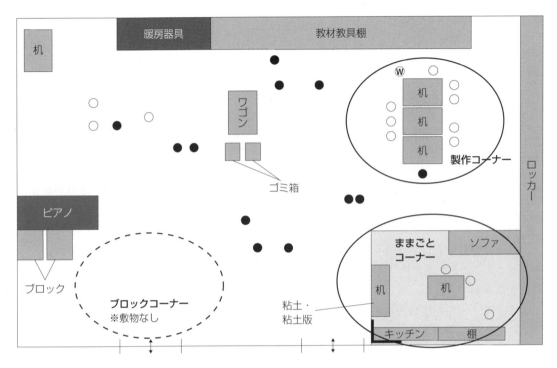

②保育のようす
◆9：20
　製作コーナーでは、保育者は上図Ⓦの位置でお面のバンドを黒の色画用紙で作っている。製作コーナーの幼児たちは好きなようにお面に色を塗り、その後はさみで切るという作業をそれぞれがしている。時々幼児同士で会話はするものの、「描く」「切る」という作業を座って根気よく続けている。₁お面を切り終えた女児は自分が作ったお面をかぶってままごとコーナーへ「い～れ～て」と声をかけて入っていく。
　ままごとコーナーでは、シューズがままごとコーナーの入り口にきれいに揃えてならべてある。₂粘土のごちそうが作れる机があり、大きなタッパーに粘土の大きな塊が入っている。女児2人が、ブロックコーナーの方に身体を向ける形で並んで座り、粘土でごちそうを作っている。₃ままごと用テーブルの上には、粘土で作ったギョウザのような形のごちそうが皿に盛られている。既製品のごちそうもあるが、ギョウザの横に添えるように盛られている。ままごと用テーブルの周りにいる幼児は、猫になってごちそうを食べたり、言葉を交わしている。お面を作って製作から来た女児は、猫たちのお母さんになっているようで、キッチンと棚のところで、毛糸を使ってずっとごちそうを作る。「ねこちゃんたちは3人ね。わかったわ」というと、鍋の中で毛糸を混ぜたり、やかんで毛糸を煮たりしている。おわんを3つ棚から取り出し、鍋やかんから取り出した毛糸をおわんに分けて盛っている。₄
　ブロック遊びに関しては、ブロックコーナーとして保育者が意図している場所（上図◯）ではどの幼児もブロック遊びをしていなかった。₅自分で作ったブロックの飛行機のようなものを手に、

2〜3人ずつの男児が手に持つ飛行機のようなものを介しながら言葉を交わし、保育室内を歩いていた。[6]保育者は製作コーナーにいるときも、ままごとコーナーにいるときもこのブロックを手に保育室内を歩いている男児たちを気にしているようで、視線を送っていた。

◆9：22

保育者は机の周りを整えながら、製作からままごとコーナーへ移動。[7]ロッカーを背にして座るが、特に何かを演じるわけではなく、猫になってやりとりをしている幼児たちのようすを見ている。製作コーナーは保育者が移動してもその姿を目で追ったり、一緒になってコーナーから離れる幼児はいない。[8]

◆9：26

保育者は「ちょっとおでかけしてくるわ」とままごとコーナーの幼児たちに声をかけ、ブロックコーナーへ移動する。保育者がままごとコーナーを抜けても、ままごとで遊ぶ幼児たちの遊びに変化はない。[9]保育者がブロックコーナーに入り、壁を背にしてコーナーの奥に座って、床に落ちているブロックをブロックかごにしまい始めると、しぜんと8人のブロックを手にした男児がブロックコーナーに戻り、輪を作って座る。[10]2人は手に自分が作ったブロックは持っているものの、その座っている幼児たちの輪の周りを外側から眺めるように歩いている。保育者が「どうしたらかっこよくなるかな〜」とつぶやくと、座ってブロック遊びをしている幼児たちが「ここをこういうふうにするといいんじゃない？」と一層活発に作り始める。

◆9：30

ブロックは手に持っているが保育室内を回遊している2人の男児は暖房器具の前の空きスペースに移動する。2人でじゃれあいが始まる。保育者はこの2人が気になるようで、視線を送っている。保育者自身がブロックを作るようすはない。[11]

◆9：31

保育者はブロックコーナーから製作コーナーに戻る。床に落ちている紙くずを拾ったり、机の上の使っていない教材を教材棚に戻したりしてからロッカーを背にして座る。[12]

◆9：35

保育者は、自身が作ったブロックは手に持ちつつも保育室内を回遊している2人の男児がいる保育室左奥の空きスペースに移動。保育者が2人の身体をくすぐったりしてじゃれるようにし、そのまま保育者から2人をブロックコーナーに誘った様子。回遊していた2人の男児とブロックコーナーに戻ってきた保育者はブロックかごに入っているブロックを座ってブロック遊びをしている男児たちの輪の中央に出す。保育者はどっしり座らず、立膝だったりして落ち着かない様子。ブロックコーナーに誘ってもブロックコーナーの周りでじゃれあう先ほどの2人の男児が気になるようで、目で追っている。[13]製作コーナーからブロックコーナーの保育者の顔を見に来た女児に保育者が気づき、手招きして保育者のひざに入れるとうれしそうにその女児は保育者のひざに入る。保育者は自身でブロックを作るようすはなく、座ってブロックを作っている男児のようすを見ている感じ。しばらくしてひざに入れていた女児を隣に座らせ、保育者と一緒に男児の作るブロックを見ている感じ。

③保育者の語り

　保育の合間に短時間で保育者に声をかけた。

Ⓢ：粘土をままごとコーナーに入れたんだね。作る場もあって、子どもたちもごちそう作ってたね。毛糸も活躍してたね。
Ⓦ：そうそう。私はとくに何もしなくても自分たちでごちそうを作ってますね。でも、ブロックが最近続かない。前みたいに子ども同士のイメージが続かないのかな？私が入ると落ち着くけど、あんまり手を出さない方がいいかなとも思うし…14
Ⓢ：先生の存在感って大きいよね。先生がブロックコーナーのバラバラした感じが気になってたのは見てわかったよ。先生、他のコーナーにいてもよく他のコーナーも見えてるよね。15先生もブロックを楽しんで作るところをもっと見せていいんじゃないかな。それが定着してくれば、子ども同士で遊びが続くでしょう。16
Ⓦ：そうですね。

④保育診断と語り分析

　製作コーナーは安定しているといえる。その根拠は、時々幼児同士で会話はするものの、「描く」「切る」という作業を座って根気よく続けている1という幼児の姿や、保育者が製作コーナーを抜けても幼児の遊び状況に影響を与えなかったからである（傍線8）。

　ままごとコーナーも安定しているといえよう。それは、粘土や毛糸という素材を用いて、遊びに必要なごちそうを継続して作る姿やそのごちそうを介して猫やお母さんのイメージを共有している姿からうかがえる（傍線3、4）。9月7日の保育観察時のW保育者の語りでは、粘土という素材自体が幼児の遊びの自立性にそれほど関係していないという印象であったが、10月5日の3歳児クラス事例検討での筆者との「対話」がきっかけとなったのか、今回の実践にはままごとコーナーに可塑性の高い粘土が教材として加わっていたことも、ままごと遊びの安定感を生み出していると考えられる。また、粘土を扱う場がままごとコーナーに設定されていることも、十分に粘土でのごちそう作りに専念できる場を提供しているといえる。また、製作コーナーと同じく、ままごとコーナーにおいても、保育者が抜けてもままごとでの幼児の遊びに変化がなかった（傍線9）ことも遊びの安定性の表れといえる。

　このようにままごとや製作のコーナーが安定している要因として、遊びの秩序感も関係している。それは、保育者が製作コーナーの周辺に落ちている紙を拾って、教材棚に戻したり、机の上を整えるといった行動や、ブロックコーナーで床に落ちているブロックをブロックかごにしまうという何気ない行動がその秩序感を成立させており（傍線7、10、12）、その姿をモデルとした幼児にもその秩序感は反映されており、ままごとコーナーの入り口のシューズがきちんと整頓されているようす（傍線2）に表れている。

　一方、ブロックコーナーは、遊びの拠点性が弱い。拠点性の弱さは、そのテリトリーを示す敷物がないということと、保育者のモデル性の弱さが考えられる。保育者も語っているように（傍線14）、幼児のブロック遊びに対するイメージが膨らんでいないために、ブロックで何か作ってはみるものの保育者が設定したブロックコーナーで腰をおろして遊び込む姿があまりない（傍線5、6）と考えられる。これは、保育者の遊びのモデル性の低さとも関連性があると思われる。その根拠と

なる保育者の姿は、保育者はどっしり座らず、立膝だったりして落ち着かない様子。ブロックコーナーに誘ってもブロックコーナーの周りでじゃれあう先ほどの２人の男児が気になるようで、目で追っている13であり、心ここにあらずという保育者の姿や、自身が楽しんでブロックを作るモデルになっていないことがこのブロックコーナーの不安定さを生み出しているといえる。こういった保育者の援助には、私が入ると落ち着くけど、あんまり手を出さない方がいいかなとも思うし…14という保育者の心情が反映されている。そこで、筆者は、製作でのどっしりとしたかかわり方を意識し始めたＷ保育者だからこそ、それを他のコーナーでも実践できると判断し、短時間の「対話」において、製作が安定し全体がよく見えてきたという状態を認めた上で（傍線15）、先生もブロックを楽しんで作るところをもっと見せていいんじゃないかな。それが定着してくれば、子ども同士で遊びが続くでしょう。16という言葉を投げかけた。この言葉についての理解の度合いについては、後日のビデオ視聴による園内研究で確認していく必要がある。また、回遊していた２人の男児に対して保育者は、直接的に働きかけをしてブロックコーナーに誘ったが、結局この２人の男児はその後も安定的にブロックコーナーで遊ぶことはなかった（傍線13）。この点においても、幼児が自発的に遊びを選択しなければ、遊びは継続しないということの証明となった事例であるといえる。このことからも、**保育者は遊びを安定的にしていきたいと考えた場合、自らが直接的に言語で誘いかけるのではなく、動きのモデルを示すことの重要性が明らかになった**。この点も、この保育実践のビデオを視聴しながらの園内研究において、タイミングを見て問いかけていく必要がある。

8）10月21日（木）15：15〜16：45ビデオ視聴（全職員、筆者）
①Ｗ保育者の保育ビデオ（10月18日（月）9：20〜9：40）視聴による「対話」

※共感・同調：波線、客観的事実による分析・説得：二重線、Ⓢによる意図的発話・発問：破線で示す。保育者の心情や意図についての語り：傍線で示す。
※Ｗ保育者の語りを中心に抜粋
※テレビを囲む形で子ども用イスに皆座って視聴→議論
※筆者：Ⓢ、Ｗ保育者：Ⓦ、他の４歳児担任：①

Ⓦ：（ビデオを見ながら）この日は製作っていっても、お面作りが盛り上がってた感じで。作ってもそれをかぶってごっこをする感じではなかった。ブロックの男児たちの走り回ってるところとか遊び込めていない感じが気になってたけど、まずままごとに入ってみた。1でも、粘土とか毛糸でごちそう作って猫ちゃん同士のやりとりがしっかりあったから自分はここに必要ないと思ってブロックへ行った。でも、最近ブロックが衰退気味。自分がどうかかわってよいか迷う。2この時も「かっこよくしたいけどどうしよう」って遊びが始まった。この時はこれで子どもたちで遊べていくかなと思って抜けて、製作に戻ったけど、もっとじっくり入っていてもよかったかな。ちょっと速く動きすぎてますね。3
Ⓢ：そうだね。先生、製作が自分たちで遊べるまでじっくりどっしり製作に入ってたでしょ。
Ⓦ：そうそう。
Ⓢ：この時ってさ、先生の中にすぐに動くっていうメッセージが身体に表れてるんだよね。（ビデオの中の保育者の姿を指して）ほら、製作みたいにどっしり座ってないでしょう。立膝っていうか。ブロックの遊びが衰退してるなって思ったら、製作のときと同じで、先生がどしっと腰をすえて、自分が作るのを楽しんじゃう。その楽しんでる先生の姿を子どもたちが見てるぞって意識しながら。そこが大事だろう

ね。₁

Ⓦ：ってことは、製作が落ち着くのに、あんなに時間かかったから、全部のコーナーが落ち着いていくにはめちゃくちゃ時間かかるよね～（苦笑）₄

①：保育って忍耐だね～（笑）₅

Ⓢ：そうだね。先生たち、すっごい難しいことを日々実践されてるんだよね。尊敬するわ。₁ で、（ビデオの画面を指差しながら）、ここ見て、ままごとの床やテーブル。きれいでしょう。これは、遊びが充実してる証拠だよね。遊びのイメージが弱くなると物への思いも弱くなるから、いっぱい物が落ちてたり、テーブルの上もぐちゃぐちゃしちゃう。このシューズも。先生が何か言ってるわけじゃないのに、子どもがきちんと揃えてるでしょ。これも、このままごとのコーナーがお家のイメージとしてちゃんと子どもたちの中で定着してるからだよ。でも、それはやっぱり先生がモデルになっていて、ほら（ビデオ画面を指差しながら）先生って何気なく床に落ちてるゴミ拾ったり、机の上を整えたり、床に落ちてるブロックをかごに戻してるでしょう。これが遊びの秩序感を大切にしてて、先生の姿を見て、子どもたちが真似してるんだよね。₂

Ⓦ：え～ただ、気になるからやってるだけですけど（笑）₆

Ⓢ：その感覚が大切！先生がぐちゃぐちゃを気にしなかったら、子どもも気にならないし、遊びもつまらなくなる。遊びが停滞していても、先生がきちんとその場を整えるだけで遊びが復活することもあるんだよ。私、以前見たことあるよ。₁

Ⓦ：へ～そんなに深く考えてやってなかったけど、大事なことなんですね。₇

3歳児担任：（ビデオをみて）すごくよく遊べてる。私は遊びを転々としてしまう。主任先生には3歳だからそれでいいと言われたけど…₈

①：え、でもよく遊べてるよね。ろうかからちらっと見るだけだけど、今日もねこちゃんになって工事中です～なんて言って子どもだけでよく遊んでたよ。₉

Ⓢ：私が10月18日に保育見せてもらったときも、先生じっくり猫ちゃんごっこに入ってたでしょ。あのときはずっとごっこに入ってた？

3歳児担任：そうですね。

Ⓢ：だから①先生が今日見たことは保育者がいなくても遊べてたんだよね。それってさっきのⓌ先生の実践と同じで、先生がじっくりそこにかかわった上で抜けていったから、自分たちで遊べてたんじゃない？だから、転々といっても、今日はここにじっくりかかわるぞって決めていけばいいよ。₃

3歳児担任：ごっこもイメージがころころ変わる。そこに自分がついていけないから、今日は私はハンドルもってバスのイメージを貫いたけど、それでいいのかな₁₀

①：それでいいと思う。先生がぶれると子どもも遊びが落ち着かない。私がボンドの使い方を見せたくて製作にいたときも、本当は遊びが不安定だったままごとに行きたかった。でも、ここで私がふらふらしたらボンドの使い方が見せられないと思って我慢した。それと一緒だよ。₁₁

Ⓢ：①先生の「見せる」っていう意識は本当に大切だよね。だって①先生は、「ボンドはこう使いますよ」って言葉では言ってないもんね。子どもたちが自分を見てるっていう前提で、自分がボンドを使う姿を見せて、使い方を真似しろよってメッセージ送ってるんだもん。すごいよね。まさに忍耐だけど、先生がモデルになって、一つひとつのコーナーが安定してきたら、また遊びが停滞してるコーナーに入ってモデルになったり、イメージ引き出したりっていう繰り返しだよね。₄

②ビデオ視聴による「対話」分析
ア 「対話」の必然性
　今回の保育者集団との「対話」の特徴は、W保育者以外の保育者が積極的に「対話」に参加していることである。前回9月13日の「対話」の雰囲気とは異なり、保育者全体に「そうそう」とか「あ～私も」といった同調的なつぶやきも多くあった。これは、筆者が頻繁にH幼稚園に訪れているという関係性も影響しているかもしれないが、今回の保育者集団との「対話」における大きな特徴は、I保育者が、客観的な事実を基に、自身の保育と重ね合わせながら自分の保育に自信のない3歳児担任（傍線8）に対してその援助を認めたり、説得している（傍線9、11）点である。これは、研究者がこの保育者集団との「対話」の中で、継続的に自覚的に実践してきたかかわり方であり、研究者のモデル性がI保育者に少なからず影響を与えた可能性がある。そして、このI保育者の説得を後押しするように、筆者も保育者がじっくり一つのコーナーにかかわり、モデルを示すことや保育者が幼児に「見せる」ことを意識しながら動きで伝えることの重要性を語っている（分析・説得3、4）。これらのやりとりも保育者集団が自身の問題とすり合わせながら「対話」に臨んでいた姿とつながると考えられる。つまり、保育者集団の「対話」の必然性は前回より高まっていると判断できる。

イ 客観的事実による保育課題分析
　W保育者はブロックコーナーを抜けるタイミングについて、「もっとじっくり入っていてもよかったかな。ちょっと速く動きすぎてますね₃」と語っており、ビデオを客観的に見たことで、W保育者が自身のコーナーへのかかわり方やコーナーを抜けるタイミングについて反省的に省察していることがうかがえる。その気づきにのる形で、筆者がW保育者の動きを客観的事実に基づいて語ることにより、保育者の身体モデルがどれだけ幼児の遊び状況に影響を与えるかということやW保育者が製作コーナーで自覚化しつつあるじっくりどっしりかかわるモデルを示すことをブロックコーナーでも実践する意義についてより自覚化できるよう促している（分析・説得1）。この筆者の語りの後に、W保育者とI保育者より、保育という営みが長期的見通しの基に実践されなくてはならないという実感が語られているが（傍線4、5）、そこには漠然とした保育に対する悩みではなく、具体的に製作コーナーでの実践を他のコーナーでも繰り返し長期的に実践するという具体的方策の基に語られた言葉と捉えられる。つまり、保育者の「葛藤」としては、無自覚的段階から表層的段階への往復運動は始まっており、より保育者のモデル性が自覚されれば、表層的段階と可視的段階の往復運動の可能性も生じてくる段階といえよう。

ウ 保育課題の自覚化
　遊び状況の秩序感の重要性について、筆者がビデオデータより客観的事実を基に分析・説得し（分析・説得2）、また、筆者の経験に基づいた意図的発話も加えたことで（意図的発話1）、W保育者より、今まで無自覚的に行っていたが今後自覚的に行うという語りが得られた（傍線6、7）。このやりとりにより、保育者が自覚的に遊びの秩序感を保つモデルを示す重要性が示されたであろう。これは他の保育者にも具体的に説得できる語り内容になったと考えられるため、今後の他の保育者の保育観察やビデオ視聴において、自覚的に保育者が行っている姿が見られたら意識的に認める言葉をかけていく必要がある。

以上のことを踏まえ、本研究を通して明らかとなった「葛藤」を関係論として捉え、保育者が自身の保育課題と向き合うための具体的方策とは、以下の通りである。

> ① 保育者の「葛藤」の質的段階を人・物・場の関係性により診断する（本書p.58図1参照）。
> ② 研究者の「葛藤」に対する診断と保育者との「対話」をすり合わせ「対話」の戦略を練る。
> ③ 保育実践を撮影したビデオを視聴しながら客観的事実を基に、どういう状態が遊べていると診断できるのか、逆にどういう状態が遊びが停滞・衰退していると診断できるのかを解説することで、保育者がそれを意識しながら保育実践につなげていけるように促す。
> ④ ③の保育状況が環境構成や保育者の身体的援助とどのようにかかわり合っているのかについて解説することで、人・物・場のかかわり合いが意識化できるよう促す。
> ⑤ 保育者の心理状態に合わせ、解説と共感・同調のバランスを図り、③④を通して保育者が自身の保育課題を自覚し、「葛藤」と向き合えるように促す。
> ⑥ 保育者の自己形成を支える「対話」ア～ウ（渡辺，2010）を基に、研究者と保育者との「対話」を分析し、次回の「対話」への戦略を練り直す。
> ⑦ ①～⑥の繰り返し。

　これ以外に、保育者集団が育つという視点に立てば、今津（2011）の言う組織文化の検討も重要である。組織として「葛藤」を主体的に変容させるためには、研究者が園の組織とどのような戦略の基に継続的にかかわるかという問題もある。筆者がかかわった園で、主任先生より「桜先生（筆者）が保育のことを分析したり、語ったりすると、とても先生たちの反応がよくて、よくわかる！と感じているのはうれしいが、本来私の仕事なので、立ち位置が難しい…」と個人的に主任としての悩みを語ってくださったことがあった。この点からも園全体が保育の質を高めていくには、園の先生方それぞれに対する研究者の戦略性も明らかにしていく必要がある。本研究の継続研究として、園の組織が「葛藤」を主体的に変容させていくプロセスを明らかにするためのエスノグラフィーを今後の課題の一つとしていきたい。

付記　本節の使用データについては、H幼稚園に承諾を得ている。

4．園・自治体間での保育の質の高め合い

　筆者が2017年現在かかわっている自治体や私立園がここ数年交流をしている。それは、筆者を講師として招いてくださる自治体や私立園が主催する公開研修や園内研修に、私がかかわっている他の自治体や他の市の私立園の保育者の先生方も参加し、共に保育を参観し、共にディスカッションに参加するというものだ。このような交流によって、お互い新たな発見があり、「若い先生ががんばっているね！私たちもがんばろう！！」とか「これまで当たり前だと思っていたことを改めて意味づけしながらほめてもらえるととてもうれしい。明日からもがんばろうと思える」といった前向きな声がたくさん聞かれている。園内研修はまだしも、公開研修や公開保育というと「すばらしい保育の成果を発表する場」と思われがちだが、筆者はそうは思わない。保育に最終地点などなく、

本研究でも述べたように、保育実践上の「葛藤」は質を変えて、常に存在するはずである。園内研修や公開研修はそういった日頃の保育を担任保育者はありのままに実践し、その実践を参加者は参観しながら担任保育者の悩みを共有する場であるべきだ。そのコーディネーターが研究者もしくは園長・主任・園内研修リーダーなのである。

　集団保育において個々の子どもの主体性を育むことは難しい。担任保育者一人で向き合える課題ではない。園内で保育の質を高め合うだけでなく、他の園や自治体とも枠を超えて交流することは、今後もより全体の保育の質の向上につながっていくと信じている。

引用・参考文献

後藤節美　2000　保育者の葛藤と成長　発達　83　35-40.

河合隼雄　臨床教育学入門　岩波書店　23-34.

木村匡登他　2006　4年生大学における保育者養成教育の研究─保育所実習における「ゆらぎ」と「気づき」─　九州保健福祉大学研究紀要　7　123-131.

厚生労働省　2017　保育所保育指針　第5章職員の資質向上

鯨岡峻・鯨岡和子　2007　保育のためのエピソード記述入門　ミネルヴァ書房

今津孝次郎　2011　学校臨床学会の「介入参画」法　教育学研究　日本教育学会　78　4　439-449.

西坂小百合　2002　幼稚園教諭の精神的健康に及ぼすストレス、ハーディネス、保育者効力感の影響　教育心理学研究　50　283-290.

小川博久　2004　臨床教育学をめぐる諸理論への批判的考察─M.フーコーの「臨床医学の誕生」の視点を手がかりに─　日本女子大学大学院紀要　家政学研究科人間生活学研究科　10　166-167.

小川博久　2010　遊び保育論　萌文書林

小川博久監修　吉田龍宏・渡辺桜　2014　遊び保育のための実践ワーク〜保育の実践と園内研究の手がかり〜　萌文書林

尾崎新　1999　「ゆらぐ」ことのできる力─ゆらぎと社会福祉実践─　誠信書房

佐藤学　1996　学び合う共同体　佐伯胖・藤田英典・佐藤学編　東京大学出版会　143-162.

寺見陽子・西垣吉之　2000　保育実践と保育者の成長─新任保育者と子どもとのかかわりと自己変容過程を通して─　神戸親和女子大学児童教育学研究　19　17-48.

津守真　1999　人間現象としての保育研究　増補版　光生館　157-187.

渡辺桜　2010　保育実践上の「葛藤」の質的段階と保育課題に研究者はどうかかわりうるか─実践者との対話についての研究者の省察を通して─　愛知教育大学幼児教育研究　15　89-98.

吉田龍宏　2000　園内研究への研究者のかかわり─話し合いにおける研究者の課題─　東京学芸大学大学院修士論文　3-31　41-45.

吉村香・吉岡晶子　2008　語りの場における保育者と研究者の関係─保育臨床の視点から─　保育学研究　46（2）　148-157

引用・参考文献一覧

赤井誠生　2002　心理学辞典　中島義明他編　有斐閣　285.
秋田喜代美　2003　学校教育における「臨床」研究を問い直す―教師との共同生成の試みの中で―　新しい学びと知の創造　図書文化　114-127.
秋田喜代美　2009　国際的に高まる「保育の質」への関心―長期的な縦断研究の成果を背景に―　BERD　ベネッセ　16.
安藤知子　2005　教師の葛藤対処様式に関する研究　多賀出版
馬場謙一　1993　新社会学辞典　森岡清美他編　有斐閣　27.
ドナルド・ショーン　佐藤学・秋田喜代美訳　2001　専門家の知恵―反省的実践家は行為しながら考える―ゆみる出版
Berger, P, L. Thomas, Luckmann 1966　*The social construction of reality, A treatise in the sociology of knowledge* ANCHOR BOOKS A Division of Random House, INC. 56.
Bourdieu, P. 1980　今村仁司・港道隆訳　1988　実践感覚1　みすず書房　83-84.
榎沢良彦　1985　なぜ実践的保育研究か：現象学的保育研究を目指して『幼児の教育』　59-63.
藤田英典　1998　現象学的エスノグラフィー―エスノグラフィーの方法と課題を中心に―　志水宏吉編　教育のエスノグラフィー―学校現場はいま―　第二章　嵯峨野書院
Garfinkel, H.　1967　*Studies in ethnomethodology*　Prentice-Hall Inc.
Garfinkel, H. 他　1967　山田富秋他訳　2004　エスノメソドロジー―社会学的思考の解体―　せりか書房
Goffman, E. 1963 *Behavior in public places : Notes on the social organization of gathering.* THE FREE PRESS　33-42.
Goffman, E. 1963　丸木恵祐・本名信行訳　1980　集まりの構造―新しい日常行動論を求めて―　誠信書房　37-47.
後藤節美　2000　保育者の葛藤と成長　発達　83　35-40.
平木典子　1990　家族のゆらぎと現代の青年たち　現代家族のゆらぎを超えて　日本家族心理学編　金子書房　3-12.
石戸谷哲夫　1973　教員役割とその葛藤―児童保護者と教員の場合―　教育社会学研究　日本教育社会学会　28.
市川昭午　1971　学校とは何か―役割・機能の再検討―教育社会学研究，日本教育社会学会　26.
今津孝次郎　2011　学校臨床社会学の「介入参画」法　教育学研究　日本教育学会　78　4　439-449.
岩田遵子　2011　保育実践をフィールドとするエスノグラフィーとは何か　子ども社会研究　17　127-141.
河邉貴子　2010　保育記録の機能と役割―保育構想につながる「保育マップ型記録」の提言―日本大学学位論文　日本大学
加藤純子他　1993　園内研究はいかに行われるべきか（2）―保育者が心情的な悩みを解決するためにはどのような討議が必要か―　東京学芸大学紀要　1部門　44　66-74.

河合隼雄　臨床教育学入門　岩波書店　23-34.

菊池里映　2007　保育実践を文化として捉えるフィールドワーク―保育実践研究におけるエスノグラフィーの批判的検討を通して―　保育学研究　45（2）　78-86.

木村匡登他　2006　4年生大学における保育者養成教育の研究―保育所実習における「ゆらぎ」と「気づき」―　九州保健福祉大学研究紀要　7　123-131.

北野幸子　2011　諸外国の保育―保育の質向上の取り組みと実際―保育のとも　8　10-16.

厚生労働省　2017　保育所保育指針

久保真人　2007　バーンアウト（燃え尽き症候群）―ヒューマンサービス職のストレス―　日本労働研究雑誌　労働政策研究・研修機構　558　54-64.

鯨岡峻　2001　個体能力論的発達観と関係論的発達観―関係性という視点から保育をとらえる　発達　86　22　17-24.

鯨岡峻・鯨岡和子　2007　保育のためのエピソード記述入門　ミネルヴァ書房

鯨岡峻・鯨岡和子　2009　エピソード記述で保育を描く　ミネルヴァ書房

倉持清美　2009　保育用語辞典［第5版］　森上史朗・柏女霊峰編　ミネルヴァ書房　299.

クルト・レヴィン　猪股佐登留訳　1956　社会科学における場の理論　誠信書房

Lave, J. & Wenger, E. 1991 *Situated learning : Legitimate peripheral participation*　Cambridge University Press 33.

Lave, J. & Wenger, E. 2004　佐伯胖訳　1991　状況に埋め込まれた学習―正統的周辺参加―　産業図書　7.

Lofland, J. & Lofland, L., 1995 *Analyzing social settings : A guide to qualitative observation and analysis.* 3rd. edition Wadsworth Publishing Company 18.

Lofland, J. & Lofland, L. 1995　進藤雄三他訳　1997　社会状況の分析―質的観察と分析の方法―　恒星社厚生閣　19.

Merton, R. K., 1976 *Sociological Ambivalence and Other Essays*　New York, Free Press　3-31.

松永愛子　2005　学校の余暇時間における校庭での遊び―児童の居場所を求めて―　日本女子大学家政学部児童学科小川研究室H14～H16年度科学研究費助成金基盤研究（B）（1）研究成果報告書　26-48.

ミシェル・フーコー　1977　田村俶訳　監獄の誕生―監視と処罰―　新潮社　207.

宮内洋　2005　体験と経験のフィールドワーク　北大路書房　75-112.

文部科学省　2008　幼稚園教育要領

文部科学省　2017　幼稚園教育要領

無藤隆　2004　協同的な学びに向けて　中央教育審議会初等中等教育分科会幼児教育部会（第9回）配布資料

中村雄二郎　1984　術語集　岩波書店　189.

中山昌樹・小川博久　編　2011　遊び保育の実践　ななみ書房　10-11.

ニクラス・ルーマン　2004　村上淳一訳　社会の教育システム　東京大学出版会

西坂小百合　2002　幼稚園教諭の精神的健康に及ぼすストレス、ハーディネス、保育者効力感の影響　教育心理学研究　50　283-290.

小笠原喜康　2015　ハンズ・オン考　東京堂出版

小川博久　2002a　環境と保育者の役割行動の相互規定性を論ずる理論的背景―製作コーナーにおける保育者の役割をめぐって―　日本保育学会第55回大会発表研究集　150.

小川博久　2002b　倉橋惣三の保育理論研究―保育実践と理論との関係性をどうおさえたか―　日本女子大学紀要家政学部　49　43-49.

小川博久　2004　臨床教育学をめぐる諸理論への批判的考察―M.フーコーの「臨床医学の誕生」の視点を手がかりに―　日本女子大学大学院紀要家政学研究科人間生活学研究科

小川博久　2005　保育にとって「カリキュラム」を作るとはどういうことか―保育者の「時間」と幼児の「時間」の関係を問うことを通して―　広島大学幼年教育研究施設　幼年教育年報　27　39.

小川博久・岩田遵子　2009a　子どもの「居場所」を求めて―子ども集団の連帯性と規範形成―　ななみ書房　26-32.

小川博久・岩田遵子　2009b　教育実践における「反省的思考」論の可能性の再検討（1）―理論的考察―　聖徳大学児童学研究所　児童学研究11　75-82.

小川博久　2010a　遊び保育論　萌文書林

小川博久　2010b　保育援助論復刻版　萌文書林

小川博久監修　吉田龍宏・渡辺桜　2014　遊び保育のための実践ワーク～保育の実践と園内研究の手がかり～　萌文書林

大本紀子　2002　よみがえるワロンと臨床発達援助の理論　小林剛他編　臨床教育学序説　柏書房　285-292.

尾崎新　1999　「ゆらぐ」ことのできる力―ゆらぎと社会福祉実践―　誠信書房

ピーター・バーガー，トーマス・ルックマン　1966　山口節郎訳　2005　現実の社会的構成　知識社会学論考　新曜社　95.

龍崎忠　2002　反省的な実践を志向する臨床教育学　小林剛他編　臨床教育学序説　柏書房　277-284.

坂元忠芳　2009　情動と感情の教育学　大月書店　3-4.

佐藤学　1996　学び合う共同体　佐伯胖・藤田英典・佐藤学編　東京大学出版会　143-162.

佐藤学・岩川直樹・秋田喜代美　1990　教師の実践的思考様式に関する研究（1）―熟練教師と初任教師のモニタリングの比較を中心に―　東京大学教育学部紀要　30　177-198.

柴田庄一・遠山仁美　2004　技能の習得過程と身体知の獲得　言語文化論集　24　2　名古屋大学言語文化部　77-93.

柴山真琴　2006　子どもエスノグラフィー入門　技法の基礎から活用まで　新曜社

下中弘編　1971　哲学事典　960.

新堀道也　1973　現代日本の教師―葛藤を中心として―　教育社会学研究　日本教育社会学会　28　7.

新堀道也　2001　臨床教育学の概念　武庫川女子大学教育研究所レポート　25　70.

庄井良信　2002　臨床教育学の＜細胞運動＞―ネオモダン・パラダイムから教育の臨床知の軌跡―　教育学研究　日本教育学会　69　4　442-445.

砂上史子　2010　幼稚園教育における観察と記録の重要性　初等教育資料1月号　856　文部科学省教育課程・幼児教育課編　東洋館出版　76-81.

高嶋景子　2003　子どもの育ちを支える保育の「場」の在りように関する一考察─スタンスの構成としての「参加」家庭の関係論的分析を通して─　保育学研究　41　1　46-53.

竹内俊一・高見仁志　2004　音楽家教師の力量形成に関する研究：教師による「状況把握」を中心として─　兵庫教育大学研究紀要　25　115-123.

竹内義彰（代編）　1987　教育学小辞典　法律文化社　66.

田中智志・山名淳編著　2004　教育人間論のルーマン　人間は＜教育＞できるのか　勁草書房　267-275.

田中孝彦　2009　子ども理解　臨床教育学の試み　岩波書店　149-184.

田甫綾野　2008　保育史研究におけるライフストーリーの意味─保育実践史理解のてがかりとして─　日本女子大学大学院紀要家政学研究科人間生活学研究科　14　1-8.

寺見陽子・西垣吉之　2000　保育実践と保育者の成長─新任保育者と子どもとのかかわりと自己変容過程を通して─　神戸親和女子大学児童教育学研究　19　17-48.

津守真　1999　人間現象としての保育研究　増補版　光生館　157-187.

津守真　2002　保育の知を求めて　教育学研究　日本教育学会　69　3　37-46.

内田隆三　1990　ミシェル・フーコー─主体の系譜学─　講談社現代新書　180-181.

上田吉一　2004　臨床心理学辞典　恩田彰・伊藤隆二編　八千代出版　86-87.

渡辺桜　2006a　保育における新任保育者の「葛藤」の内的変化と保育行為に関する研究─全体把握と個の援助の連関に着目した具体的方策の検討─　乳幼児教育学研究　15　35-44.

渡辺桜　2006b　4歳児1期の保育における保育者の「葛藤」に関する研究─保育者の思いと実際の保育との調整過程に着目して─　家庭教育研究所紀要　28　5-15.

渡辺桜　2007　保育における保育者の「葛藤」起因となる客観的条件の解明　名古屋学芸大学ヒューマンケア学部紀要　創刊号　39-46.

渡辺桜　2008　保育行為における保育者の「葛藤」変容過程と保育室の環境構成との関連性─コーナー設定のあり方に着目して─　子ども社会研究　14　91-104.

渡辺桜　2010a　保育実践上の「葛藤」の質的段階と保育課題に研究者はどうかかわりうるか─実践者との対話についての研究者の省察を通して─　愛知教育大学幼児教育研究　15　89-98.

渡辺桜　2010b　保育実践に基づく自己形成を支える対話─保育者へのインタビュー方法の批判的検討を通して─　名古屋学芸大学ヒューマンケア学部紀要　4　15-22.

渡辺桜　2014　集団保育において保育課題解決につながる有効な園内研究のあり方─従来の保育記録と保育者の「葛藤」概念の検討をとおして─　教育方法学研究　39　37-47.

W.ウォーラー　1957　学校集団　石山脩平・橋爪貞雄訳　明治図書　501-506.

山本雄二　1985　学校教師の状況的ジレンマ─教師社会の分析にむけて─　教育社会学研究　第40集　日本教育社会学会　126-137.

吉田龍宏　2000　園内研究への研究者のかかわり─話し合いにおける研究者の課題─　東京学芸大学大学院修士論文　3-31　41-45.

渡辺桜・吉田龍宏・渡邉明宏　2014　子どもも保育者も輝くための園内研のヒ・ケ・ツ（パンフレット）　平成25年度名古屋学芸大学大学学長裁量経費により、豊田市保育課並びに公立こども園の協力により制作

吉村香・吉岡晶子　2008　語りの場における保育者と研究者の関係─保育臨床の視点から─　保育

学研究　46（2）　148-157.

結城恵　1999　［幼稚園］教授―学習の集団的文脈―目に見える集団と目に見えない集団　志水宏吉編　教育のエスノグラフィー　嵯峨野書院　123-150.

初出一覧

　以下のそれぞれの章の初出を明記する。序章ならびに第2部第1章は新たに書き加えた章である。本書を制作するにあたり、全体の構成を整えるために、初出時の発表論文を加筆修正している。

序章
　書き下ろし

第1部
第1章
　保育における新任保育者の「葛藤」の内的変化と保育行為に関する研究―全体把握と個の援助の連関に着目した具体的方策の検討―　乳幼児教育学研究　2007　15　35-44.
第2章
　遊び保育のための実践ワーク～保育の実践と園内研究の手がかり～　小川博久監修　吉田龍宏（共著）　萌文書林　2014
第3章
　子どもも保育者も輝くための園内研のヒ・ケ・ツ（パンフレット）　吉田龍宏・渡邉明宏（共同制作者）　2014　平成25年度名古屋学芸大学大学学長裁量経費により、豊田市保育課並びに公立こども園の協力により制作

第2部
第1章
　集団保育において保育課題解決につながる有効な園内研究のあり方―従来の保育記録と保育者の「葛藤」概念の検討をとおして―　教育方法学研究　2014　39　37-47.
第2章
　保育における保育者の「葛藤」起因となる客観的条件の解明　名古屋学芸大学ヒューマンケア学部紀要　2007　創刊号　39-46.
　保育行為における保育者の「葛藤」変容過程と保育室の環境構成との関連性―コーナー設定のあり方に着目して―　子ども社会研究　2008　14　91-104.

第3部
第1章
　保育実践に基づく自己形成を支える対話―保育者へのインタビュー方法の批判的検討を通して―　名古屋学芸大学ヒューマンケア学部紀要　2010　4　15-22.
第2章
　保育実践上の「葛藤」の質的段階と保育課題に研究者はどうかかわりうるか―実践者との対話についての研究者の省察を通して―　愛知教育大学幼児教育研究　2010　15　89-98.

おわりに

　現在、あらためて「保育の質」「遊びの質」「研修のあり方」が問い直されている。「遊びや環境を通して、主体的な子どもの姿を保障する」ということが重要であると言われつつも、これまで議論の中心にあったのは、「子どもに寄り添う」「内面を見つめる」といった精神論であった。しかし、集団の子どもたちを対象としながら、個々や遊びの群れの主体性を保障するという大変困難な保育行為は、そういった精神論だけでは、到底解決できないのが現実である。その現実に向き合いながら、具体的にどうしたらよいのかを保育現場の保育者と共に探っていきたいという思いが、本論文の出発点となる。その思いを胸に、保育現場にひたすら通ってみたものの、どのような切り口で論を進めていけばよいのか、迷走し続けた。論文を書き始め、10年の歳月が流れた。振り返れば、私にとって、この10年間は、保育現場にかかわる研究者のあり方を常に自問自答し続ける基盤となったといえる。その基盤作りを長期に渡り支えてくださったのは、東京学芸大学名誉教授、小川博久先生と、日本大学教授、小笠原喜康先生である。時に厳しく、時に迷走し続ける私の頭の中を整理してくださった。

　私は、保育者として現場に立っていた際、立派な研究者の先生方の保育に関するお話を聞くたびに、「理想論はわかるけれど、実際に明日からの保育をどうしたらよいのか」と思うことがたびたびあった。そのような時に、小川博久先生の保育援助論、遊び保育論に出逢ったのである。保育援助論、遊び保育論は、集団保育において、個々の自立を支えるということを、物・人・場の関係論の視点から長年の保育現場での豊かな実践を基に構築された理論である。その理論について、私自身の理解が深まるたびに、保育現場との信頼関係の深まりにつながっていった。そして、集団を対象としながら個々の自立を支えることを目指すがゆえに生じる「葛藤」に着目し、遊び保育論を規範理論としながら、「葛藤」の質的変容を目指すこととなった。この「葛藤」の質的変容を促すきっかけとして、介入的実践者としての私自身の保育現場とのかかわりをデータ化し、批判的に反省することは、この論文のオリジナリティーであり、私自身の修行の場ともなった。「葛藤」概念を整理し、質的変容を促す具体的方策を考える過程では、小川先生より、「あなた自身に葛藤がない！」というお言葉をいただいた。その時には、小川先生が仰ることの意味はよくわからなかったが、本論文が形になった今、保育者の「葛藤」に対する具体的方策を押しつけるだけでは、介入的実践者が保育者の「葛藤」の質的変容を促すことはできないということなのだと何となく理解できるようになった。まさに、本論文の【研究5】までの、私の語りには、保育者の思いへの同調や共感が少なく、自身の伝えたいことが先行していたことが、それを示している。そこから少しずつ、「こういった援助や環境にせざるを得ないこの先生の思いはなんだろう」と考えるようになれたのが【研究6】である。自身の未熟さをせきららに露呈することは、介入的実践者自身も悩み、変容していく過程を示していることであり、保育者が主体的に「葛藤」と向き合うきっかけを作ることを探るためには、必要だったと確信している。この修行は、始まったばかりである。保育現場にお

いて「遊びの質」の向上を継続的に保障する「園内研修のあり方」「介入的実践者としての研究者のかかわり方」については、より多くの実践を積み、検証していく必要がある。そのスタートに立てたのは、小川先生の遊び保育論があったからであり、小川先生の愛ある叱咤激励のおかげであると痛感している。

保育者の実践、介入的実践者としての私自身の実践、保育者と私との「対話」といった膨大なデータを分析していくうちに、論文の目的が広がりすぎていった。そのような時に、「これまで、心理主義的に扱われてきた葛藤問題を関係論的に読み解くことで、具体的方策が得られるということがあなたの論文のオリジナリティーでしょう」と、再度方向性を明確に示してくださったのが、小笠原先生である。レイブの論がより私の論文を豊かにするだろうという示唆をいただきながら最後まで十分に読み切れなかった反省を生かし、今後も保育実践を読み解く理論についても学び続けたいと強く思う。小笠原先生には、ご多忙の中、私の論文指導と主査を快く引き受けてくださったことや、自身の主張をシャープにしていくことの重要性とおもしろさを体感させてくださったことに心より感謝したい。

また、私の論文に対し、率直な意見や励ましを絶えずくださった小川研の方々、同僚にも心よりお礼申し上げたい。特に、同僚であり、小川研の仲間でもある吉田龍宏氏は、園内研修にたびたび同行させてくださり、保育現場にとって本当の意味で役に立つ園内研修のあり方について、幾度となく議論を重ねた。私自身の実践を批判的に振り返るという作業が単につらいものとしてではなく、次につなげる意味あるものと思えたのは、吉田氏との忌憚ない意見交換のおかげである。

そして何より、愛知県豊田市、犬山市、東海市、長久手市の公立園、名古屋市の民間園はじめ多くの保育現場の先生方にも心より感謝申し上げる。未熟な私を園内研修や公開研修、保育者研修の講師として招いてくださったことが、介入的実践者としての私の実践に、常に新たな発見と課題を与えてくださった。この学びは、この先も継続させていただくことで、本論文に残された課題と向き合い続けることになると考えている。

最終チェックや対話のテープ起こしをしてくれた名古屋学芸大学のゼミ生、伊豫田理紗さん、数井愛さんにもこの場を借りてお礼を申し上げる。

本書の出版を引き受けてくださった萌文書林の服部直人氏および編集担当の梶陽子氏にも感謝申し上げる。本書は、2015年7月6日に日本大学から授与された博士学位の学位請求論文を補正したものである。私の「研究者が研究費で購入して本棚に眠るような本ではなく、現場の先生方にも明日から保育や保育者とどう向き合っていくと良いかが具体的にわかるようなものにしたい」という無謀な要望に根気よくつきあってくださった。服部さんの「渡辺先生のそのパワーならできますよ」「アクティブという言葉がぴったりですね」といった数々のお言葉に支えられながら、"博論を保育現場に届ける"という目標が達成できた。

最後に、10年という長い間、一番近くで私の姿を見守り支えてくれた家族に感謝する。

2016年　5月

渡辺　桜

■著者

渡辺　桜（わたなべ　さくら）博士（教育学）

愛知教育大学大学院教育学研究科修了（教育学修士）。
聖徳大学大学院児童学研究科博士後期課程単位取得満期退学。
豊田市立保育園の勤務を経て現在、名古屋学芸大学・大学院准教授。
愛知県内の公立園・民間園の公開・園内保育研修会の講師はじめ大阪市等の保育現場の現職研修に多くかかわる。
主著：『遊び保育のための実践ワーク〜保育の実践と園内研究の手がかり〜』（小川博久監修　吉田龍宏（共著）萌文書林）『保育カリキュラム論』（共著　建帛社）「集団保育において保育課題解決に有効な園内研究のあり方―従来の保育記録と保育者の「葛藤」概念の検討をとおして―」（『教育方法学研究第39巻』）ほか、保育実践、現職教育、子育て支援に関するもの多数。

●資料提供協力
豊田市立堤ヶ丘こども園　中根誠　園長先生

●装丁　　大村はるき　　　　●本文イラスト　　西田ヒロコ

子どもも保育者も楽しくなる保育
〜保育者の「葛藤」の主体的な変容を目指して〜

2016年5月26日　初版第1刷発行
2016年5月30日　初版第2刷
2017年7月18日　第2版第1刷

Ⓒ 著　者　　渡辺桜
発 行 者　　服部直人
発 行 所　　株式会社萌文書林
　　　　　　〒113-0021　東京都文京区本駒込6-25-6
　　　　　　Tel：03-3943-0576　Fax：03-3943-0567
　　　　　　URL：http://www.houbun.com　E-mail:info@houbun.com

印刷・製本　　中央精版印刷株式会社

乱丁・落丁本はお取替えいたします。
定価はカバーに表示してあります。
本書の内容の一部または全部を無断で複写・転記・転載することは、著作権法上での例外を除き、禁止されています。

ISBN　978-4-89347-242-7